电子商务及经管类专业实践教学创新系列教材

网络零售

主　编　杨秀丹
副主编　史海燕
参　编　韩　倩　郭洪生　高　清　孟铮铮
石　馨　李晓青　闫秋玉　马　晴　洪亚楠

机械工业出版社

本书系统阐述了网络零售的基础问题。全书共9章，包括网络零售概述、网络零售市场调查与规划、网络零售平台及服务选择、自建网站策略分析与选择、网店建设与信息管理、网店运营与管理、网络零售宣传与推广、网络零售的物流、网络零售的电子支付。

本书注重理论与实践的有效结合，突出实践环节，内容充实、条理清晰、案例丰富、实用性强。为方便教师教学，本书配有电子课件，读者可登录机械工业出版社网站（www.cmpedu.com）免费注册下载，或联系编辑（010-88379194）咨询。

本书适用于电子商务专业的学生，也适用于高等院校信息管理类、经济管理类的师生，同时还可作为实际从事网络零售的工作者的参考书。

图书在版编目（CIP）数据

网络零售/杨秀丹主编．—北京：机械工业出版社，2014.8（2018.1 重印）
电子商务及经管类专业实践教学创新系列教材
ISBN 978-7-111-47557-6

Ⅰ．①网…　Ⅱ．①杨…　Ⅲ．①网上销售—零售—高等学校—教材
Ⅳ．①F713.36

中国版本图书馆 CIP 数据核字（2014）第 170017 号

机械工业出版社（北京市百万庄大街22号　邮政编码100037）
策划编辑：梁　伟　　责任编辑：蔡　岩
责任校对：朱继文　　封面设计：鞠　杨
责任印制：常天培
涿州市京南印刷厂印刷
2018年1月第1版第2次印刷
184mm×260mm · 13.25 印张 · 312 千字
2 001—3 000 册
标准书号：ISBN 978-7-111-47557-6
定价：29.00 元

前　言

随着网络技术普及率的日益提高，电子商务作为一种全新的商务模式在全球范围兴起，网上购物、网上交易、网上支付等各种电子商务应用发展迅速。网络零售作为电子商务的主要应用之一，目前正处于高速稳定的发展阶段，受到消费者的广泛青睐，用户规模不断增加，在全世界范围内创造了令人瞩目的经济效益。据中国电子商务研究中心监测数据显示，截止到 2013 年 6 月，中国网购的用户规模达 2.77 亿人，网络零售市场交易规模达 7542 亿元，中国网络零售市场交易规模占到社会消费品零售总额的 6.8%。相信未来网络零售的普及率将会进一步提升，在社会经济发展中发挥更大的推动作用。

相较于传统零售模式，网络零售启动和运营成本低，经营方式灵活，在创造经济效益方面也并不逊色于传统零售模式。这样的特点吸引了众多的从业人员，尤其是中小企业和个人，网店数量逐年增长。那么，开展网络零售是否要比开展传统零售更为“容易”？在线交易所带来的不信任感、用户缺乏实际体验、利润空间小等问题使得网络零售进入虽然容易，但是保持长期稳定的发展并获取利润却并不容易。从这个意义上讲，网络零售对其从业人员有着新的、甚至是更高的要求。对于计划开展网络零售的人员，应事先了解和熟悉其关键环节，掌握其方法和技术；对于已开展网络零售的人员，也需不断提升管理和运营的能力。基于上述原因，一本能够系统阐述网络零售的相关知识、各种方法和技术的教材无疑是非常有益的。

网络零售是一个实践性非常强的领域，同时也是一个交叉领域，涉及管理学、经济学、市场营销、物流管理、计算机技术等多个学科或领域的知识、方法和技术。目前，开展网络零售所需的知识和技能的介绍大多散落在各相关领域的教材之中，以网络零售为主题、系统阐述网络零售相关知识的教材还不多见，而能够将网络零售的各种知识、方法和技术有机融为一体、面向网络零售活动提供实质性帮助的教材，正是目前实践所需的。

本书的编写正是顺应这种需求而进行的尝试。全书共 9 章，在对网络零售的基本概念、一般流程和历史发展进行概述的基础上，围绕网络零售实践活动各阶段的主要问题展开论述。本书大体将网络零售划分为准备阶段、建设阶段、运营阶段三个阶段，准备阶段的主要问题是市场调查与规划，这一部分在第 2 章进行阐述；建设阶段主要是经营者面临的问题，包括是选择网络零售服务平台还是自建网站经营、网络零售服务平台如何选择、自建网站如何进行、网店如何建设等，涉及本书第 3～5 章的内容；运营阶段的主要问题包括网店如何运营与管理以及如何宣传与推广，涉及本书第 6 章和第 7 章的内容。此外，第 8 章和第 9 章对于开展网络零售面临的两个关键问题——物流、电子支付进行了阐述。全书理论结合实践，侧重实践。

本书由杨秀丹任主编，史海燕任副主编，参与编写的还有韩倩、郭洪生、高清、孟铮铮、石馨、李晓青、闫秋玉、马晴和洪亚楠。具体分工如下：第 1 章由杨秀丹、李晓青编写；第 2 章由史海燕编写；第 3 章由闫秋玉、韩倩编写；第 4 章由杨秀丹、韩倩编写；第 5 章由韩倩编写；第 6 章由石馨、高清编写；第 7 章由孟铮铮、杨秀丹编写；第 8 章由洪亚楠、郭洪生编写；第 9 章由马晴、郭洪生编写。

在本书的编写过程中，感谢杨斌、孔伟丽做了大量资料收集工作。因篇幅所限，收集和借鉴的大量参考资料未能一一列出，在此对所有参考文献作者表示诚挚的谢意。由于时间仓促，限于编者的学识、水平和能力，书中难免有不足和疏漏之处，敬请各位专家、学者和广大读者批评指正。

编　者

目　录

第1章 网络零售概述

小王是刚从某大专院校毕业的学生，他不太喜欢朝九晚五的工作，而是更倾向于自己创业。在校期间，他学习了一些电子商务的理论知识，也时常在网上购物。他如果想通过网络零售来创业，首先需要哪些基本知识、途径和方法呢？本章即为初涉网络零售者介绍基本概念、一般流程和要从事的这个行业的发展状况。

随着互联网的普及，电子商务应用在中国快速发展。大型企业电子商务正在从网上信息发布、采购、销售等基础性应用向与上下游企业进行设计、制造、管理等全方位合作的方向发展。中小企业电子商务应用意识普遍提高，应用电子商务的中小企业数量保持较高的增长速度。在竞争压力和政策引导的双重推动下，网络零售市场基础不断优化、市场环境逐步改善、用户稳步增长、政策也逐步完善，市场供给能力和零售规模都快速增长。

网络零售的发展对商业、制造业和服务业均产生了重要的影响。消费者几乎能够购买现实世界中所看到的任何商品，人们越来越多地点击、搜索并购买网络图片或视频中出现的商品。网络零售的低进入门槛可以使所有的网民都有可能成为一个从事网络零售的网商。只要有热情和好奇心，当然，重要的是，只要善于利用网络提供的客户资源、市场动向、价格信息等，便可迅速积累起经验，在网上被客户发现并认可，成为网络零售专家的概率也大大提高。

我国网络零售发展的历史，大致可以划分为如下三个重要的阶段，见表 1-1。

表 1-1　中国网络零售发展阶段

序号	第一阶段（1999 年）	第二阶段（2003～2005 年）	第三阶段（2006 年～今）
1	易趣（1999 年）	淘宝（2003 年）	凡客（2007 年）
2	当当网（1999 年）	京东（2004 年）	兰亭集势（2007 年）
3	卓越网（1999 年）	红孩子（2004 年）	麦包包（2006 年）
背景	互联网兴起	2003 年非典	2008 年经济危机

第一阶段：网络零售的兴起

1999 年福建联邦软件在北京进行网络 72 小时全封闭生存实验，这个实验的成功是电子商务 B2C 的里程碑；这个阶段代表性的 B2C 网站规模较大的有 8848、当当、卓越等。这个阶段的基本模式是复制美国亚马逊网站的商业模式。2000～2003 年，我国电子商务行业突飞猛进的发展戛然而止，进入衰落时期。

第二阶段：网络零售的复苏阶段

从2003年开始，我国网络零售进入复苏发展阶段。“非典”导致老百姓传统的购买行为发生了短时间内的“质的改变”。人们逐渐体验在家中点击鼠标可以买到东西的乐趣，并进一步认识到网上购物跨地域、跨时空、第三方收货的购物魅力。淘宝网是该阶段代表性的企业。

第三阶段：网络零售的高速发展阶段

2006年后网络零售进入到一个高速发展阶段，C2C和B2C都得到充分的发展。在这个阶段，出现柠檬绿茶等类似的淘宝大卖家，营业收入上亿。另外，部分企业如兰亭集势，开始关注海外市场，而且这类企业普遍盈利状况好于从事内部贸易的相关网站。

资料：中国网络零售核心数据摘要

1）市场规模：据调查，截止到2013年6月，中国网络零售市场交易规模达到7 542亿元，同比增长47.3%。

2）企业规模：数据显示，截止到2013年，国内B2C、C2C与其他电商模式企业数已达24 620家，较去年增幅达20.1%。

3）市场份额：

C2C市场方面，据中国电子商务研究中心监测数据显示，截止到2013年6月C2C企业市场占有率变化不大，淘宝集市地位依旧稳固，占全部的95.1%，拍拍网占4.7%，易趣网占0.2%。

B2C市场方面，数据显示，截止到2013年上半年中国网络购物市场上，天猫排名第一，占50.4%；京东紧随其后名列第二，占据20.7%，较2012年上半年略有提高；位于第三位的是苏宁易购，达到5.7%，与2012年上半年相比提高了54%。后续4～10位排名依次为：腾讯电商（5.4%）、唯品会（2.6%）、亚马逊中国（2.3%）、当当网（1.9%）、国美电商（1.7%）、1号店（1.6%）、凡客诚品（0.8%）。

4）用户规模：数据显示，截止到2013年6月，中国网购的用户规模达2.77亿人，同比增长29.4%。

5）个人网店数量：数据显示，截止2013年6月，个人网店数量达1 246万家，同比减少27.8%；其中，淘宝网现有职业卖家600多万，每天新增注册近万家。

6）快递营业收入规模：数据显示，2013年（上）全国规模以上快递服务企业业务量累计完成38.4亿件，同比增长60.6%，业务收入累计完成629.8亿元，同比增长34.5%。另据统计，网购业务已经占到快递业务一半以上。

1.1 网络零售的概念、特点与类型

1.1.1 网络零售相关概念

零售是一种买卖形式，它源于商人的基本职能，是以分散、零星的形式向最终消费者

出售商品和服务的一种商业形式。零售是一种最原始、最简单，也是最普遍的交易方式，是一种世界性的经济现象。

随着科学技术的发展和交通条件的改善，零售商不再满足于坐店经营、等客上门，而是借助于各种手段，开展无店铺销售，即没有固定的场所摆设商品销售，甚至出现了专门无店铺经营的零售商。从原始的走街串巷的货郎担、流动售货车，发展到电话购物、邮寄购物、电视购物和网上购物，直接送货上门，如图 1-1 所示。

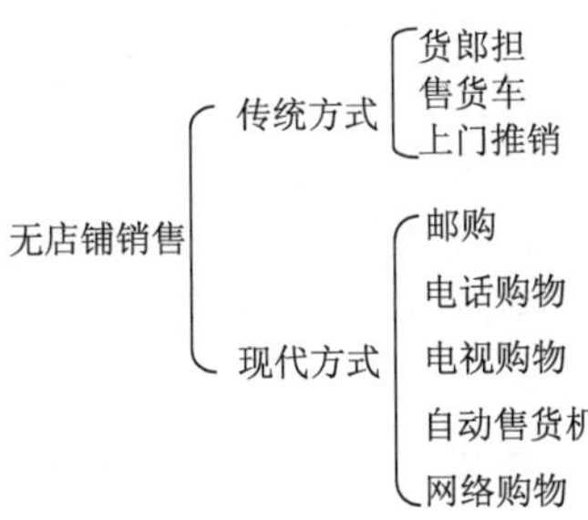

图 1-1　无店铺销售模式

网络购物是个人通过互联网购买商品或服务，购买者可以浏览网上商品目录，比较、选择满意的商品或服务，通过互联网下定单，网上付款或离线付款，卖方处理定单，网上送货或离线送货，完成整个网络购物过程。

网络零售是指交易双方以互联网或其他电子渠道为媒介的商品交易活动，即通过互联网进行的信息的组织和传递，实现有形商品和无形商品所有权的转移或服务的消费。买卖双方通过电子商务（线上）应用实现交易信息查询（信息流）、交易（资金流）和交付（物流）等行为。从这个角度而言，网络零售是以互联网为渠道、针对终端消费者的电子商务活动。

1.1.2　网络零售的特点

见表 1-2，与传统零售相比，网络零售有多个优势，主要表现在以下几个方面。

表 1-2　网络零售的优点

方向内容	传统零售	网络零售
时间性	时间有限性，只有在特定的工作时间内提供服务和运营	时间无限性，可以每周 7 天，每天 24 小时不间断的服务和运营
交易	真实性、效率低、成本较高	虚拟性、高效性、透明化、低成本
市场占有	受地域限制	全球化的市场
服务	统一服务	个性化服务

（1）方便消费者

麦肯锡调研发现，方便性已经成为网络零售吸引中国消费者的第一大因素。消费者通过网站搜索自己需要的商品，下单、付款，然后快递服务商送货上门。这不仅对工作繁忙的城市消费者有着巨大的吸引力，对于中小城市和农村的消费者，也同样具有独特的价值。

网络零售可以帮助他们买到当地没有的商品。

（2）经营方式灵活

时间上，网络零售借助网络虚拟平台，可以提供一天 24 小时不间断的服务，增加消费者订货的自由度，可以通过网络留言或短信的方式进行沟通，方便服务客户和优化服务。

空间上，网络零售可以突破地域限制，潜在购物者是全国甚至是全世界网民，这是由其所凭借的主要媒体——互联网的全球性本质决定的。

网店与实体店铺之间有各种灵活的组合方式，如可以先发展网店再发展实体店，也可以在实体店的基础上经营网店。对网络零售商而言，实体店与网店相结合的好处明显，因为顾客喜欢多渠道购物，浏览网页、搜寻目标商品，然后在实体店购物。那些在传统渠道已经创建品牌的企业和商家，在网络零售中会凸显价格优势，品牌效应明显。

（3）启动资本与运营成本较低

网络零售通过网络平台可直接搭建顾客和制造商沟通的桥梁，快速获得用户需求，减少中间流通环节，进货和发货的方式灵活，避免大量库存的资金占用成本。大多数的网络零售平台会员招募都是免费注册，注册以后只要进行身份认证就可以开店。目前我国尚未对 C2C 模式的网络零售征收网络交易税。一般网络平台都有一些购物者的自助服务功能，不需要雇用大量的人员进行管理与销售。

据 IDC（Internet Data Center，互联网数据中心）研究，综合计算营销、渠道、仓储和结算等，网络零售相比传统零售的成本平均降低约 20%。成本管理水平高的网络零售企业，其成本还会再降低。成本低使得网络零售在价格方面对消费者具有明显的吸引力。

（4）公平透明的市场环境

网络零售中，买卖双方的整个交易过程都在网络上进行。通畅、快捷的信息传输便于各种信息之间互相核对，有助于防止伪造信息的流通。同时，商品的价格比较容易进行，通过相关技术可以让价格由低到高或由高到低进行排序，从而了解竞争对手的定价策略。消费者则通过比较购物网站，了解同类商品在网络世界的定价策略。大卖家与小卖家、企业与个人在网上也可以进行相对公平的竞争。

（5）开展个性化服务

网络零售商可以通过软件自动搜集信息，在用户访问时，基于海量的浏览和消费记录，零售网站对消费者可以实现个性化推荐，根据消费者对商品和服务不同的需求，每个消费者看到的信息和商品都是独特的，即所谓“千人千面”。如亚马逊、当当网，鼓励购物者参与图书的使用评价，形成具有亲和力的互动关系，比较容易搜集到读者的信息、趣味和他们的购买需求，从而将新书推荐给可能感兴趣的现有顾客群。

当然，网络零售也有其缺点：

（1）消费者缺乏现场体验

由于网络的虚拟性，网络零售难以达到传统零售所具有的现场体验。当消费者具有试穿试戴、真实感受商品材质等需求时，网络零售仍然难以满足。

（2）消费及时性不够

因为有物流环节存在，消费者从下单到收货之间具有一定的时间间隔。如果消费者急需收到商品，显然网络零售不如传统零售那样直接、快捷。

（3）网络营销形式较为单一

消费者购买商品时，往往重视购物过程中的愉悦感。传统零售模式可以面对面营销，对消费者的视觉、嗅觉、触觉进行刺激。网络零售主要是依赖静态的图片和文字描述制造“网页氛围”，虽然 3D 展示、视频剪辑等动态网络广告在迅速发展，但是考虑到网速、用户习惯等问题，也不能过度使用音频和视频效果。

（4）卖家利润空间小

消费者会把网络零售与低价划等号容易进行价格对比，因而卖家利润空间相对较小。

（5）服务质量难以监控

网络零售过程中的服务包括在线沟通与物流配送。除了一些大的 B2C 平台自建物流以外，大部分购物平台依赖第三方物流，购物平台可以推荐物流公司，但不能控制物流公司的服务质量。卖家可以酌情选择物流公司，同样不能控制物流公司的服务质量，只能用选择或更换的方式施加影响。物流公司的服务质量不佳是产生网络零售交易纠纷的主要原因之一。

1.1.3　网络零售类型

一般而言，人们提到网络零售时往往是指按照平台分类的 B2C、C2C，但是也有按照零售方式进行的分类。

（1）按照平台分类

按照平台使用对象，网络零售分为 B2C 模式和 C2C 模式。前者平台上的卖家是企业，后者卖家是个人卖家。

B2C（Business to Consumers），是指企业与消费者之间的电子商务模式。亚马逊、天猫（原淘宝商城）、当当网、京东商城等都是 B2C 平台。

B2C 型电子商务是人们最熟悉的一种电子商务类型，是企业通过互联网为消费者提供网络购买商品并完成支付的运行模式。B2C 基本流程（见图 1-2）主要包括：消费者首先访问企业的网站、浏览商品信息、发出订单、按照网站提示向银行付款，网站前端处理后将订货信息送到企业监控室、付款窗口向银行发送付款信息，银行向消费者和企业确认后，企业通过网站通知消费者即将发货，同时通知配送站发货，配送站送货到消费者。

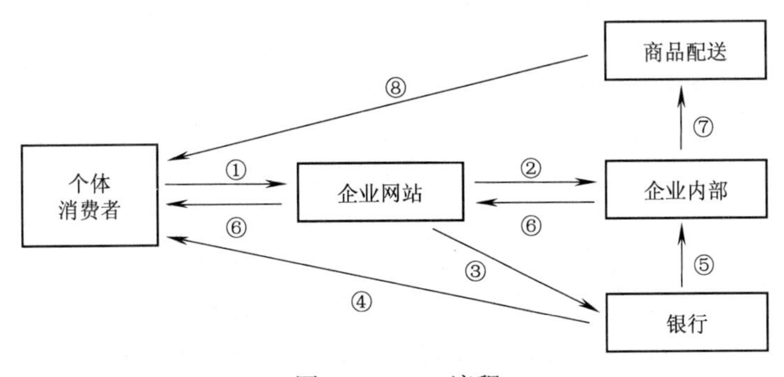

图 1-2　B2C 流程

C2C（Consumers to Consumers），是指消费者与消费者之间的电子商务模式。简单地说，就是消费者提供服务或产品给消费者。C2C网络平台是通过为买卖双方提供一个在线交易平台，使卖方可以自行提供商品上网展示销售，而买方可以自行选择商品拍下付款或是采用竞价方式在线完成交易。

这种模式的思想来源于传统的跳蚤市场，以1995年eBay成立为标志。C2C交易平台上交易产品丰富、范围广，并且以个人消费品为主。目前，C2C电子商务企业采用的运作模式是通过为买卖双方搭建拍卖平台，按比例收取交易费用，或者提供平台方便个人在上面开店铺，以会员制的方式收费。

以淘宝网为例，C2C在线交易流程如下：卖方首先发布销售商品信息到C2C交易网站，确定价格。买方登录网站注册，查询商品信息，参与网上竞价过程，双方成交，买方付款到交易平台，交易平台通知卖方发货，买方收货后交易平台将货款转给卖方，交易完成。

（2）按照网络零售方式分类

按照零售方式分类，网络零售包括电子零售、网上购物中心、电子商业街、电子拍卖、电子直销、网上市场、个别顾客售卖以及虚拟社团等。

1）电子零售是指直接在网上设立网站，网站中提供一类或几类产品的信息供消费者选择购买，在购买时提供比一般商店更优惠的折扣，这部分折扣就是网上商店相比传统商店减少的开销费用。如亚马逊网上书店、当当网。

2）网上购物中心或电子商业街，类似传统零售商业中的购物中心，只是大厦中容纳不了许多商店，而网上购物中心则可容纳成千上万的零售店铺。它一般不直接参与交易，只是提供商业活动场所和相关配套服务，并从中收取少许的服务费。电子商业街多为同类商品的集聚或经营同类商品的商店集聚，专业性强。

3）电子拍卖型是指在网上提供商品信息，但不确定商品的价格，商品价格通过拍卖形式由会员在网上相互叫价确定，价高者就可以购买该商品，最著名的拍卖网站是eBay。

4）电子直销型是指由生产型企业开通的网上直销站点，它绕过传统的中间商环节，直接让最终消费者从网上选择购买，购买时可以将自己的爱好和选择告知生产者，让它根据自己的需要定制生产。这类站点发展极为迅速，对传统中间商提出了巨大挑战。

5）网上市场（中心）是围绕能提供大量购物和信息服务的网点形成的。当某些网点集中了人们日常所需的很多产品和服务时，人们就会大量光顾，这会刺激更多的企业在相应的地点设点，以增加自己的销售。于是便存在这种状态，此类网点的网页越来越长，内容越来越多，包含的服务越来越全，访问的次数也越来越多。

6）个别顾客售卖是指那些相对独立的网上用户，利用诸如个人网页、博客、私人电子邮件、组织私人聚会等多种形式，进行商品销售活动，其售卖的商品多为小件手工艺品、收藏品等。

7）虚拟社团实质是网上顾客群体。通常存在于网上建立起的网点和商店中。有着相同想法和共同兴趣爱好的网民们会聚集在一起，交换信息或采购物品，并常常光顾此处。他们形成一个圈子，即虚拟社团。在网上，这些虚拟社团可以给加入者很好的购物指导，同时他们本身又是一个基本的客户群。因此虚拟社团的存在对网上商店的销售有很大的影响和促进作用。

1.1.4　网络零售的具体形态

网络零售以多种形式存在，丰富多彩，而且还在不断地创新和变化。当前网络零售的具体形态有购物平台、独立网站、论坛、即时沟通工具、微博及微信等。

（1）购物平台是网络零售的主要方式

企业或个人通过购物平台进行商品销售或提供服务。为确保交易的达成，购物平台会制定一系列交易规则对卖家和买家进行管理。购物平台与传统零售渠道最大的区别是购物平台拥有比较透明的信用评价体系。卖家或买家的交易记录形成原始记录，按照平台的规则形成双方的信用等级，以此规避信息不对称带来的购买风险。另外，购物平台的注册用户人数众多，形成一个庞大的顾客群。在 B2C 和 C2C 平台上的卖家，具有强大的消费能力。在 C2C 平台上，一部分用户还会尝试在网络平台上创业，是卖家与买家的统一体。

（2）独立网站快速发展

卖家自己申请域名，亲自动手或者委托他人进行网站设计，网站经营者完全由自己宣传来吸引浏览者。这种方式费用比较高，独立网站要想得到潜在顾客群的关注，需要强大的营销能力和大量网络广告的投放，具体形式有横幅广告、弹出式广告、搜索引擎优化等。这种方式适用 B2C 的企业卖家或是品牌知名度高的个人卖家。例如 2007 年成立的凡客诚品（VANCL），是地地道道的网络公司，网站销售占总销售比例的 80%。独立网站也可以申请成为购物平台的店外店，争取更多的展示机会。

（3）微博与微信得到越来越多的应用

据 DCCI（Data Center of China Internet，中国互联网数据中心）发布的《2012 中国微博蓝皮书》统计，2012 年微博用户总量约为 3.27 亿，比 2011 年中国微博用户总数增长 7 720 万。随着微博、SNS（Social Networking Services，社会性网络服务）等社交网络的快速发展，社会化商务浪潮正在兴起。消费者通过社会网络获得消费信息，并通过社会网络与朋友分享自己的消费体验。数据显示，有 84%的网购消费者经常与朋友分享购物信息。在微博、QQ 群等购物资讯和经验随处可见。

（4）专业性很强的论坛

论坛的参与者大多为一些兴趣相投的网友，有些商家在论坛中发一些专业帖积累人气，然后依靠人气、专业知识销售商品或服务。这些专业论坛可以给购物者一些很好的购物指导，同时他们本身又是一个基本的客户群。

（5）即时通信工具

据 CNNIC（China Internet Network Information Center，中国互联网中心）调查，使用聊天工具销售商品的以年轻人居多，他们一般是聊天群里的活跃分子，在聊天群里具有很好的群众基础。最初可能是从分享和代购商品开始，逐渐开始形成一个忠实的顾客群体，逐渐涉足网络零售。买卖双方通过长期的接触一般都能成为线下的朋友，通过口碑宣传，逐渐扩大和巩固自己的顾客群。

综上所述，网络已经成为网民的生活社区，呈现出多层面、多角度、多元化方式。因此网络销售并不是单指购物平台上的店铺，而是泛指通过互联网来实现销售目的的经营方式。

1.2 网络零售交易的一般流程

1.2.1 在线销售流程

在线销售主要包括销售、发货和售后三个方面的内容。

（1）销售客服流程

在销售客服中，首先要面对的是顾客的咨询，客服在应对咨询时要做到如图 1-3 所示的流程：了解库存情况、产品属性、邮费情况、活动情况、销售政策等。在客服解答中，要对库存情况进行及时确认，并对顾客的询价申请作出及时回复。订单达成到订单确认，再进行销售报表备份，这都是销售客服的工作。

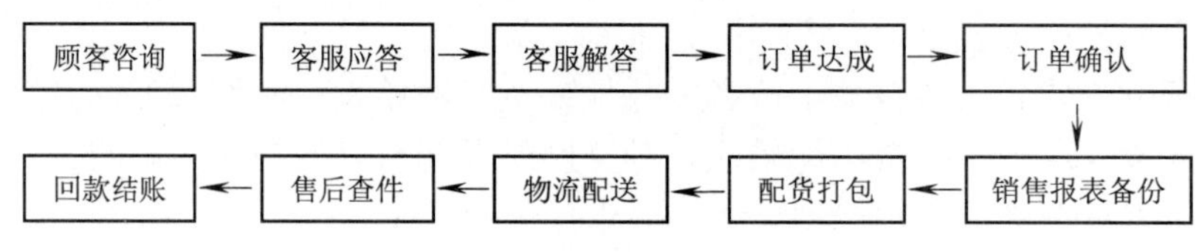

图 1-3 销售客服流程图

其次，仓库根据销售客服发来的发货单和快递单进行配货打包，发给物流公司进行发货配送。

最后，消费者可以在网上进行商品的物流跟踪，收到货品后，在网上进行付款评价。

（2）发货流程

销售客服将确认后的订单在一定时间之前，制作成交货单交予仓库，并制作快递单，且编号应与发货单对应。

然后，仓库根据发货单配货打包，并将包裹按照发货单编号，在发给快递公司进行包裹投送时，应注意核对快递单编号和包裹编号；买家签收包裹后，买方或卖方按约定与快递公司进行运费核算。

最后，仓库应把单号留存，以备将来查看。基本流程如图 1-4 所示。

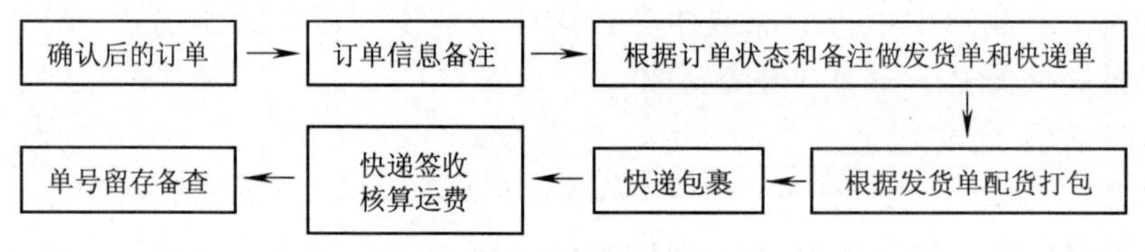

图 1-4 发货流程图

（3）售后客服流程

当卖家把货物售出后，如果是买家自身的原因需要退货处理时，卖家应及时了解情况，确定退款金额；由买家发回货物，卖家验收货物；确认货物无误后，卖家及时退款。

当买家收到货物后，若发现货物有问题，这时需要和卖家的售后进行协商解决。

首先需要买家发来出现问题的货物的照片作为凭证，经卖家确认后协商解决办法。通

常有三种情况，折价、换货和退货。

折价的前提是，折扣的成本不应高于换货的成本。与买家确认折扣比例后，售后客服将折扣申请报告，获得审核后，退回被折扣的部分货款。

若折价协商没有达成，卖家和买家可以选择进行换货处理。售后客服与买家协商后，确认进行换货处理，应将换货申请交予店铺审核；确认后，由买家将货物发回，卖家收到货物并确认质量问题后，应及时发出新的商品，尽快完成交易。

若前两种办法都无法达成一致，那就选择进行退货处理。流程与前面类似，获得退货批准后，买家将货物发回，卖家退款给买家。

基本流程如图 1-5 所示。

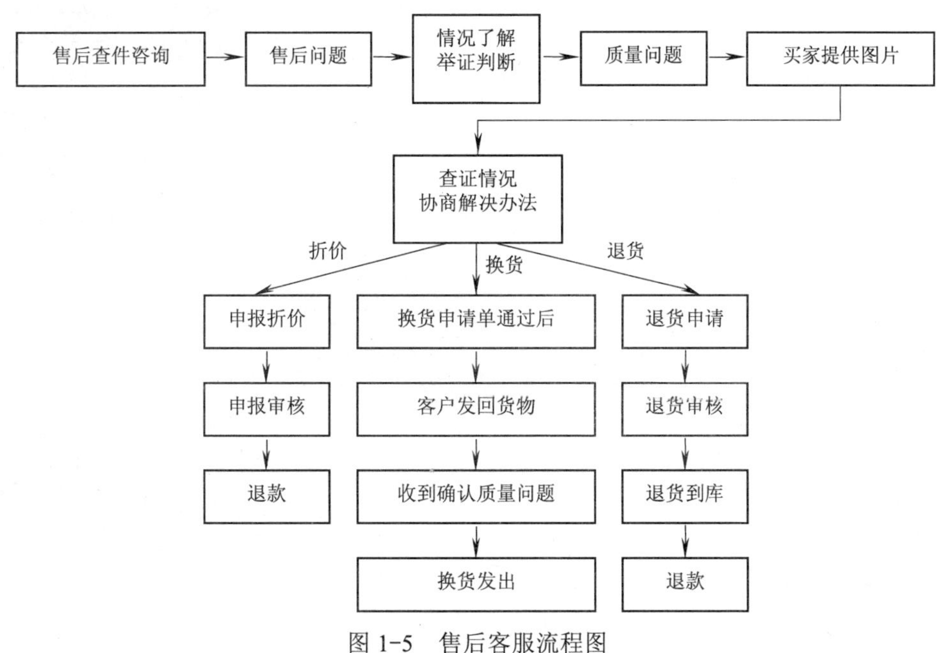

图 1-5　售后客服流程图

1.2.2　在线购物流程

一般在线购物流程包括 6 个主要步骤，如图 1-6 所示。

1）消费者通过网络找到某一网上商城，进行商品搜索选购。

2）选定商品后，单击“放进购物车”按钮，则所购商品情况被列入购物车，对于商家而言，这是个下订单的过程。

3）选择购买商品，去支付平台。一般这个时候系统会提示客户进行会员注册。主要目的是方便商家根据客户的注册信息进行订单确认和送货。

4）用户选择送货方式及付款方式，并支付货款（货到付款的情况除外）。

5）商家的电子商务系统为消费者提供带有订单号及订货信息的反馈清单。

6）购物完成，消费者可随时登录网站查询订单处理状态。

实际网上购物时，各个网上商城的购物方法和步骤大同小异，基本实现思路就是：选择商品、确定购物、认证身份、付款和交付商品。

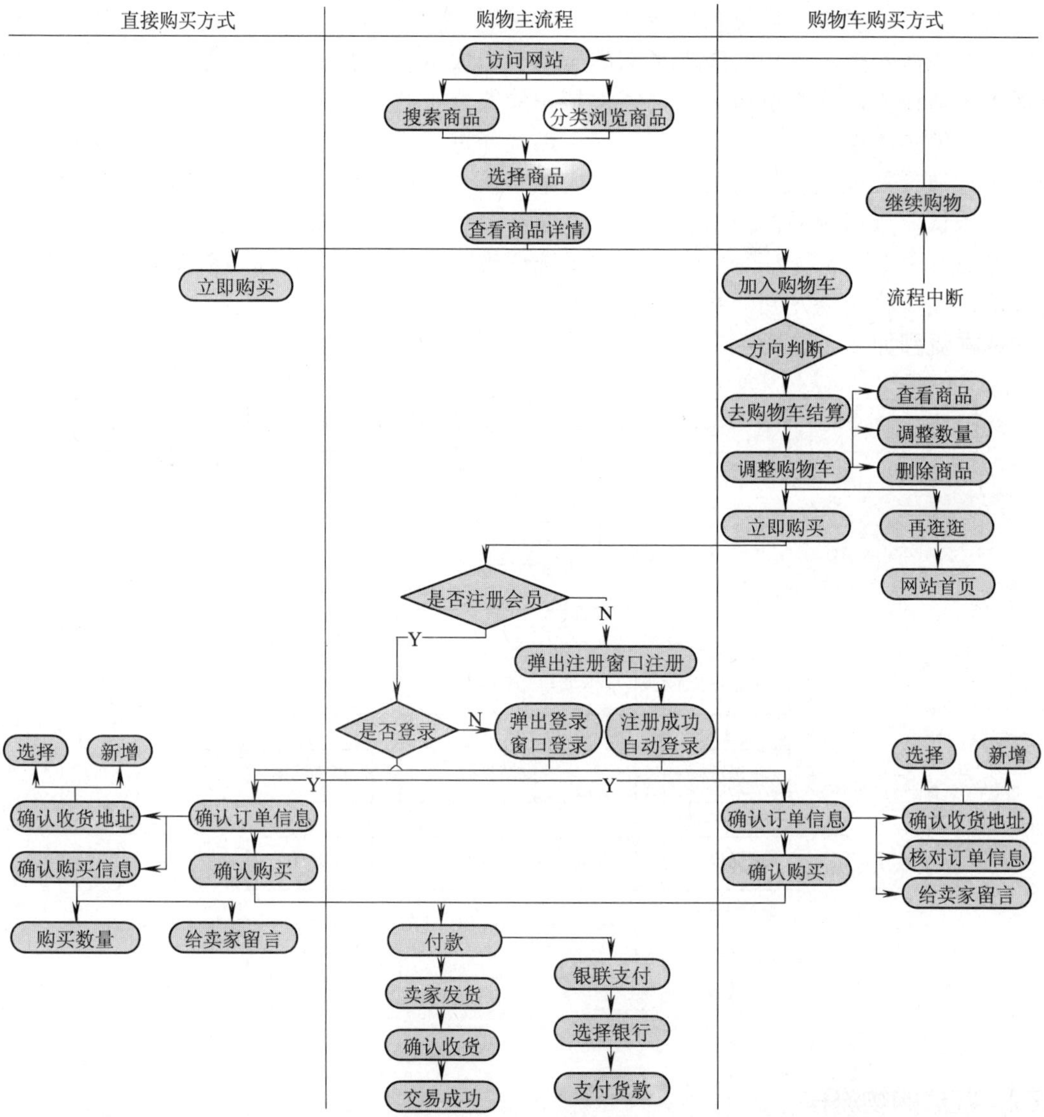

直接购买方式
购物主流程
购物车购买方式
访问网站
搜索商品
分类浏览商品
选择商品
查看商品详情
继续购物
立即购买
加入购物车
流程中断
方向判断
去购物车结算
查看商品
调整数量
调整购物车
删除商品
立即购买
再逛逛
网站首页
是否注册会员
N
Y
弹出注册窗口注册
是否登录
N
弹出登录窗口登录
注册成功自动登录
Y
Y
选择
新增
确认收货地址
确认订单信息
确认购买信息
确认购买
购买数量
给卖家留言
选择
新增
确认订单信息
确认收货地址
核对订单信息
确认购买
给卖家留言
付款
银联支付
卖家发货
选择银行
确认收货
支付货款
交易成功

图 1-6　在线购物流程图

1.3　网络零售的发展

1.3.1　国外网络零售情况

（1）美国

在美国，网络零售购物是消费者在 2013 年更受欢迎的选择。仅 2013 年 7 月就有近 1 亿 1 千万美国人访问零售店网站，搜寻商品和在线下订单。网络零售商中，“亚马逊”是大型零售店类别中的第一品牌，吸引了超过 7 800 万美国独立访客，他们平均花费超过 30 分钟搜索

和购物。实体零售商如“沃尔玛” “塔吉特”和“邦诺”也在购物网站排行榜中占有一席之地，分别吸引了 3 600 万、2 100 万和 800 万访客。Etsy（美国一个网络商店平台），作为一个网络市场，也是一个广受欢迎的网站，他们的货物在线售卖给超过 1 100 万人的消费群体。Etsy 的访客平均在网站上花费近 20 分钟，因此它成为第二大最具吸引力的网络市场，仅次于“亚马逊”。

（2）欧洲

2013 年，欧洲的网上零售交易总额达到 4 969 亿美元（约合 3 630 亿欧元），同比增长 19%。从各个地区来看，西欧地区的电子商务交易总额为 2 432 亿美元，相较于 2012 年同比增长 15.6%；中欧地区为 1 277 亿美元，同比增长 22.8%；南欧地区为 558 亿美元，同比增长 18.8%；北欧地区为 436 亿美元，同比增长 12.5%；东欧地区为 264 亿美元，同比增长 53%。

从国家分布上来看，交易额排名前三的国家分别是英国（1 466.97 亿美元）、德国（867.94 亿美元）、法国（699.55 亿美元）。这三个国家的电子商务交易额总和占到了欧洲电子商务交易总额的 61%。排在第四和第五位的是荷兰（164.28 亿美元）和奥地利（150.17 亿美元）。

（3）韩国

韩国统计厅发表的《2012 年电子商务及网络购物动向》资料显示，2012 年韩国电子商务总额达 1 144.7 万亿韩元（约合人民币 6.5 万亿元），同比增加 14.5%。网络购物交易额为 32.3470 万亿韩元，同比增加 11.3%。其中，旅游和预定服务（32.3%）、食品饮料（22.8%）、生活和汽车用品（17.1%）、家电通信（10.0%）交易额有所增加。但软件（–12.8%）和鲜花（–8.9%）有所减少。支付工具中，信用卡所占比重最大，为 73.1%，其后依次为转账（20.9%）和电子货币（2.6%）。根据欧洲电子商务协会在 2014 年首届中国跨境网购（进口）峰会上公布的数据，2013 年韩国电子商务交易额为 208 亿美元，在全球排名第十。

1.3.2 中国网络零售发展现状及趋势

近年来，我国网络零售发展呈现出高速增长的态势，也存在一定的问题，主要特点如下：

（1）高速增长，市场容量仍有较大空间

如图 1-7 所示，2013 年中国网络购物市场交易规模达到 1.84 万亿元，增长 39.4%，与 2012 年相比，增速有所回落。网络购物交易额占社会消费品零售总额的比重达到 7.9%，比去年提高 1.6 个百分点。随着网民购物习惯的日益养成，网络购物相关规范的逐步建立及网络购物环境的日渐改善，中国网络购物市场将开始逐渐进入成熟期，未来几年，网络购物市场增速将趋缓。同时，随着传统企业大规模进入电商行业，中国西部省份及中东部三、四线城市的网络购物潜力也将得到进一步开发，加上移动互联网的发展促使移动网络购物日益便捷，中国网络购物市场整体还将保持相对较快增长，预计到 2016～2017 年中国网络购物市场交易规模将达到 4 万亿元。

（2）移动网络购物市场高速增长

2013 年中国移动网络购物市场规模 1 696.3 亿元，同比增长 168.6%，预计到 2017 年移动网购市场规模将过万亿。移动网络购物的高速发展主要得益于以下原因：一方面，传统电商巨头重视用户移动端使用习惯的培养，优化用户体验，加大移动端促销力度，鼓励用户向移动端转移；另一方面，随着网络环境的改善及智能移动终端的普及，未来在 4G 网络的进

一步推动下，将有更多手机、平板电脑用户形成移动端购物习惯，移动网络购物已经成为用户填补碎片时间的一大选择。

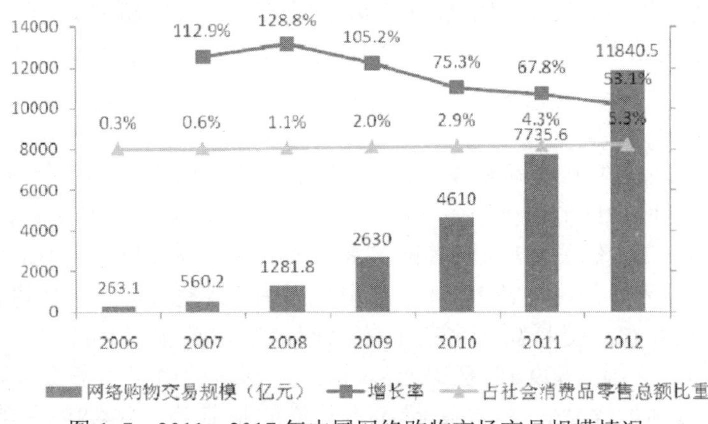

图 1-7　2011～2017 年中国网络购物市场交易规模情况

（3）快递业进军网络零售，相互渗透

网络零售的飞速发展，也促进了快递业的高速发展，各大电商纷纷加入仓储物流建设涉足快递业。国家邮政局 2012 年 6 月 25 日公布了第一批 260 家通过 2012 年快递业务许可的企业名单，京东商城位列其中，而多家电子商务企业也纷纷表示要自建物流。而与此同时，快递业也凭借自身网点优势，逆流进军网络零售。2012 年 5 月，民营快递行业领导者顺丰快递推出了电子商务平台"顺丰优选"，打响了快递业进军网络零售领域的第一枪，紧随其后，国内另一家知名快递企业申通也在积极筹备其电子商务网站"爱买网超"上线。网络零售界和快递界的一场互抢地盘的混战在两个原本互利共存的行业之间悄然打响。

（4）市场吸引力增强，生活化趋势增强

网络零售市场经营方式向多元化发展，团购、秒杀等新型营销模式不断涌现；同时，电商企业服务能力不断提升，网上商品的价格优势凸显，网络购物吸引力增强，网络购物消费者队伍不断壮大。随着网络购物用户的快速增加，服装、家居等生活用品的消费群体扩大，网络零售市场商品生活化趋势明显。

（5）线上线下融合

网络零售呈现出传统零售商向线上拓展、垂直向平台化发展的特点和趋势。网络零售市场上不断涌现从传统市场向网络领域开拓的新生力量，如中粮旗下的我买网，富士康推出的飞虎乐购，苏宁网上商城苏宁易购，国美推出的国美商城等。百货、家电、服装等行业的流通领域加速从线下向线上发展，至 2012 年末，连锁百强企业中有 62 家企业开展了网络零售业务，比 2012 年年初统计的 59 家增加了 3 家；62 家企业实现网络零售交易约 300 亿元。未来几年传统零售商会投入更多的资源应用于在线零售业务的开展，加速线上线下业务的融合。

网络消费的发展，对促进经济增长、扩大国内需求、稳定社会就业、推动传统企业转型具有重要作用。我国网络零售市场还是刚刚起步的新兴市场，具有巨大的发展潜力，在未来的一定时期，随着外部环境的逐步改善，还将保持较高的增长速度，网络零售业也将在激烈的竞争中持续发展，并呈现新的发展趋势。

（6）B2C 平台化趋势

平台式 B2C，是指网络零售商作为服务平台，本身不参与商品买卖，仅提供交易场所，

自营比例相对较低，主要是通过开放模式来为平台上的各类商家提供服务，靠收取服务费和佣金盈利。

当前，领先的 B2C 网络零售商的主要发展趋势是：①综合式 B2C 继续扩充产品品类和品牌，提供一站式购物；②平台与商家合作加剧，平台式 B2C 发展迅猛，独立垂直 B2C 将面临更大经营压力。比较典型的转变如京东商城，已经从自主经营向平台化转型了，有数据显示，京东商城自营商品和品牌合作产品的比例为 1:7，越来越多的商户入驻京东商城，平台化趋势明显。

B2C 平台化发展，品类也随之扩充，综合化一站式购物平台成为新的趋势。作为自营 B2C 的典型代表，京东商城和当当网也陆续把目光都投向了综合类百货。2011 年，京东商城向百货转型，先后进军服饰、食品饮料、图书销售等市场，并涉足机票预订、电子书等业务，首期即上线 8 万种正版电子图书。目的即通过品类扩张来吸引更多潜在消费者，扩大销售规模，借“一站式”购物提升用户黏性，寻找新的增长点。与此同时，主营图书的当当网也向百货渗透，试图通过品类拓展的方式发掘出更多用户价值。

而以苏宁、国美为代表的传统零售巨头在进入网络零售领域后，也在陆续有计划地进行品类扩充，苏宁易购在继 2011 年 10 月图书品类上线后，酒店、票务等虚拟商品也随后上线。目前新增了百货、图书、日用品、金融、虚拟产品五大采销中心，向综合购物平台的转型之路日渐清晰。库巴网则将品类扩充的重点放在家纺和家装建材领域。

（7）B2C 竞争加剧，C2C 则相对稳定

网民网购习惯已经形成，网购趋于活跃。在 C2C 领域，淘宝集市地位稳固，占据了 95.1%的市场，其他拍拍网占 4.70%，易趣网占 0.20%[㊀]。

相对于 C2C 的稳定，B2C 竞争可谓激烈。据中国电子商务研究中心监测数据显示，2013 年上半年 B2C 网络购物交易市场份额排名第一的是天猫商城，占全部的 50.4%；京东商城名列第二，占据 20.7%；位于第三位的是苏宁易购，占据 5.7%；其他排名依次是腾讯电商（5.4%）、唯品会（2.6%）、亚马逊中国（2.3%）、当当网（1.9%）、国美电商（1.7%）、1 号店（1.6%）、凡客诚品（0.8%）。B2C 将成为继续推动整个网络零售行业发展的主要模式，也是各大网络零售商的主要战场。如图 1-8 所示。

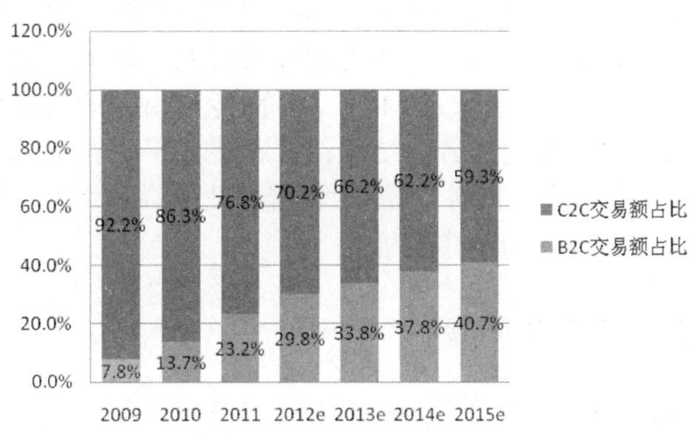

图 1-8　B2C 与 C2C 市场变化趋势[㊁]

㊀ 中国电子商务研究中心，2012 年 Q3 中国网络零售市场数据监测报告 http://www.100ec.cn/zt/upload_data/down/2012Q3wlls.pdf

㊁ 艾瑞咨询，2011-2012 中国网络购物行业年度监测报告（简版）2012

(8) 网络零售商之间整合淘汰加剧

网络零售市场竞争日益激烈。据中国电子商务研究中心数据显示，到 2013 年 12 月底国内 B2C、C2C 与其他电商模式企业数已达 29 303 家，较去年增幅达 17.8%，预计 2014 年达到 34 314 家。而从 2011 年 9 月至今，B2C、C2C 与其他电商模式企业数量增长幅度有所下降。随着网络零售市场的不断规范与整合，相当数量的 B2C 企业还会在这个过程中被淘汰。

(9) 社会化媒体成为网络零售商营销的重要渠道

各大网络零售企业均在新浪微博等社会化媒体开设其官方窗口，据随视传媒发布的数据显示，截止 2012 年年底，新浪微博平台上已有 8 万余家电子商务公司开通了企业微博，占到企业微博总数的5%，且在粉丝数、粉丝活跃度、转评数等数据上领先其他行业的企业微博[㊀]。

据普华永道针对 7 005 名分布于中国、中国香港、美国、英国、瑞士、德国、荷兰、法国的受访者调查显示，网购者通过社会化媒体关注品牌的比例，中国香港的比例为 44%，排名第一。社会化媒体已经成为网络零售商的一个重要营销渠道，如图 1-9 所示。

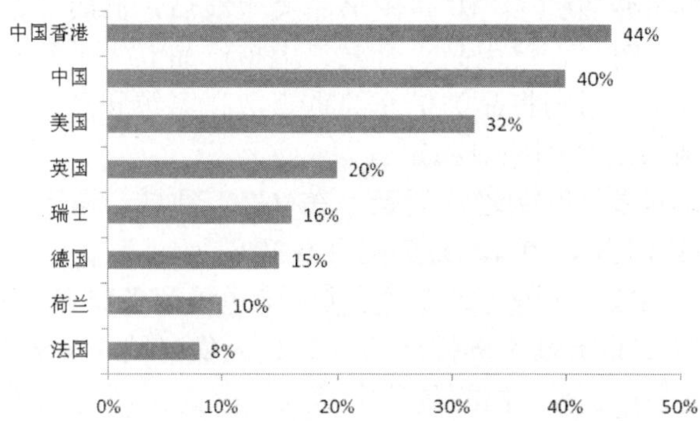

图 1-9　网购者通过社会化媒体关注品牌的情况[㊁]

(10) 网络零售行业将日趋规范

中国网络零售发展迅速，而随之带来的问题，如无序恶性竞争、价格欺诈，有损消费者和其他经营者的问题不断出现，社会各界也呼吁政府制定相关法规，规范市场。这已得到政府部门的关注和出台相关规范，如 2011 年 7 月商务部出台的为规范第三方电子商务交易平台的经营活动，保护企业和消费者合法权益，营造公平、诚信的交易环境，保障交易安全的《第三方电子商务交易平台服务规范》。随着行业的高速增长，促进行业规范的法规也会相继出台，这将有助于行业的健康发展。

1.3.3　中国网络零售市场存在的问题

随着交易规模快速扩大，网络零售面临的主要问题如下：

(1) 物流服务制约网络零售发展

与前几年相比，面向网络零售的物流服务已经有明显提升。像北京、上海、广州、杭

㊀ 随视传媒，电子商务社会化指数研究报告 2012.5

㊁ 普华永道，顾客主导市场——多渠道购物者怎样改变零售　2012.3

州等城市的消费者能在下单 12 小时内甚至更短时间收到包裹。但是，网络零售以年均增长 80%～90%的速度持续、高速增长，以及消费者对送货速度、开箱试穿、上门退货等方面不断提出新的需求，尽管物流服务本身不断改善，但仍然跟不上消费者和网购市场的发展步伐。再加上雨雪天气、节假日等的影响，物流服务成为制约网络零售快速发展最主要的瓶颈，这也是网络零售面临的最大挑战。

（2）营销成本日益增长

近年来，网络零售企业如雨后春笋快速涌现，极大地加剧了对网购消费者的争夺。而网购消费者在不同网络零售企业之间转换的成本比较低。与此同时，门户、搜索、网址导航等广告价格持续上涨。众多因素综合起来使得网络零售企业营销成本快速增长。随着网络零售企业之间竞争日益激烈，“客户获取难、营销成本高”的问题在未来将长期存在。

（3）网络购物者的权益保护问题

网络交易时，购物者需要将个人的重要信息如信用卡号、密码和个人身份信息通过网络传送。由于互联网的开放性，网上信息存在被非法截取或非法利用的可能，存在一定的安全隐患。网络隐私的保护还比较薄弱。网络交易过程中卖家和买家的个人信息可以方便地予以存储、处理，尤其是网络购物者的信息随时都有被搜集和扩散的危险，从而对购物者的隐私保护提出新的挑战。

（4）网络购物的支付安全问题

网络购物改变了传统的面对面的、一手交钱一手交货的交易方式，可以采取网上结算，即通过汇款的方式或者使用信用卡（或借记卡）的方式来实现。因此，在“先汇款后发货”的交易方式中，消费者可能会钱财两空，而通过第三方支付平台，使用银行卡交易的过程中，消费者在交易时提供的银行卡资料或其他财务资料极有可能在传递的过程中被不法分子截取。另外，即使传递过程很顺利，在这些资料进入商家之后，仍有可能被商家不当使用，或被黑客及商家公司内部未经授权员工盗取。所以，支付方式的不安全隐患会影响消费者对购物方式的选择。

（5）假货泛滥和虚假宣传

网络零售市场中的假货包括假冒伪劣商品、非正品（仿货、水货）和描述与事实不符的商品。假货已经成为网络市场的毒瘤，网络零售市场也成为假货的重灾区。虚假宣传是指经营者对其注册资金、资质证明及所销售商品的质量、成分、性能、用途、产地等作夸大或虚假的宣传，误导或欺骗消费者，违背消费者的真实意愿，侵害消费者的权益。一些非法经营者还仿冒其他网站（网页）侵犯其他商家的知识产权或者恶意诋毁其他商家信誉，甚至直接诈骗消费者。假货、虚假宣传和网站侵权和诈骗都是以非法牟利为目的，以欺骗为手段的非法行为，属于商业欺诈的范畴。商业欺诈公然违背市场的诚实守信原则，破坏了市场秩序，直接影响到了网络零售市场的健康发展。

（6）购物网站的盈利模式有待探索

收费还是免费是网络零售竞争中一个备受关注的热点问题。当前用户对购物网站的服务还缺乏忠诚度，用户的转移成本很低，且“犹豫用户”早已形成免费的习惯，一旦收费就会遭到强烈反抗，用户将很可能全部流失。最初所采取的免费策略能够有效地吸引用户，在短期内形成庞大的“有效客户群”。但长期采取免费策略可能对非常有价值的服务造成影响。从国外的经验看，如果购物网站能够提供优质的服务，引导用户产生很好的使用体验，用户为之付费并不困难。在美国市场和韩国市场的 C2C 平台交易中，一般都是 6～8 个百分点的收入。购物网站可以选择合适的时机从多个角度对网站的盈利模式进行有益的探索，例如通过交易佣金、升级服务选择性收费、买卖增值服务等。

思 考 题

1. 试将网络零售和传统零售进行比较，分析两者的优势与劣势。
2. 谈谈网络零售在中国的发展前景。
3. 人们说“网络零售是电子商务的基础”，谈谈你的理解。

第2章

网络零售市场调查与规划

在小王初步了解并掌握网络零售基本概念、一般流程和要从事的这个行业的发展状况后，就要开始从事网络零售活动的第一步了：在市场调查与分析的基础上做网络零售市场调查与规划。此阶段要掌握的知识包括市场调查方法、分析元素、网络调研平台与网络问卷设计、网络零售规划组成等。

2.1 网络零售的市场调查分析

市场调查分析是遵照一定的原则和程序，以科学的调查方式和方法，系统、客观地设计并收集、整理、分析、研究并运用有关企业的市场消息，以服务于企业的营销应用需要的一切活动。开展市场调查分析，有利于企业发现新的市场机会，确定正确的市场定位，提高企业的市场竞争力，也有利于企业制定与实施正确的市场营销战略与策略，对于传统零售业和网络零售业都是十分必要的。一般来说，网络零售的市场调查分析包括外部宏观环境分析、竞争环境分析、企业资源分析和消费者分析4个部分。

2.1.1 外部宏观环境分析

企业处在复杂的环境中，环境对企业生存和发展有着重要的影响。企业所处的环境可以分为宏观环境和微观环境。宏观环境是指那些给企业造成市场机会和环境威胁的主要社会力量，包括人口环境、经济环境、自然环境、技术环境、政治法律环境和社会文化环境等要素。微观环境是指对企业服务其顾客的能力构成直接影响的各种力量，包括企业本身及其营销中介、市场、竞争者和各种公众。对企业外部宏观环境进行分析可以采用PEST方法。

PEST方法认为企业的宏观环境因素有4类，即政治法律（Political）环境、经济（Economic）环境、社会文化（Social）与自然环境以及技术（Technological）环境。

1）政治和法律环境，是指那些制约和影响企业的政治要素和法律系统，以及其运行状态。政治环境包括国家的政治制度、权力机构、颁布的方针政策、政治团体和政治形势等因素。法律环境包括国家制定的法律、法规、法令以及国家的执法机构等因素。政治和法律因素是保障企业生产经营活动的基本条件。

2）经济环境，是指构成企业生存和发展的社会经济状况及国家的经济政策，包括社会经济结构、经济体制、发展状况、宏观经济政策等要素。通常衡量经济环境的指标有国内生产总值、就业水平、物价水平、消费支出分配规模、国际收支状况，以及利率、通货供应量、政府支出、汇率等国家货币和财政政策等。经济环境对企业生产经营的影响更为直接具体。

3）社会文化环境，是指企业所处的社会结构、社会风俗和习惯、信仰和价值观念、行为规范、生活方式、文化传统、人口规模与地理分布等因素的形成和变动。自然环境，是指企业所处的自然资源与生态环境，包括土地、森林、河流、海洋、生物、矿产、能源、水源、环境保护、生态平衡等方面的发展变化。这些因素关系到企业确定投资方向、产品改进与革新等重大经营决策问题。

4）技术环境，是指企业所处的环境中的科技要素及与该要素直接相关的各种社会现象的集合，包括国家科技体制、科技政策、科技水平和科技发展趋势等。技术环境影响到企业能否及时调整战略决策，以获得新的竞争优势。

在全球电子商务迅速发展的背景下，电子商务已成为战略性新兴产业，各国都十分重视电子商务建设与发展。电子商务相关的政策与法律包含很多方面，如互联网、电子支付、网络购物、物流快递、电子商务发展战略等，其中较为重要的政策和法律包括：信息产业部 2005 年发布并实施的《电子认证服务管理办法》、2005 年颁布实施的《中华人民共和国电子签名法》、中国人民银行 2005 年发布的《电子支付指引（第一号）》和 2010 年发布的《非金融机构支付服务管理办法》、国家邮政局 2012 年 5 月发布的《快递业服务标准》、商务部商业改革司 2008 年发布的《网络购物服务规范》、国家工商行政管理总局 2010 年发布的《网络商品交易及有关服务行为管理暂行办法》、商务部 2010 年发布的《关于促进网络购物健康发展的意见》和 2011 年发布的《关于规范网络购物促销行为的通知》、商务部 2011 年发布的《“十二五”期间电子商务发展的指导意见》、国家发改委等八部委 2012 年发布的《关于促进电子商务健康快速发展有关工作的通知》、工信部 2012 年发布的《电子商务“十二五”发展规划》，商务部 2012 年发布的《关于“十二五”时期促进零售业发展的指导意见》、《关于 2012 年国家电子商务示范基地创建工作有关事项的通知》、《关于利用电子商务平台开展对外贸易的若干意见》，发改委联合财政部等于 2013 年发布的《关于进一步促进电子商务健康快速发展有关工作的通知》，工业和信息化部办公厅 2013 年发布的《关于开展电子商务集成创新试点工程工作的通知》等。这些法规和文件从不同方面规范和保障了电子商务健康有序的发展。

一个良好的宏观经济环境有利于电子商务的顺利发展。所谓良好的宏观经济环境是指电子商务所依托的全球或国民经济体系能够稳定、健康、持续发展，经济结构合理，市场化程度高，政府宏观经济调控能力强、效率高，就业比较充分，物价相对稳定，同时具有成熟的宏观金融条件，对外开放程度大，经济体系的整体抗风险能力强。

电子商务的顺利开展需要系统化的技术体系的支撑，电子商务涉及的技术包括计算机技术、网络通信技术、网络应用技术、数据库技术、安全技术、电子支付技术、电子数据处理技术等。目前，信息技术日新月异，各项技术在逐步走向成熟，也为电子商务的开展创造了条件。

开展网络零售进行外部宏观环境分析，即可从这四个维度出发，并结合电子商务整体宏观环境和具体网络零售产品所在行业的宏观环境进行分析，仅分析电子商务宏观环境或网络零售产品行业宏观环境都是不充分的。

2.1.2　竞争环境分析

企业的竞争环境，是指企业所在行业及其竞争者的参与、竞争程度，它代表了企业市场成本及进入壁垒的高低。竞争环境是企业生存与发展的外部环境，对企业的发展至关重要。竞争环境的变化不断产生威胁，也不断产生机会，对企业来说，如何检测竞争环境的变化，规避威胁，抓住机会就成为休戚相关的重大问题。开展网络零售之前，同样要进行竞争环境分析，包括行业竞争分析和竞争对手分析。

（1）行业竞争分析

一个行业是由一群生产相似替代品的企业所组成的。在开展网络零售前，对所处行业进行全面的竞争分析是十分必要的。迈克尔·波特（哈佛大学商学院著名教授，被誉为“竞争战略之父”）在《竞争战略》一书中提出，任何一个行业都存在 5 种基本竞争力量，即潜在进入者、替代品、购买者、供应者与现有竞争者之间的抗衡，如图 2-1 所示。

在一个产业中，这 5 种力量共同决定行业竞争的强度以及产业利润率。

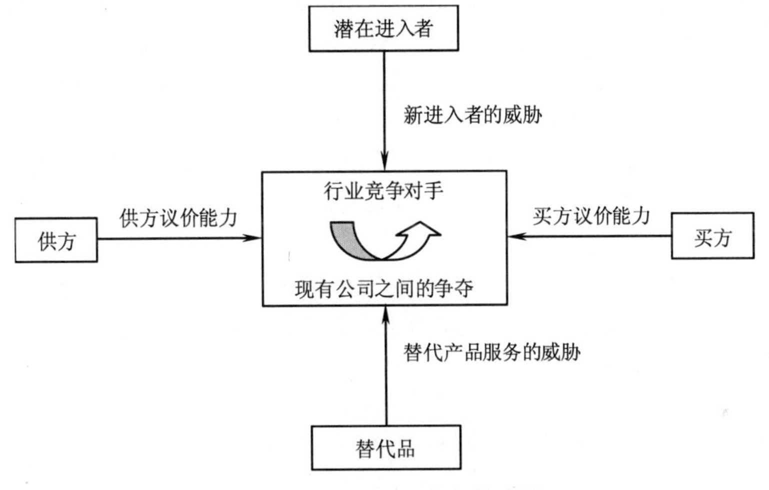

图 2-1　驱动行业竞争的力量

1）潜在进入者的进入威胁。利润对投资者具有非常大的吸引力，经常导致潜在进入者的进入。进入者会瓜分原有的市场份额，获得原本属于现有厂商的一些业务，同时，进入者减少了市场集中，激发现有企业间的竞争，减少价格——成本差。对于一个行业来说，进入威胁的大小取决于呈现的进入障碍与准备进入者可能遇到的现有在位者的反击，前者称为“结构性障碍”，后者称为“行为性障碍”。

波特指出存在 7 种进入障碍：规模经济、产品差异、资金需求、转换成本、分销渠道、其他优势及政府政策。这 7 种障碍又可归纳为 3 种主要进入障碍：规模经济、现有企业对关键资源的控制，以及现有企业的市场优势。规模经济是指在一定时期内，企业所生产的产品或劳务的绝对量增加时，其单位成本趋于下降。当产业的规模经济很显著时，处于最小有效规模或者超过最小有效规模经营的老企业对于较小的新进入者就有成本优势，从而构成进入障碍；现有企业对资源的控制一般表现为对资金、专利或专有技术、原材料供应、分销渠道、学习曲线等资源及资源使用方法的积累与控制，如果现有企业控制了生产经营所必需的某种资源，那么它就会受到保护而不被新进入者所侵犯，从而构成进入障碍；现有企业的市场优势主要表现在品牌优势上，是产品差异化的结果，会对新进入者造成不小的障碍。

行为性障碍是指现有企业对进入者实施报复手段所形成的进入障碍。对于新进入者，现有企业可能的报复手段主要有两类：一是限制进入定价，限制进入定价往往是在位的大企业报复进入者的一个重要手段特别是在那些技术优势正在削弱，而投资正在增加的市场上，情况更是如此。在位企业试图通过低价来告诉进入者自己是低成本的。进入将是无利可图的；二是进入对方领域，进入对方领域是寡头垄断市场上常见的一种报复行为，目的在于抵消进入者首先采取行动可能带来的优势，避免对方的行动给己方带来的风险。

2）替代品的替代威胁。替代品往往是新技术与社会新需求的产物。对于现有产业来说，这种“替代”威胁的严重性是不言而喻的。替代品所带来的威胁的大小取决于老产品和新产品的“性能—价格比”的比较。如果新产品的“性能—价格比”高于老产品，新产品对老产品的替代就具有必然性；如果新产品的“性能—价格比”一时还低于老产品的“性能—价格比”，那么，新产品就不具备足够的实力与老产品竞争。

3）供应者、购买者讨价还价的能力。购买者和供应者讨价还价的主要内容围绕价值增值的两个方面——功能与成本。讨价还价的双方都力求在交易中使自己获得更多的价值增值，因此，对购买者来说，希望购买到的产品物美价廉；而对供应者来说，则希望提供的产品生产简单、售价高。购买者和供应者讨价还价的能力大小，取决于他们各自的实力：

① 买方（或卖方）的集中程度或业务量的大小，当购买者的购买力集中，或者对卖方来说是一笔很可观的交易，该购买者讨价还价能力就会增加。相应的，当少数几家公司控制着供应者集团，在其将产品销售给较为零散的购买者时，供应者通常能够在价格、质量等条件上对购买者施加很大的压力。

② 产品差异化程度。当供应者的产品存在着差异化，替代品不能与供应者所销售的产品互相竞争，供应者讨价还价的能力就会增强。如果供应者的产品是标准的或者没有差别，就会增加购买者讨价还价的能力。

③ 纵向一体化程度。如果购买者实行了部分一体化或存在后向一体化的现实威胁，在讨价还价中就处于能迫使对方让步的有利地位。当供应者发出前向一体化的现实威胁时，也会提高其讨价还价能力。

④ 信息掌握的程度。当购买者充分了解需求、实际市场价格，甚至供应商的成本等方面信息时，要比在信息贫乏的情况下掌握更多的讨价还价的筹码。同样，如果供应者充分地掌握了购买者的有关信息，了解购买者的转换成本（即从一个供应者转换到另一个供应者的成本），也增加了其讨价还价的能力。

4）行业内现有企业的竞争。行业内现有企业的竞争是指一个产业内的企业为市场占有率而进行的竞争。这种竞争通常以价格竞争、广告战、新产品投放及增加对消费者的服务等方式表现出来。行业内现有企业在某些情况下的竞争可能是很激烈的，如行业内有众多的或势均力敌的竞争对手、行业发展缓慢、顾客认为所有的商品都是同质的、行业中存在过剩的生产能力、行业进入障碍低而退出障碍高等。

（2）竞争对手分析

竞争对手是指那些与本企业提供的产品或服务相似，并且所服务的目标顾客也相似的其他企业，可以分为现有的竞争对手和潜在的竞争对手。竞争对手分析是指企业通过某种分析方法识别出竞争对手，并对他们的目标、资源、市场力量和当前战略等要素进行评价，目的是为了准确判断竞争对手的战略定位和发展方向，并在此基础上预测竞争对手未来的战略，准确评

价竞争对手对本组织的战略行为的反应，估计竞争对手在实现可持续竞争优势方面的能力。

竞争对手分析的主要内容和步骤分为6个方面：辨识并确认竞争对手、识别并判断竞争对手的目标、确认并判断竞争对手的战略、评估竞争对手的优势与弱点、预测竞争对手的反应模式以及选择攻击或回避竞争对手。

进行竞争对手分析，首先要对竞争者进行识别。识别竞争对手、将其进行分类并明确自己在竞争中的位置，就是要在众多的竞争者中确定重点跟踪对象，避免因竞争对手跟踪范围过大，而影响跟踪效率和加大企业监测环境的成本，也不会因跟踪范围过小，而使企业丧失应对来自未监测到的竞争对手攻击的主动权。竞争对手识别的方法有多种，可以划分为若干类别：

1）基于资源供给的视角识别竞争对手。这一视角认为如果不同的企业提供相似的产品，拥有相似的市场策略、生产技术、公司规模及其他相似的基本标识，那么这些企业将被视为竞争对手，具体可以采取的方法如辨识标识方法、专利文献分析方法、战略群组方法等。

2）基于市场需求的视角识别竞争对手。该视角是在企业所服务的目标市场和客户的基础上，通过考察顾客对于相应企业的态度和行为识别企业的竞争对手。如果客户感觉到不同企业提供的产品或者服务具有相似性或者替代性，则这样的企业被视为竞争对手，具体可以采用的方法包括问卷调查法、加权法等。

3）基于资源供给和市场需求的综合视角识别竞争对手。也有人把两个视角结合起来，如美国学者Hanover等构建了一个竞争对手识别框架，以“市场需求”为纵坐标，以“能力等级”为横坐标，构建了四象限模型。

4）基于互联网识别竞争对手。随着网络应用的深入，人们开始通过网络中所蕴含的信息识别竞争对手，如通过网页文档内容所表现出的企业相似性来识别竞争对手。

开展网络零售对竞争对手进行分析，其数据来源非常广泛而且数量都很庞大，为了更有效地处理和分析这些数据，更好地对竞争对手进行分析，需要建立一个竞争对手分析的框架，将杂乱的信息按照建立好的框架进行分类，这样就可以避免信息分析工作的盲目性，有的放矢地收集竞争对手的信息。已知的框架包括波特竞争对手分析模型、平衡计分卡分析模型、中国经营报开发的竞争力监测系统等。

在波特的《竞争战略》一书中提出了竞争对手分析的模型，从企业的现行战略、未来目标、竞争实力和自我假设4个方面分析竞争对手的行为和反应模式。现行战略的分析，表明竞争对手目前正在做什么，和将来能做什么。列出竞争对手所采取的战略，对其尽心分析，以便本企业做出有效及时的回应。通过对未来目标的分析，可以看出是什么驱使竞争对手在向前发展。在企业常用的目标体系中，分析竞争对手的目标多是财务目标。这里我们不只是要了解它的财务目标，同时要了解它的其他方面的目标，比如对社会的责任、对环境保护、对技术领先等方面的目标设定。同时目标是分层级的，要了解总公司的目标，还要了解各个事业单位的目标，甚至于各职能部门的相应目标。通过对竞争实力的分析，可以找出本企业与竞争对手的差距，找出企业在市场竞争中的优势和劣势，从而更好地改进自身的工作。通过分析竞争对手对自身和对产业的假设，可以很清楚地看到竞争对手对自身的战略定位，以及它对行业未来发展前景的预测。竞争对手对自身和对产业的假设有的是正确的，有的是不正确的，通过掌握这些假设，可以从中找到发展的契机，从而使本企业在竞争中处于有利的地位。

平衡计分卡从4个方面来考察企业的业绩，即学习与创新、内部业务流程、客户与市场、财务。既然可以用平衡计分卡来考察一个企业的绩效，那么同样可以用平衡计分卡的思想来分析竞争对手。用平衡计分卡对竞争对手进行分析的指标，企业可以根据自己所在的行业的关键成功因素来选择指标，然后对竞争对手进行分析。并且在指标权重的选择也需要企业自己来掌握。

中国经营报开发的企业竞争力监测系统也为竞争对手分析提供了一个比较完善的分析框架。在这套企业的竞争力监测系统中，设立了两组指标体系，一组是分析性指标体系，一组是显示性指标体系。显示性指标体系是企业竞争力强弱的表现，分析性指标体系是企业竞争力强弱的原因。企业可以根据自身行业的特点，参照竞争力监测体系，建立本企业的竞争对手分析的指标体系。

2.1.3 企业资源分析

开展网络零售，制定网络零售的战略与策略，必须基于企业资源展开分析。资源决定着企业能做什么，构成企业战略的基础，还决定着企业利用市场机会的范围，对公司的活动范围也有重要影响。资源（Resource）是企业专用性资产，包括专利和商标、品牌的声誉、已拥有的顾客基数、组织文化和拥有公司专用技术或诀窍的员工。这些资源不同于生产的非专用性资产或生产要素（如建筑物、原材料或非熟练工人等），它们在功能完善的市场上也不易被其他公司模仿或获取。资源能直接影响企业创造出多于竞争对手的价值的能力。企业资源分析是指公司为找出具有未来竞争优势的资源，对所拥有的资源进行识别和评价的过程。企业资源分析侧重于企业内部。

企业资源分析包括以下 3 个方面：

1）企业资源的单项分析。资源的单项分析可分为实物资源、人力资源、财务资源、无形资产等分析。这些资源的辨识、确认是战略能力分析的基础。企业资源分类及评估，见表 2-1。

表 2-1 企业资源分类及评估

资 源		主 要 特 征	主要的评估内容
有形资源	财务资源	企业的融资能力和内部资金的再生能力决定了企业的投资能力和资金使用的弹性	资产负债率、资产周转率，可支配现金总量、信用等级等
	实体资源	企业装置和设备的规模、技术及灵活性；企业土地和建筑的地理位置和用途；获得原材料的能力等决定企业成本、质量、生产能力和水准	固定资产现值、设备寿命、先进程度、企业规模、固定资产的其他用途
	人力资源	员工的专业知识、接受培训程度决定其基本能力；员工的适应能力影响企业本身的灵活性；员工的忠诚度和风险精神以及学习能力决定企业维持竞争优势的能力	员工知识结构、受教育水平、平均技术等级、专业资格、培训情况、工资水平
	组织资源	企业的组织结构特性与各种规章制度决定企业的运作方式与方法	企业的组织结构以及正式的计划、控制、协调机制
无形资源	技术资源	企业专利、经营诀窍、专有技术、专有知识和技术储备、创新开发能力、科技人员等技术资源的充足程度决定企业工艺水平、产品质量、竞争优势的强弱	专利数量和重要性、从独占性知识产权所得收益，全体职工中的研发人员比重，创新能力
	商誉	企业商誉的高低反映了企业内部、外部对企业的整体评价水平，决定着企业的生存环境	品牌知名度、美誉度、品牌重构率、企业形象等

2）企业资源的均衡分析。根据协同理论，资源的合理配置可提供战略能力。可以从产品组合、能力与个人特性、资源柔性等方面分析资源配置的合理性。

3）企业资源的区域分析。企业的资源不仅限于企业合法拥有的资源。企业往往对外部资源有很强的控制，供应商、分销商和顾客形成的价值链之间的联系常常是企业能力的基石。如果企业的价值活动深深植根于当地文化中，则企业控制的区域资源往往形成其资源优势，甚至是不可模仿的核心竞争力。

2.1.4　网络零售消费者市场分析

消费者市场是指所有为个人消费而购买物品或服务的个人和家庭所构成的市场。消费者市场是现代市场营销理论研究的主要对象。成功的市场营销者是那些能够有效地发展对消费者有价值的产品，并运用富有吸引力和说服力的方法将产品有效地呈现给消费者的企业和个人。因此，研究消费者的购买行为，对有效开展市场营销活动至关重要。

随着企业和市场规模的扩大，企业单凭经验已无法了解消费者，必须通过消费者调查来了解与市场有关的问题，如：哪些人构成市场（购买者）、他们购买什么商品（购买对象）、他们为什么要购买这些商品（购买目的）、谁将参与购买过程（购买组织）、他们以什么方式购买商品（购买行动）、他们什么时候购买商品（购买时间）、他们在哪里购买商品（购买地点）等。通过市场调查，可以了解消费者买什么，在哪里买，买了多少，但消费者为什么买往往不能直接通过市场调查了解到，需要对消费者的行为进行分析。

研究消费者购买行为的理论中最有代表性的是刺激——反应模式，如图 2-2 所示。

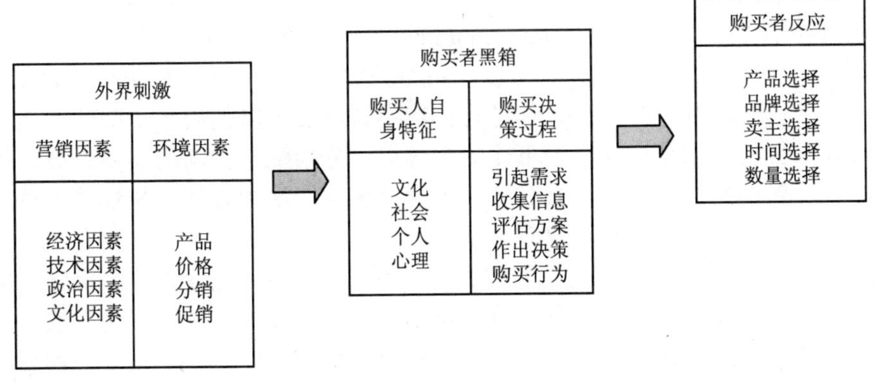

图 2-2　消费者购买行为的刺激——反应模式

该模式显示了购买行为的发生首先始于外界的刺激进入消费者的“黑箱”然后产生一系列的反应。营销者必须了解购买者的黑箱里有什么。黑箱分为 2 个部分：①是购买者特征，它们影响购买者对于刺激的认识和反应；②是购买者决策过程，它影响购买决策。

2.2　网络调研与平台选择

市场调研是遵照一定的原则和程序，以科学的调查方式和方法，系统、客观地设计并收集、整理、分析、研究并运用有关企业的市场营销信息，以服务于企业的营销应用需要的一切活动。网络调研是指利用互联网技术进行调研的一种方法。相较于传统调研方式，网络调研具有收集信息广泛、信息的及时性和共享性强、具有便捷性和经济性、调研结果有较强的准确性等诸多优点。对于网络零售而言，它是开展网络零售的第一步。

2.2.1 网络调研步骤

网络调研与传统的市场调研一样，应遵循一定的方法与步骤，以保证调研过程的质量。网络调研一般包括以下几个步骤：

（1）明确问题和确定调研目标

界定研究的问题是市场调研过程中极为重要的步骤。如果对研究的问题不清楚或者做了错误的界定，整个调研的结果将丧失价值。通过准确地定义研究问题，使调研者明确调研目的和具体目标，从而把握调研的方向，使研究结果真正为决策者提供必要的信息。

对于网络零售的网络调研，一些可以设定的目标如下：

谁有可能想在网上使用你的产品或服务？

谁是最有可能要买你提供的产品或服务的客户？

在你这个行业，谁已经上网？他们在干什么？

你的客户对你竞争者的印象如何？

在公司日常的运作中，可能要受哪些法律、法规的约束？

（2）制定调查计划

网络调研的第二个步骤是制订出有效的调查计划。具体来说，要确定资料来源、调查方法、调查手段、抽样方案和联系方法。

1）确定资料来源：确定收集的是二手资料还是一手资料（原始资料）。

2）确定调查方法：网上市场调查可以使用专题讨论法、问卷调查法和实验法。专题讨论法是借用网上论坛、微博等社交媒体进行；问卷调查法可以使用电子邮件发送和在网站上刊登等形式；实验法则是选择多个可比的主体组，分别赋予不同的实验方案，控制外部变量，并检查所观察到的差异是否具有统计上的显著性。这种方法与传统的市场调查所采用的原理是一致的，只是手段和内容有差别。

3）调查手段：网络调研可以采用的调查手段有在线问卷、交互式计算机辅助电话访谈系统和网络调研软件系统。在线问卷的特点是制作简单、分发迅速、回收方便，但要注意问卷的设计水平；交互式计算机辅助电话访谈系统，是利用一种软件程序在计算机辅助电话访谈系统上设计问卷结构并在网上传输，互联网服务器直接与数据库连接，对收集到的被访者答案直接进行储存；网络调研软件系统，是专门为网络调研设计的问卷链接及传输软件，包括整体问卷设计、网络服务器、数据库和数据传输程序。

4）抽样方案：要确定抽样单位、样本规模和抽样程序。

5）联系方法：采取网上交流的形式，如 E-mail 收发问卷、参加网上论坛等。

（3）收集信息

由于互联网没有时空的限制，因此基于互联网开展调查研究可以在全国甚至全球范围内广泛地收集信息。收集信息的方法也非常简单，直接在网上递交或下载即可，这是传统市场调研的资料收集方式所不可比拟的。

（4）分析信息

信息收集结束后，下面的工作就是信息分析。收集来的信息并不能直接用于决策参考，只有采用特定的工具和方法对所收集的信息多角度、多层面、系统全面地进行分析，

才能发现其中有价值的模式、关联、关系，是企业把握商机战胜竞争对手，取得经营成果的一个关键步骤。信息分析的方法有多种，如交叉列表分析技术、概括技术、综合指标分析和动态分析等，此外，还可以借助一些软件工具进行分析，如 SPSS（Statistical Product and Service Solutions，统计产品与服务解决方案）和 SAS（Statistical Analysis System，统计分析系统）等。信息分析有助于企业在动态变化的信息中找到商机，因此信息分析能力是非常重要的。

（5）提交报告

调研报告的撰写是整个调研活动的最后一个阶段。需要注意的是，调研报告不是数据和资料的简单堆砌，调研人员不能把大量的数字和复杂的统计技术直接提交给管理人员，而是应该把与网络零售关键决策有关的主要调查结果报告出来，并以调查报告所应具备的正规结构写作。

2.2.2　网络调研方法

整个网络营销的网络调查的实施涉及众多的方法，如资料收集的方法、各种具体的调查方法、信息分析的方法、调研报告的撰写方法等。本章重点介绍有关网络调研信息收集和网络调查问卷的设计。

（1）网络调研信息的收集

网络调研的信息可以分为一手信息和二手信息。

一手信息是指调研人员通过互联网直接从有关调研对象处获取的资料，相关的方法有观察法、专题讨论法、问卷调查法、实验法等，其中最常使用的是专题讨论法和在线问卷法。

1）专题讨论法。互联网上有各种形式的讨论组，如传统的新闻组（Newsgroup）、电子公告牌（BBS）、邮件列表（Mailing Lists），现在通用的 QQ 群组、微信群、飞信等，可以通过这些讨论组来获取所需的调研信息。首先，应该确定要调查的目标市场。其次，识别目标市场中要加以调查的讨论组。再次，确定可以讨论或准备讨论的具体话题。最后，登录相应的讨论组，通过过滤系统发现有用的信息，或创建新的话题，从参与者的讨论中获取有用的信息。

2）在线问卷法。在线问卷法是网络调研的信息收集中最常使用的方法，将设计好的调查问卷放置到企业自己网站或专业调查平台的网站上，向访问网站的人收集相关信息。为了让更多的人浏览到自己的问卷，可以采取一些方法，如向相关的讨论组发送简略的问卷，在讨论组、博客或微博上设置指向自己问卷的链接，可以采取一定的激励措施，如提供免费礼品、抽奖送礼等。

二手信息是不直接从调研对象处获取的信息，相较于一手信息，二手信息更容易获取，具有较低的获取成本，获取的时间短，特别是在互联网上获取二手信息更为方便快捷，但二手信息也有缺点，准确性、可行性、适用性等方面都比不上一手信息。虽然如此，二手信息对于网络调研也是非常重要的，结合一手信息可以使整个调研建立在更为科学、可信的基础上。网上虽然有很丰富的信息，但要找到适用的、可信的、质量相对较高的信息并不容易，需要一定的方法和技巧。在互联网上查找信息可以采用以下方法：

1）访问相关网站。互联网上有一些网站提供领域相关的各种信息或报告，访问这些网站可以集中获取相关的信息。CNNIC（China Internet Network Information Center，中国互联网络信息中心）是经国家主管部门批准，于 1997 年 6 月 3 日组建的行使国家互联网络信息中心的职责，进行管理和服务的机构。CNNIC 的职责之一是负责开展中国互联网络发展状况等多项公益性互联网络统计调查工作。其统计调查的权威性和客观性已被国内外广泛认可，得到国际组织（如联合国、国际电信联盟等）的采纳和赞誉，部分指标已经纳入中国政府年度统计报告。CNNIC 最主要的报告是《中国互联网发展状况统计报告》，目前每年的 1 月份和 7 月份发布两次，对中国互联网的整体发展状况进行统计分析，其中包括电子商务应用现状的调查数据。此外，随着互联网的发展，CNNIC 报告的类型不断丰富，目前已发布《中国搜索引擎市场研究报告》、《中国移动互联网发展状况报告》、《中国网络购物市场研究报告》、《中国中小企业电子商务调查报告》等多项报告，为开展网络营销提供了丰富的、权威的数据来源。此外，还有一些付费的电子商务调研报告，如艾瑞咨询、中国电子商务研究中心报告等。

2）利用搜索引擎。搜索引擎是互联网查找信息最常使用的途径。搜索引擎可以分为目录式搜索引擎（如 Yahoo!）和关键词搜索引擎（如百度）。目前关键词搜索引擎应用更为广泛。为了获得更好的检索结果，在利用关键词搜索引擎搜索信息时，也要注意一些技巧和方法。

① 在开始检索前，首先要明确检索目标，分析检索课题，确定能反映课题主题的核心词作为关键词，找出这些词的同义词、近义词、缩写或全称等。

② 选择检索工具，国内外有众多的搜索引擎，如百度、有道、谷歌、必应等，可以根据熟悉程度选择，也可以结合多个搜索引擎检索。

③ 在确定了搜索引擎之后，就是输入检索方式进行检索，可以采用布尔检索、截词检索、限制检索等多种检索技术，不同搜索引擎的检索技术存在差异，在使用时可以参考搜索引擎的帮助信息。

④ 对检索结果的调整。如果检索效果不理想，可以调整检索策略，如果结果太多，可以进行适当的限制，如去掉同义词、以“and”连接多个检索词、限制检索字段等，如果结果太少，可以扩大检索范围，如去掉“and”、添加同义词等。

⑤ 利用网络数据库。网络数据库是由数据库服务提供商开发并通过互联网提供服务的一种数据源。相比于其他类型的数据来源，数据库的资源质量高、服务功能完善，但都需要付费使用。

（2）网络问卷调查

在开展网络零售的网络调研时，网络问卷调查是常采用的一种方法。网络问卷调查是将设计好的调查问卷在企业网站、论坛或第三方调查平台上发布，向用户收集调研数据的方法，是问卷调查法在网络环境下的应用。网络问卷调查中最为关键的环节之一就是问卷的设计。调查问卷，又称调查表，是调查者根据一定的调查目的和要求，按照一定的理论假设设计出来的，由一系列问题、调查项目、备选答案及说明组成，是向被调查者收集资料的一种工具。调查问卷可以分为自填式问卷和代填式问卷，网络问卷调查属于自填式问卷，即由被调查者自己填写的问卷。

调查问卷的基本结构一般包括 3 个部分，即封面信、调查内容和结束语。封面信是调查者向被调查者写的一个调查说明，一般包括问候语、调研主题、调研组织、调研者身份、调研用途、访问请求以及其他信息（如承诺对调研的保密性）等。

案例：

尊敬的先生/女士，您好！

我们是某某大学的学生，目前正在进行一项有关数码类产品的网络推广实践活动。为了充分利用网络平台推广数码类产品信息，更好地服务于广大喜爱数码产品的网络用户，我们特开展本次调研活动。本次调研预计将占用您 10 分钟左右的时间，调研结果仅用于本次实践活动，您的个人信息将不会泄露给任何其他组织或个人。希望您能协助我们做好以下问题的调研，谢谢！

调研内容是调查问卷的主体和核心，一般包括指导语、各类问题及其问答方式、问题的编码等。指导语，也就是填答说明，用来指导被调查者填答问题的各种解释和说明。不同的调查问卷中指导语的形式是不同的，有的调查问卷只有简短的说明，有的则有详细的填表说明。下面是一份比较详尽的调查问卷的指导语。

案例：

1）请在所选的备选答案中选择符合您的情况或您同意的答案，并在所选取答案前的□内打“✓”，或者在问题的______填写适当的内容。

2）若无特殊说明，每一个问题只能选择一个答案；若要求选择多项答案，题目后面都有注明；若还要求对所选多项答案排序，则请按题后说明填写。

3）问卷内容较多，涉及面广，请在填答前认真阅读一遍，然后按要求仔细填写。

问题及其回答方式是调查内容的主要组成部分，包括调查者所要了解的问题及其答案，这一部分的设计质量直接关系到调查问卷质量的高低。

编码是将调查问卷中的调查项目以及备选答案给予统一设计的代码，在大规模的调查中经常采用，有利于借助编码技术和计算机技术对调查结果进行统计分析。编码可以分为预编码和后编码，预编码是在问卷设计的同时就设计好的编码，后编码是在调查工作完成以后再设计的编码，问卷设计中常用预编码。问卷中常见的编码方式有以下几种：

以答案序号编码号，如：

您的职业是什么？

1）工人　□　　1

2）农民　□　　2

3）教师　□　　3

4）干部　□　　4

5）其他　□　　5

从问卷编号开始编码，如：

样本数为 1-1300

问卷编号		编码格数	登录格数
1203		□□□□□	1-5
1）您的性别：	男	□	6
	女	□	7

2）您的文化程度：

小学及以下	□	8
中学及中专	□	9
大专	□	10
本科及以上	□	11

以答案本身为数字编码，常用于填入式问答题。如：

您家庭的人口数量是________ 4

没有应答的问答题可以用“0”或“9”编号。

有一些文件还会有结束语，结束语主要是对被调查人的合作表示感谢，也可以征询被调查者对问卷设计或调查本身的感受。

（3）网络调查问卷设计过程的一般步骤

1）确定所需信息。确定所需信息是问卷设计的前提工作。调查者必须在问卷设计之前就把握所要达到的调查目的和验证研究假设所需要的信息，并决定所有用于分析使用这些信息的方法，并按这些分析方法所要求的形式来收集资料、把握信息。

2）设计问卷结构。这是整个过程的主要内容，包括确定问题的内容、确定问题的类型、问卷的排版和布局等。

3）确定问题的内容即确定问卷中具体由哪些问题构成，在确定问题时，需要注意以下几点：

① 问题的必要性及数量。调查问卷应如实客观地反映调研主题和访问事实，要求每个问句都必须有助于调研结果的实现，不能出现任何无关的问句。在数量方面，原则上调研问卷不宜过长，过长的调研问卷容易引起被调研者的反感，基本上以被调研者在20分钟之内回答完毕为佳。

② 避免出现被调查者无法回答的情况。问题不要超过被调查者的知识、能力范围。如对小学生的问卷中不要出现“你认为哪家商场的营销比较疲软”的问题。

③ 避免受访者不愿回答。受访者并没有义务回答所有问题，特别是一些涉及个人隐私的问题，因此，在问卷设计的过程中应意识到这一点，尽量降低受访者的排斥心理，使所有问题都有合理的背景和合理的目的，对敏感信息采用适当的技巧降低敏感度并做出保密承诺。此外，在问题的措辞上，应尽量简洁、清楚，避免信息含糊不清；避免带有双重或多重含义的问题；最好用陈述句，不用疑问句和否定句；避免使用引导性语句；避免使用假设性问题等。

调查问卷中问题的类型可以分为开放式问题和封闭式问题两类。开放式问题是不为回答者提供具体答案，而由回答者自由填写，这类问题能自然地充分反映调查对象的观点、态度，因而所获得的材料比较丰富、生动，但统计和处理所获得的信息的难度较大，可分为填空式和回答式。

封闭式问题是在提出问题的同时，还给出若干个答案，要求被调查者选择一个或几个作为回答，这些答案既可能相互排斥，也可能彼此共存，让调查对象根据自己的实际情况在答案中选择。它是一种快速有效的调查问卷，便于统计分析，但提供选择答案本身限制了问题回答的范围和方式，这类问卷所获得的信息的价值很大程度上取决于问卷设计自身的科学性、全面性的程度。封闭式问题又可以分为是否式（把问题的可能性答案列出两种

相矛盾的情况，请被调查者从中选择其一“是”或“否”、“同意”或“不同意”)、选择式（每个问题后列出多个答案，请被调查者从答案中选择自己认为最合适的一个或几个答案并作上记号)、评判式（后面列有许多个答案，请被调查者依据其重要性评判等级，又称为排列式，用数字表示排列的顺序）等。

在问题的排列顺序上，一般遵循的原则是：把被调查者熟悉的问题放在前面，生疏的问题放在后面；把简单易答的问题放在前面，难题放在后面；把易引起兴趣的问题放在前面，把容易引起紧张或产生顾虑的问题放在后面；先问行为方面的问题，后问态度意见看法方面的问题，最后问个人的背景资料； 开放式问题放在问卷的最后。在排版方面，问题的疏密要适当，不易拥挤，对于特殊问题和特别说明，可以使用特殊的排版格式以引起注意，此外，网络调查问卷是自填式调查问卷，尽量不设置跳转，如不可避免，要做易于理解的说明，如采用箭头的形式。

对设计好的问卷进行试用。调查问卷初步设计好后，并不能立即使用，还要经过试用，根据试用中发现的问题，对各种缺陷和遗漏之处进行修改、完善和补充后，才能正式使用。如果问卷中存在不足之处，但没有经过试用而直接用于调查研究，这会给调查造成损失甚至很难挽回。对问卷进行试用可以采用客观检查法和主观检查法。客观检查法是将设计好的问卷在正式选取的调研对象中选择一个小样本进行调查，这样可以根据试用中出现的问题及暴露的不足对问卷进行修改和完善。主观评价法是将设计好的问卷分别发送给该研究主题的专家、学者、研究者以及典型的调研对象，请他们根据自己的研究、经验和认识，对问卷进行评论，指出存在的缺陷或错误，再根据他们的意见进行修改和完善。

问卷的修改与定稿。在试用完成后，可依据试用的结果对问卷进行修改调整，最终定稿并投入使用。

2.2.3　网络问卷调查平台选择

网络问卷调查平台是问卷参与者自主表达思想观点、个人意愿和客观信息的信息互动平台。在欧美日等国际互联网发达国家，以网络多媒体技术为平台的社情民意调查已经相当广泛，许多调查公司纷纷转变传统调查模式，专门针对网络在线调查而开发的应用型软件层出不穷，发展迅速。随着国内互联网应用日益广泛和深入，网络调查公司逐渐兴起，并推出了一系列各具优势特色的调查软件和开放式网络互动调查平台。目前国内比较有影响的网络调查平台有爱调研、问卷星、数据 100 调查在线、第一调查网、知己知彼调查网、态度 8 调查网等。

（1）爱调研

爱调研属于上海众言网络科技有限公司，是网络调查及用户反馈管理系统提供商，为企业提供 SAAS（Software as a Service，软件即服务）方式网络调研在线服务，利用互联网技术提高企业市场调研、管理用户反馈的效率。

爱调研的产品主要有以下内容：

1）爱调研社区（http://www.idiaoyan.com)。爱调研社区是一个网络调研社区，具有很强的趣味性、娱乐性和互动性，在社区中可以答题、进行趣味测试、兑换礼品等，如图 2-3 所示。

图 2-3　爱调研社区界面

2）网络调查系统（http://www.idiaoyan.cn/）。爱调研提供免费的网络调查系统，用户注册后可以设计问卷、通过各种方式邀请答题，最终可以导出数据和图表，如图 2-4 所示。

图 2-4　爱调研的网络调查系统

爱调研提供免费注册，注册成功后登录进入个人账户界面，如图 2-5 所示。

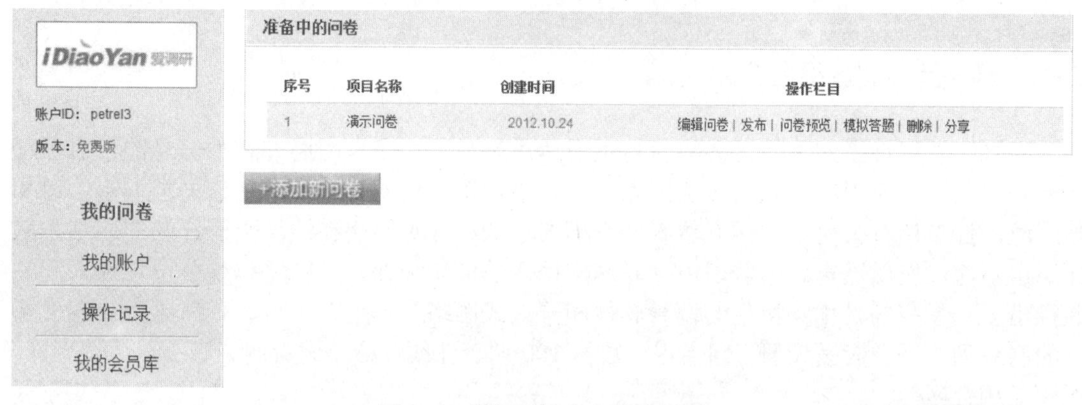

图 2-5　爱调研的个人账户界面

爱调研提供 3 种问卷创建的方式，即创建新问卷、复制问卷和调用问卷库创建新问卷。在创建新问卷的过程中，网站提供了简单易用的向导帮助用户完成问卷的设计工作。如图 2-6 所示网站提供了常用题选项，所提供的题目类型包括单选题、多选题、填空题、多项填空题、打分题、矩阵单选题等共 11 种题型。

对于已经生产的问卷，可以编辑、发布、预览、模拟答题和共享。爱调研提供的发布方式包括通过邮件发布、发布到爱调研网站、发布到网页、发布到其他网站会员库，并可以将问卷分享到微博、社区等，如图 2-7 所示。

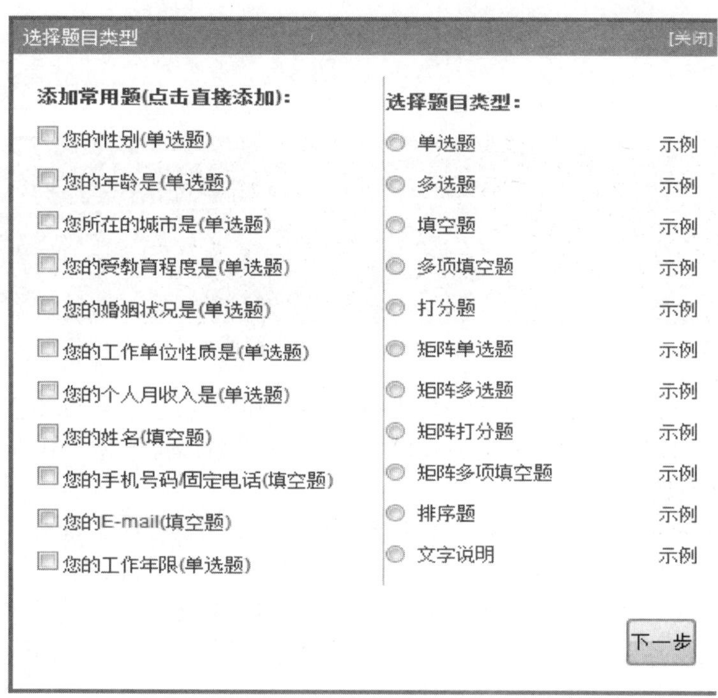

图 2-6　爱调研的题型

图 2-7　爱调研的问卷发布界面

对于调研结果，爱调研提供了答卷详情、基本报表、交叉报表、配额统计、答题反馈等多种处理方式。

爱调研的问卷库将所有问卷分为产品与消费、广告与品牌、人力资源、满意度、社会与民意、其他等共 6 大类，并提供相应的检索功能，用户可以在相应的类目中检索问卷库中的问卷。

3）专业在线调查软件（http://www.isurveylink.com/）。专业在线调查软件是爱调研的付费服务系统，实质是定量数据采集管理系统，数据采取可支持网络、PC、手机、平板电脑等。这一系统具有项目管理、问卷编辑、样本接口、邀请答题、统计报表、实时查看、数据采集模式等多项功能，可面向企业市场研究、品牌广告策划、企业人力资源、网站管理人员、市场调研公司、政府或非盈利机构等提供服务。此系统目前已经升级到 3.0 版，是国内较先进的网络调查软件。至今租用的企业用户有数百家，购买的企业用户有几十家，如图 2-8 所示。

4）样本库服务（http://www.panelindex.com/）。爱调研社区为网站提供样本（见图 2-9），其样本库具有诸多优势：

功能介绍 Features

解决方案 Solutions

成功案例 Success Stories

服务模式 Service model

图 2-8 爱调研的专业在线调查

① 样本数量巨大。截至 2011 年 11 月，拥有在线网络会员 416 万（包括在线招募和合作会员）。通过与中国众多知名网站的合作，其网络调研样本库基本能代表中国网民甚至中国消费者的特征属性。

② 样本地域分布广泛。一级城市如上海、北京、广州等分布数量大，同时二级城市如武汉、合肥、宁波等数量分布也非常均匀，并覆盖到数十个三级城市。

③ 建立了专业的样本子库。包括车主样本库、高端样本库、母婴样本库等。

④ 严格的质量控制体系。通过独特的三重质量控制方法保证会员的唯一性及会员的信用度。

样本数量巨大
截至2011年11月，拥有在线网络会员416万，通过同中国众多知名网站的合作，我们的网络调研样本库基本能代表中国网民甚至中国消费者的特征属性

样本地域分布广泛
一级城市如上海、北京、广州等分布数量大，同时二级城市如武汉、合肥、宁波等数量分布也非常均匀并覆盖到数十个三级城市，可以快速方便的完成调研项目

建立了专业的样本子库
爱调研为更好的服务于客户的项目需求，细分了爱调研样本库，其中包括IT样本库、金融样本库、母婴样本库等，可以为企业提供一系列专业的网络调查样本及网络调研解决方案

严格的质量控制体系
通过独特的三重质量控制方法保证会员的唯一性及会员的信用度，同时通过问卷中的逻辑题来判断最终有效数据，确保企业的调研项目质量

成功案例：1.麦当劳网上订餐满意度调查 | 2.HTC手机界面UI调查 [查看详情]

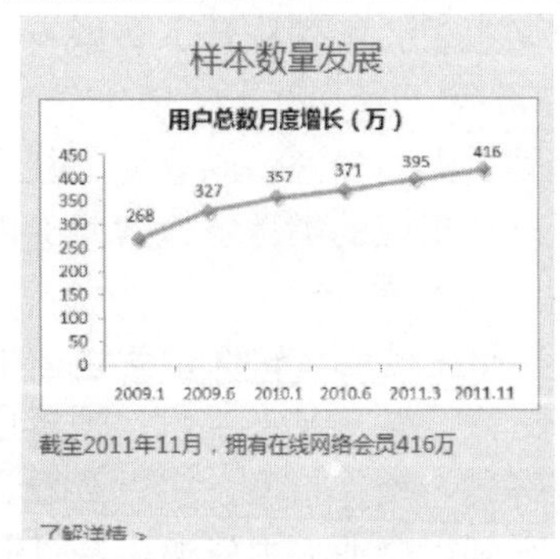

增值服务
问卷设计
根据客户的需求，爱调研提供市场调研的问卷设计服务
问卷编程
爱调研将在接到客户问卷后立刻安排问卷编程录入工作
数据递交
除了支持一般的SPSS数据外，爱调研可以根据客户要求提供ASCII或者QUATUM格式数据
撰写报告
在一个项目结束后，爱调研可根据客户需求在采集到的数据基础上撰写分析报告

图 2-9 爱调研的样本库界面

（2）问卷星

问卷星由上海循环信息科技有限公司创办，是国内较早致力于提供自助式在线设计问卷以及相关服务的调查网站。该网站的主要特点在于：

1）配置了丰富的问卷样式模版，包括背景主题、文字主题、文字样式显示、设置页眉

页脚、问卷宽度的自定义功能，为用户设计多分格问卷提供了方便；网站通过导航栏“问卷中心”展示平台集中问卷标题、问卷描述、发布日期、题目数量和答卷数量等动态信息，用户可即时获取单题统计数据分析与报告答卷来源分析、完成率分析等调查结果。

2）采用了问卷标题和正文关键词筛选搜索功能的同时，增加了答卷份数和问卷题目数的关联排序功能，便于用户快速检索全部问卷。

3）提供多种可选的图形表单格式文件输出功能，为调查结果引用提供了方便，免去了用户对结果数据的二次统计分析。数据输出功能完善，其中的数据分析与报告包括：分类统计、交叉分析、自定义查询、默认统计分析功能，可以输出完整详细数据输出功能，可以自动生成和输出 word 文档、Excel 文档、PDF 文档 3 种格式的调查结果；答卷来源分析功能可以为调查发布者提供详尽的数据来源（IP 地址），有效保证问卷结果的质量和可信度；旺盛的人气资源和问卷发布量为专业问卷调查奠定了基础。

当然，问卷星也存在一些问题，如每个页面仅显示 8 条问卷信息；问卷关键词检索包含问卷内容，导致检索效率和主题查全率较低；问卷分类不合理，该网站的以答卷数量和问卷题量为分类，缺少主题内容的问卷分类，使得问卷检索结果显示页面内容混杂，颇为凌乱。

（3）第一调查网

第一调查网（http://www.1diaocha.com/）是目前国内较为活跃的社区型网络调查平台。该网站的特点包括：

1）集用户自助式问卷调查与开放式互动交流于一体，为用户参与问卷调查和在线互动沟通构建了一个真正意义上的开放式平台，成为用户参与调查表达观点收集数据的一个社区化网络平台。

2）注册用户采用实名制，通过身份验证有效提升了问卷样本库的质量。会员管理系统在对实名会员进行分类管理的基础上，针对不同主题内容的问卷，向相关会员发送即时答卷邀请。

3）问卷主题包括社会生活、文化教育、商务贸易、学术研究等多个领域，既有知识性、趣味性的普通调查问卷也有专业性学术性的调查项目，因此，该网站已累计发布五十多万有效问卷样本和 100 多万实名会员，在国内网络调查市场名列前茅。

4）问卷展示栏目的分类和检索功能完善，分类选择和标题关键词检索实现了问卷分类聚合和快速查找，调查大厅问卷展示区以表单格式显示标题、发布人、发布时间、投票数和问卷评论等信息，问卷进程统计很直观地实时显示问卷调查状态数据，整齐划一，简洁明快。

不足与缺陷为：该网站的免费自助问卷设计只有单选题、复选题两种题型和 1～20 的题量限制，无法满足多题型问卷的设计需求，题型和题量的限制，局限了自助问卷的设计和数据内容的丰富性；问卷数据统计分析功能较为简单，只有表单饼状和柱状图格式的数据统计，缺少数据分析和报告下载功能，使问卷发布者无法获取较为准确详尽的统计分析数据。

（4）数据 100 调查在线

数据 100 网络调查网站（http://www.data100.net/）采用中国盛维调查系统，是一个基于在线调查的多功能问卷设计与管理平台。该网站的特点主要有：

1）多功能集成。该网站集问卷设计、问卷发布、数据采集、数据统计分析和自动生成报告多功能为一体，为客户提供即时问卷调查项目服务；系统平台采用模板式、智能化、自助式问卷设计方案；采用安全稳定的服务器数据库 SQL Server 2000 作为系统后台数据库，实现了问卷系统网络运行速率最优化，用户即时投票，即时查看结果数据和在线实时统计等操作均能快速实现。

2）智能数据分析功能。此功能为用户在线即时获取数据统计分析结果提供了方便。

3）自动生成调查报告功能。此功能为问卷发布者提供实时数据报告输出，该网站的问卷发布分为免费和收费两种，只有付费用户才能在站内的“调查在线”专区发布问卷。

4）问卷管理后台功能完善。后台集成了项目创建问卷分类管理员组和机构调查项目的多用户设置和授权用户共享统计分析报表等功能。

5）该网站运行时间较长。积累了不少商业问卷样本，参与问卷的现金奖励机制，适合有经费保障的商业机构注册使用。

不足与缺陷：该网站首页的问卷展示区缺少问卷分类和检索统计功能，访问者须逐页查找已发布问卷，耗时费神，导致多数问卷无人问津，作为主流网站，问卷分类和检索基本功能的缺失是致命的；该网站自称拥有 10 万注册用户，但在线问卷的访问量较低，导致问卷样本量不足；问卷创建过程比较繁琐，问卷限于站内发布，不支持站外代码调用；网站的社区化互动功能单一，该网站虽然开辟了热点论坛，吸引了不少人气，但与问卷缺乏关联，导致在线问卷的有效数据回收率较低。

（5）知己知彼调查网

知己知彼调查网（http://www.zhijizhibi.com/）是一个专业的免费网络调查平台。其主要特点包括：

1）问卷题型丰富完善，问卷设计创建功能简洁易用。问卷设计题型包括单选、多选、扩展矩阵等十二种题型和完善的问卷逻辑控制功能；支持标准问卷分析和交叉问卷分析。

2）具有清新直观的图表图形格式问卷结果在线显示功能。

3）多种问卷展示发布方式，包括邮件、QQ、首页推广宣传和 Excel、SPSS 格式的数据下载；问卷分为公开、受限开放和全封闭 3 种类型。公开类问卷结果可在线查看下载和数据共享。开放式问卷参与和用户互动功能完善。自助式问卷题型选择和数据结果开放共享是该网站聚合人气和吸引问卷参与者的主要因素。

不足与缺陷：首页问卷展示栏目的问卷关键词检索包含了问卷标题和内容。问卷表单式展示栏目缺少问卷进程信息的统计显示，导致问卷主题信息查全率较低；问卷分类只有一级栏目和二级栏目，缺少三级四级栏目，不利于受访者快速查找问卷、问卷发起者查找自己发布的问卷极不方便。

（6）态度 8 调查网

态度 8 调查网（http://www.taidu8.com/index.htm）是隶属数字 100 旗下的网站，是集网络、调查、娱乐、信息于一体的专业型调查网站。特点优势主要有：

为注册会员免费发布创建和发布调查开放全部题型，在线浏览结果和参与问卷获取酬金，拥有长期积累的大量问卷样本，适合于专业项目的在线调查；问卷主题分类涉及文化、教育、生活、娱乐、新闻、经济诸多行业；为个人用户提供多题型，无题量限制问卷的创建和发布；问卷展示区的问卷分类管理与检索系统功能完善，问卷标题关键词检索实现了快速聚合相关问卷，查全率较高；服务对象主要针对机构用户，提供专业化程度较高的调查项目服务，问卷调查数据统计分析和报告输出更加客观完整。

不足与缺陷：以盈利为目的，在线问卷的开放共享程度较低，问卷参与者无权查看实

时结果，问卷数据需付费获取；缺乏互动功能，人气低迷，多数问卷发布后参与答卷者较少，只能作为一个自助式问卷创建平台使用。

2.3　网络零售规划

网络零售规划是指在对网络零售市场状况和企业自身状况（外部宏观环境、竞争环境、企业资源、消费者市场）进行调研的基础上，分析企业所面临的主要机会与威胁、优势与劣势以及存在问题的基础上，对网络零售的财务目标与市场营销目标、网络零售战略、网络零售行动方案以及预期损益表的确定和控制。网络零售规划的最终成果要形成书面的网络零售规划书。

网络零售规划书是对网络零售市场调研分析的汇总，同时包括目标、战略、行动方案和预期损益的确定，一般包括以下几个方面。

1）概述。概述部分是对公司及产品的基本情况的介绍，还包括网络零售的目标和有关建议的简要说明，可以使网络零售规划书的阅读者迅速了解整个网络零售项目的总体情况和要点。

2）网络零售市场调研分析。为了制定科学合理的在线零售目标与战略，网络零售市场调研分析是非常必要的。调研分析的内容与方法在第 2.2.1 节和第 2.2.2 节已经分别进行说明，此处不再赘述。在网络零售规划书的这一部分，应对调研计划的内容、目标、方法进行必要的说明，包括调研对象、调研时间、调研平台、问卷发放情况与回收情况等，使整个调研结论具有真实性和可信性。同时，对调研结果进行深入的分析得出必要的结论，这一部分不应是简单图表的罗列，文字的说明分析是不可缺少的。通过对调研现状的分析，找出企业所面临的机会和威胁、优势与劣势，找出企业存在的问题，用来确定网络零售规划中必须强调、突出的主要方面。

3）确定网络零售目标。明确问题之后，需要作出与目标有关的选择，用以制定战略和行动方案。目标分为两类：一类是财务目标，包括预期利润指标、长期的投资收益率等；另一类是营销目标，主要是销售额、市场占有率、目标利润率及有关广告效果、定价等方面的具体目标。所有目标都应以定量的形式表达说明。目标具有可操作性和可量化考核，是制定网络零售目标时应参考的标准。网络零售目标的制定方法可以参考市场营销目标的制定方法。

市场营销目标的制定方法主要有以下 3 种：

① 成本/利润驱动型。这种方式在目前很多中小企业中十分普遍，即：根据每年公司运营所需的所有成本加上对利润的要求，直接换算出公司未来一年的营销目标。这样的模式，我们不能说有错误，因为，这是企业得以继续生存下去的必需目标。企业在发展之初还处于生存阶段之时，这样制定目标的方式是可以理解的。但是，如果一个企业永远使用这样一种简单的方法来制定每年的营销目标，那么企业的发展必然要受到限制。因为，这样的目标最多可以保证企业的生存，而无法为企业的再发展提供有力的支持。

② 简单类比型。这种方式目前同样被众多国内企业所采用。即：在充分考虑了继续经营所需的资源后，同时根据自身行业或同行业的平均增长或平均规律进行简单的类比，进而对未来一年的经营目标进行一个简单的设定。这种方式看似是考虑到了市场环境、竞争

环境、同业水平、自身以往经营情况等多方面因素，实际上，如果没有完善、科学的对目标的核算方法支持，到头来这样的目标仍然避免不了流于形式。因此，虽然比第一种方式前进了一步，却依然属于主观、拍脑袋的形式范畴。

③ 分析推导法：这种方式是目前被大多数国际公司普遍认为较为科学，并且采用的方法之一。这种方式通常是通过对过去几年中企业在市场上的表现以及对自身资源的合理评估后，通过有效的调研方法，取得一些相关的参数指标，进而把这些指标参数运用到一个通用模型中，进行调整与计算，从而最终得出未来一年营销目标的合理范围。

4）列出主要的网络零售战略。每一目标都可以通过多种途径去实现，管理者必须对企业网络零售战略组合作出决策，然后在计划书中简明扼要地列出。网络零售战略主要由下列几部分组成。

① 目标市场战略。阐明企业及其品牌、产品准备进入的细分市场。不同的细分市场各有其特点，企业必须精心选择目标市场，慎重地分配其市场营销资源和能力。

② 网络零售组合战略。对选定的细分市场，分别制定包括产品、价格、推广、促销、物流等各因素在内的一体化战略。

③ 网络零售预算。执行有关网络零售战略所需的、适当的费用，用途和理由。

5）制定行动方案。网络零售计划与战略要通过具体的行动来实现。行动方案就是解决如何做、谁来做、什么时候做的问题。它以行动的时间、空间、人力、步骤、经费为要素，规定哪些行动能导致目标的实现，以防止那些背离和干扰目标的行动。

6）损益预测。决定目标、战略和行动方案以后，可以编制一份类似损益执行报告的辅助预算。在预算书的收入栏列出预计的数量及单价；在支出栏列出分成细目的生产成本、储运成本以及各种市场营销费用。收入与支出的差额，就是预计的赢利。经审核以后它将成为有关部门、有关环节安排进行采购、生产、人力资源以及市场营销管理的依据。

思 考 题

1. 以小组为单位，设计一个与大学生网络购物相关的调查问卷，主要调查大学生网络购物的方式、购物种类以及选择商品的标准，然后相互比较学习，找出各自的优点和不足。

2. 选择一个网络问卷平台，将依据第 1 题中的问卷设计网络问卷，并进行宣传、发放。

3. 对网络问卷结果进行汇总分析，最后形成调查报告，请指导教师点评。

第3章

网络零售平台及服务选择

小王在市场调查与分析的基础上完成其所要做的网络零售规划后，下一步就是选择一个合适的平台以及这个平台所能提供的服务了。此阶段要掌握的知识包括网络零售平台类型、自建平台、第三方平台及服务等。

3.1 网络零售平台类型

网络零售平台可以通过提供海量信息管理平台和有效的信用评价体系，集成物流、支付等电子商务服务体系，显著地降低交易成本，促进内需和消费。随着网络购物的人数和交易额的不断提高，网络零售平台上的网店数量也日益增长。

通常，网络零售平台可以分为 B2C 和 C2C 两种类型。

B2C 即企业通过互联网为消费者提供一个新型的购物环境——网上商店，消费者通过网络在网上购物、在网上支付，如当当网、京东商城、天猫商城等。B2C 平台由 3 个基本部分组成：为顾客提供在线购物场所的商场网站；负责为客户所购商品进行配送的配送系统；负责顾客身份的确认及货款结算的银行及认证系统。

目前而言，常用的 B2C 网络零售平台可以分为以下 4 类。

1）综合类 B2C，支持全面的商品陈列展示、信息系统智能化、客户的关系管理、物流配送、支付管理等广泛的业务功能，具有许多能提高客户体验、提供人性化、视觉化的服务。例如京东商城、当当网等。

2）垂直类 B2C，是围绕具体企业的核心领域，在其行业内继续挖掘新亮点的服务系统。垂直电子商务网站旗下的商品都是同一类型的产品，例如专注于服装领域的凡客诚品、专注于母婴领域的红孩子。

3）生产企业网络直销类 B2C，是以具体企业的战略定位和发展目标为依据建立的。它能协调企业原有的线下渠道与网络平台的利益，帮助实行差异化的销售，如网上销售所有产品系列，而传统渠道销售的产品则体现地区特色；实行差异化的价格，线下与线上的商品定价根据时间段不同设置高低。线上产品也可通过线下渠道完善售后服务。如海尔商城和戴尔官方直销网站。

4）平台类 B2C 网站，是一种拓宽网上销售渠道的业务平台。通常，中小企业的人力、物力、财力都十分有限，利用此系统可以形成一个较高知名度、点击率和流量的第三方平台以便为更多的中小企业服务。本系统具有完整的网络渠道开发、多类别产品展示、仓储系统管理、供应链管理、物流配送体系管理功能。例如天猫商城和QQ商城。

我国代表性B2C网络零售平台比较，见表3-1。

表3-1 我国代表性B2C网络零售平台比较

涉及主要领域	B2C厂商	成立时间	有无自建物流	售后服务	有无开展线下业务
百货类	当当网	1999.11	无	邮件/短信服务、假一赔一、差价返还	无
	卓越亚马逊	2000.5	有	邮件/短信服务、退换货服务	无
家电3C类	京东商城	2004.1	有	退换货服务	无
	苏宁易购	2009.8	有	售后服务本地化	有
服装类	凡客诚品	2007.10	有	邮件/短信服务、退换货服务	无
	麦网	2001.1	无	退换货服务	无

C2C电子商务平台主要是面向个人与个人之间的展开交易的电子商务平台。即商品和信息从消费者直接到消费者，俗称“网上开店”。该类电子商务平台往往由一个独立于买家和卖家的第三方搭建，为买家和卖家提供一个发布交易信息的场所。其网站构建主体实际并不参与商品交易。但是与此同时网站的构建者通过发布实施各项服务及交易规则以保障买卖双方顺利交易。比如淘宝网、拍拍网等。

我国代表性C2C网络零售平台比较，见表3-2。

表3-2 我国代表性C2C网络零售平台比较

服务商	成立时间	支付工具	信用体系	沟通工具	物流	投资方
淘宝	2003.5	支付宝	卖家信用 买家信用 卖家好评 买家好评	旺旺	第三方	阿里巴巴
eBay易趣	2006.12	安付通	总信用度 总好评度	易趣通	第三方	美国ebay
拍拍	2006.3	财付通	卖家信用 买家信用	QQ	第三方	腾讯
有啊	2011.4	百付宝	卖家满意度	百度hi	第三方	百度

3.2 自建网络零售平台

3.2.1 概念与基本功能

自建型网络零售平台是在互联网上进行商务活动的虚拟网络空间和保障商务顺利运营的管理环境，是协调、整合信息流、物质流、资金流有序、关联、高效流动的重要场所。

企业或商家可充分利用电子商务平台提供的网络基础设施、支付平台、安全平台、管理平台等共享资源有效地、低成本地开展自己的商业活动。

网络零售平台的建设，不仅仅是初级网上购物的实现，它能够有效地在互联网上构架安全的和易于扩展的业务框架体系，实现 B2C（企业对用户）、C2C（用户到用户）、O2O（线上到线下）、以及 ABC 模式（代理商、商家、消费者）等应用环境。

自建网络零售平台包括网上交易和管理等全过程的服务，因此它具有广告宣传、咨询洽谈、网上订购、网上支付、电子账户、服务传递、意见征询、交易管理等各项功能。

1）广告宣传，即可凭借企业的 Web 服务器和客户的浏览，在互联网上发放各类商业信息。客户可借助网上的检索工具迅速地找到所需商品信息，而商家可利用网上主页和电子邮件在全球范围内作广告宣传。与以往的各类广告相比，网上的广告成本最为低廉，而给顾客的信息量却极为丰富。

2）咨询洽谈，即可借助非实时的电子邮件、即时工具等来了解市场和商品信息、洽谈交易事务。网上的咨询和洽谈能超越人们面对面洽谈的限制、提供多种方便的异地交谈形式。

3）网上订购，通常是在产品介绍的页面上提供十分友好的订购提示信息和订购交互格式框。当客户填完订购单后，通常系统会回复确认信息单来保证订购信息的收悉。订购信息也可采用加密的方式使客户和商家的商业信息不会泄漏。

4）网上支付，客户和商家之间可采用信用卡账号进行支付，在网上直接采用电子支付手段将可省去交易中很多人员的开销。网上支付将需要更为可靠的信息传输安全性控制以防止欺骗、窃听、冒用等非法行为。

5）电子账户，网上的支付必须要有电子金融来支持，即银行或信用卡公司及保险公司等金融单位要为金融服务提供网上操作的服务。而电子账户管理是其基本的组成部分。

6）物流配送，对于已付款的客户应将其订购的货物尽快地传递到他们的手中。而有些货物在本地，有些货物在异地，电子邮件将能在网络中进行物流的调配，而最适合在网上直接传递的货物是信息产品。

7）意见征询，可方便地采用网页上的“选择”“填空”等格式文件来收集用户对销售服务的反馈意见。这样使企业的市场运营能形成一个封闭的回路。客户的反馈意见不仅能提高售后服务的水平，更使企业获得改进产品、发现市场的商业机会。

8）交易管理，涉及人、财、物等多方面，企业和企业、企业和客户及企业内部等各方面的协调和管理。

3.2.2　自建型网络零售平台案例——海尔商城

自建型网络零售平台的典型范例包括海尔商城、Dell 商城等。本章以海尔商城为例进行专门介绍。

海尔商城（http://www.ehaier.com）是海尔集团官方建立的海尔全系列家电一站式销售服务平台，如图 3-1 所示。海尔商城是虚实融合模式，由虚网（互联网）创造用户资源，由实体（海尔线下千家以上销售服务中心）提供即买即送的产品和服务。海尔商城依靠多年线下积累的强大营销、物流、服务网络资源，能够提供全国 24 小时免费送货、家电选购设计、送货到门、安装同步等一站式服务，在大家电网购服务上，有独特优势。

图 3-1　海尔商城主页

（1）海尔与众不同的电子商务模式

海尔商城的特色可用 E+T>T 来表示。E 代表电子手段，T 代表传统业务，而 E+T>T，就是传统业务优势加上电子技术手段大于传统业务，强于传统业务。此外，海尔商城也为全球用户提供零距离在线设计的平台，用户可以实现自我设计的梦想。海尔商城在线设计页面，如图 3-2 所示。

图 3-2　海尔商城在线设计页面

（2）个性鲜明的垂直门户网站

作为自建平台的代表，海尔商城完全由海尔集团公司负责建设、维护与经营。它利用海尔现有的销售、配送与服务体系，为广大用户提供优质的产品销售服务，海尔集团直接对用户订单负责。主要提供两种服务：在线直销和网上定制。

在线直销：全国每个地区包括农村的消费者都可以从海尔网上商城购物，海尔利用与顾客最近的海尔经销商和售后机构给用户提供服务。顾客可以通过海尔网上商城系统，直接订购看中的商品，再通过海尔现有的销售、配送与服务体系，由送货上门或邮寄两种方式得到商品。除了医药产品、数码产品等采用邮寄以外，其他都采取送货上门的配送方式。用户在线支付成功后海尔能够通过系统立即查看支付信息，然后安排配送。除了在线支付，海尔同样采用货到付款、银行电汇和邮政汇款等方式。

网上定制：海尔极富个性化的创造理念，使客户可以在任何地方通过互联网享受海尔的网上定制服务，随意组合自己需要的组件。主要有两种定制方式：一是产品定制。海尔最先开展的是冰箱的定制服务。海尔针对用户的需要，预先设计了多个套餐，客户也可以选配自己喜欢的产品组件，系统会进行自动报价，直到客户满意为止。定制完成，输入个人信息和收货信息，就可以等待产品的直接送到。二是服务定制。与产品定制类似，客户也可以详细选择需要的服务项目。以空调服务定制为例，客户可以从空调移机、加装饰板、清洗保养等十几个服务项目中选出自己需要的服务，系统会整体报价。

海尔商城的网上定制是有其产品基础的。海尔现共有冰箱、空调、洗衣机等 58 个门类的 9 200 多个基本产品类型，这些基本产品类型，就相当于 9 200 多种“素材”，再加上提供的 2 万多个基本功能模块，这样经销商和消费者就可以在海尔提供的平台上，有针对性

地自由地将这些“素材”和“佐料”进行组合，并产生出独具个性的产品。

案例 1：我要一台自己的冰箱

青岛用户徐先生是一位艺术家，家里的摆设都非常富有艺术气息，徐先生一直想买台冰箱，他想，要是有一台表面看起来像一件艺术品但又实用的冰箱就好了。徐先生从网上看到“用户定制”模块，随即设计了一款自己的冰箱。他的杰作很快得到了海尔的回音：一周内把货送到。

案例 2：专业的设计师为您亲自设计

上海消费者王先生要为新房购置家电，而夫妻双方都是上班族，工作十分繁忙，没有时间去亲自挑选成套的家电。王先生从同事中听说海尔商城提供这方面的服务，就登录到海尔商城，进入在线设计专区，海尔的设计师根据王先生的户型和相关需求，为王先生设计出了合理的成套家电方案，并上门配送。王先生和妻子十分满意。

（3）强大的物流配送模式

海尔商城首推“24 小时限时达，超时即免单”服务。消费者在网上商城下单后，24 小时内就可以享受集送货上门、调试安装于一体的一站式服务，满意后再付款；如果海尔在 24 小时限时达的区域内没有送货上门，消费者购买的任何产品都可免单。能够做出如此承诺，海尔商城的独到之处在于将虚网销售与现实渠道相结合，依托海尔商城网购平台下单，通过遍布全国的专卖店迅速进行配送，负责送货上门、安装，与传统网商采用第三方物流送货相比，海尔商城如此做法不仅突破了区域限制，而且将送货时间由平均 5～7 天缩短到了 24 小时以内，让消费者在一天之内就能体验到购买新产品的乐趣，因而受到市场的一致好评。

此外，海尔商城还在服务方面下足功夫，推出了一站式服务：在售前，海尔专业家电设计师免费上门为用户量身定制专业家电设计方案。在售中，海尔商城推出购物全程在线导购。产品售出后，海尔商城做到即需即送、人货同步，为用户排忧解难，体现出海尔以顾客为中心的理念。

（4）海尔商城购物流程

如果是非注册用户，则在购物之前需要先注册。注册之后便可以进行购物。海尔商城的整个购物流程主要包括以下 2 个部分。

1）线上流程，即在海尔商城网站上完成的购物流程，主要包括：选择城市、浏览产品、添加到购物车、确认订购信息、确认订单、下单成功。

2）线下流程，即如何在线下获取选购的海尔家电产品，这方面海尔商城承诺在全国 100 多个城市为客户提供 24 小时限时达服务，同时为用户提供一站式的服务，包括：送货上门（所有产品支持送货上楼、送货到户）、拆箱验收（上门后协助客户开箱验收检查，发现磕碰等损坏，由海尔服务人员直接带走换新）、摆放调试（海尔服务人员协助客户按要求摆放产品，帮助调试检查）、安装调试（如果是需要安装的产品，则在送货上门时帮助一步到位安装，省心放心）、满意付款（支持货到付款，客户满意后再付款）。具体示意图如图 3-3 所示。

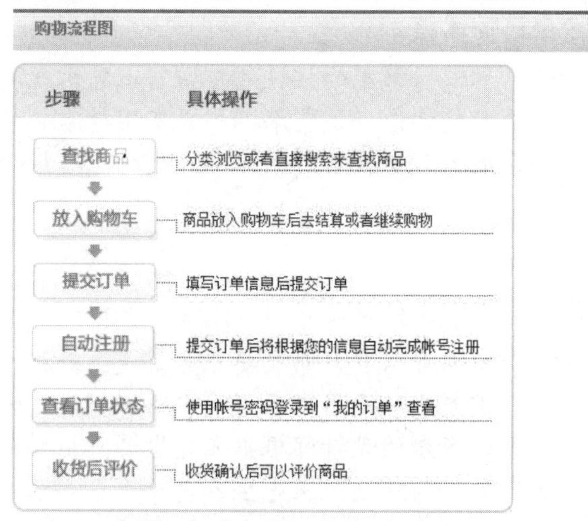

图 3-3　海尔商城购物流程图

3.3　第三方网络零售平台

3.3.1　概念与基本功能

第三方电子商务平台，泛指独立于产品或服务的提供者和需求者，通过网络服务平台，按照特定的交易与服务规范，为买卖双方提供服务，服务内容可以包括但不限于“供求信息发布与搜索、交易的确立、支付、物流”。

（1）第三方电子商务平台的特点

1）独立性。第三方电子商务平台不是买家也不是卖家，而是作为交易的平台，像实体买卖中的交易市场。

2）依托网络。第三方电子商务平台是随着电子商务的发展而出现的，和电子商务一样，它必须依托于网络才能发挥其作用。

3）专业化。作为服务平台，第三方电子商务平台需要更加专业的技术，包括对订单管理、支付安全、物流管理等能够为买卖双方提供安全便捷的服务。

（2）第三方电子商务平台的功能

电子商务第三方平台是为企业之间、企业和最终消费者之间提供服务的，是为最终消费者从事信息沟通和获取、产品传递、资金流转以及辅助决策，并为企业的生产经营提供劳动力、资金等生产要素服务的。它是构成交易环境的主要因素，为买卖双方提供越来越多可供选择的交易途径，使买卖双方可以因时、因地、因物、因人和因事制定对双方最有利的交易方式。第三方平台的电子商务是实现市场一体化机制的渠道机构，是随着市场经济发展而成长起来的。其功能归纳如下：

1）提供买卖双方的信息服务。买方或者卖方只要注册后就可以在网上发布自己的采购信息、或者产品出售的信息，并根据发布信息来选取企业自己潜在的供应商或客户。网上

发布的信息一般是图片或者文字信息，随着带宽增加，发布信息将越来越丰富。

2）提供附加增值服务。即为商家和消费者提供相关经营信息，如行业信息、市场动态。为买卖双方提供网上交易沟通渠道，如阿里旺旺、QQ 在线交流等。

3）提供低成本、高效益的服务。第三方平台电子商务的产生源于交易费用的控制，交易费用包括使当事人相互搜索的信息费用，收集和传递有关交易条款的费用，起草合同、履行合同的费用等。第三方平台的网络零售使得商品买卖双方不必去两两交易，不必单独为自己的产品找到最终消费者和原始材料供应者，与传统的交易方式相比，加入第三方平台可以使买卖双方大大降低用于寻找市场中介的交易费用。

4）提供与交易配套的服务。最基本的服务是提供网上交易、网上支付服务等实现网上交易的服务。

5）提供客户管理功能服务。即为企业提供网上交易管理，包括交易记录、消费者的信用度资料等信息的托管服务。

3.3.2　综合网络零售平台案例——淘宝网

淘宝网（www.taobao.com）成立于 2003 年 5 月 10 日，由阿里巴巴集团投资创办，如图 3-4 所示。淘宝网最初包括 C2C（Consumer-to-Consumer，顾客对顾客）的个人网上交易平台和 B2C（Business-to-Consumer，企业对顾客）的商家网上交易平台，即天猫商城。淘宝网是中国深受欢迎的网购零售平台，截至 2013 年，淘宝网拥有近 5 亿的注册用户数，每天有超过 6 000 万的固定访客，同时每天的在线商品数已经超过了 8 亿件，平均每分钟售出 4.8 万件商品。截止 2011 年年底，淘宝网单日交易额峰值达到 43.8 亿元，创造 270.8 万直接且充分的就业机会。随着淘宝网规模的扩大和用户数量的增加，淘宝也从单一的 C2C 网络集市变成了包括 C2C、团购、分销、拍卖等多种电子商务模式在内的综合性零售商圈。已经成为世界范围的电子商务交易平台之一。

图 3-4　淘宝网首页

（1）淘宝网的特点

1）淘宝文化。作为第三方网络零售平台，淘宝网为广大商家和消费者提供了一个高效的网络交易平台。淘宝网提倡诚信、活跃、快速的网络交易文化，坚持“宝可不淘，信不能弃”。在为淘宝会员打造更安全高效的网络交易平台的同时，也为更多网民提供就业机会。淘宝网也全力营造和倡导互帮互助、轻松活泼的家庭式氛围。淘宝网致力于推动“货真价实、物美价廉、按需定制”网货的普及，帮助更多的消费者享用海量且丰富的网货，获得更高的生活品质；通过提供网络销售平台等基础性服务，帮助更多的企业开拓市场、建立品牌，实现产业升级；帮助更多胸怀梦想的人通过网络实现创业就业。淘宝网不仅是中国深受欢迎的网络零售平台，也是中国的消费者交流社区和全球创意商品的集中地。淘宝网在很大程度上改变了传统的生产方式，也改变了人们的生活消费方式。不做冤大头、崇尚时尚和个性、开放擅长交流的心态以及理性的思维，成为淘宝网上崛起的“淘一代”的重要特征。

2）特色通信工具。阿里旺旺是一种即时通信软件，供网上注册的用户之间通信。会员注册之后淘宝网和淘宝旺旺的会员名将通用，如果用户进入某一店铺，正好店主也在线，则会出现掌柜在线的图标，可与店主及时地发送、接收信息。阿里旺旺具备查看交易历史、了解对方信用情况、个人信息、头像、多方聊天等一般聊天工具所具备的功能。淘宝网同时支持用户以网站聊天室的形式通信，淘宝网交易认可阿里旺旺交易聊天内容保存为电子证据。

3）安全制度。淘宝网注重诚信安全方面的建设，引入了实名认证制，并区分了个人用户与商家用户认证，两种认证需要提交的资料不一样，个人用户认证只需提供身份证明，商家认证还需提供营业执照。淘宝同样引入了信用评价体系，点击还可查看该卖家以往所得到的信用评价。

对于买卖双方在支付环节上的交易安全问题，淘宝推出了支付宝担保付款发货方式，以此来降低交易的风险。支付宝特别适用于计算机、手机、首饰及其他单价较高的物品交易或者一切希望对安全更有保障的交易。在淘宝使用支付宝是免费的。

（2）淘宝网的购物流程

购物流程是指消费者在淘宝网上购买产品和服务的过程。淘宝网新手购物流程图，如图 3-5 所示。

图 3-5　淘宝网新手购物流程图

在淘宝网购买商品是支持支付宝交易的，消费者可以放心购买，简单分为以下 4 个步骤（不区分境内境外）。

第 1 步：拍下宝贝。

第 2 步：付款（此付款动作是把钱支付到支付宝）。

第 3 步：等待卖家发货。

第 4 步：确认收货（此动作是在收到货后没有问题的情况下，把之前支付到支付宝的钱打款给卖家）。

具体的操作步骤如下：

1)选择购买前如对商品信息有任何疑问,先单击通过阿里旺旺聊天工具联系卖家咨询，确认无误后，单击“立刻购买”。

2）确认收货地址、购买数量、运送方式等要素，单击“确认无误，购买”。如果选择了货到付款，单击查看如何使用。

3）消费者可进入“我的淘宝”→“我是买家”→“已买到的宝贝”页面查找到对应的交易记录，交易状态显示“等待买家付款”，该状态下卖家可以修改交易价格，待交易付款金额确认无误后，单击“付款”。

4）进入付款页面（单击此查看付款方式介绍），付款成功后，交易状态显示为“买家已付款”，需要等待卖家发货。

5）待卖家发货后，交易状态更改为“卖家已发货”，待收到货物并确认无误后，单击“确认收货”。

6）输入支付宝账户支付密码，单击“确定”。交易状态显示为“交易成功”，说明交易已经完成。

注意事项：如果消费者看中了同一卖家店铺中的多件宝贝，则可以选择加入购物车，一起购买支付，可能还能够参加店铺促销，单击此查看购物车使用图示指南，购买成功后多件宝贝会以一个订单形式展现，后续交易流程同单击“立刻购买”直接购买一样。

（3）卖家的交易流程

卖家交易流程是指在淘宝网平台上的商家卖出商品并与顾客互动的过程。交易过程如图 3-6 所示。

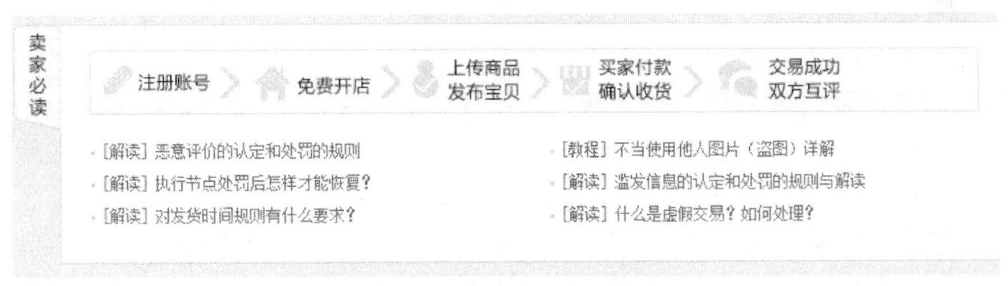

图 3-6　淘宝网卖家交易流程

1）注册账号。如果没有在淘宝上注册，则先登录淘宝网进行注册，注册前须有自己的电子邮箱，没有则要申请一个比较常用的邮箱，这个很关键，然后再注册。单击免费注册，在注册页面填好相关信息即可。然后再到填写的电子邮箱中收信并进行确认，就可以进行下一步了。

2）免费开店。在淘宝网上开店的有企业类卖家和个人卖家，他们是通过支付宝实名认证的类型来区分。通过支付宝商家认证的卖家，就是企业类卖家。通过支付宝个人实名认证的卖家，就是个人卖家，这和卖家在线下的身份无关。例如：线下有实体店，并取得工商局颁发的营业执照的商家，如果在淘宝开店时，使用的是支付宝个人实名认证，那么，这个卖家在淘宝网上仍然是个人卖家，不必亮照经营。

在开店的时候，淘宝网还对卖家增加了考试环节，目的是让卖家先熟悉在淘宝网上经营需要遵守的规则，做到守规经营，避免违规。而且淘宝网规定，一张身份证只能开一家店铺，这是为了使淘宝网有限的资源，最大限度满足更多卖家的开店需求。

3）上传商品，发布宝贝。卖家创建店铺后，应关注店铺内出售中的商品数量，以免店铺被删除。具体释放规则为：

① 店铺内出售中的商品数量连续 3 周为 0 件，系统会发送旺旺及邮件提醒用户“宝贝数量连续 3 周为 0 件，必须发布宝贝，否则您的店铺将有可能暂时释放”。

② 店铺内出售中的商品数量连续 5 周为 0 件，即第一次提醒 2 周以后（即第 5 周）用户的宝贝数量仍为 0 件，店铺会暂时释放，系统会发送旺旺及邮件告诉用户“店铺已经暂时释放，但是我们将为您的店铺名保留一周，只要您发布宝贝，24 小时后，店铺即可恢复之前开店状态”，此时单击“查看我的店铺”，店铺不能正常显示。

③ 店铺内出售中的商品数量连续 6 周为 0 件，即第二次提醒后再过 1 周（即第 6 周）用户的宝贝数量仍为 0 件，店铺会彻底释放，系统会发送旺旺及邮件告诉用户“店铺已经彻底释放，任何人都可以申请并使用您的店铺名称”。若卖家要继续开店，需要重新单击“免费开店”，按照提示完成指定操作，店铺就可以重新开张。

④ 在店铺已经暂时释放（连续 5 周宝贝数量为 0 件，店铺会暂时释放）的状态下，用户进行发布宝贝操作后，系统会发送旺旺及邮件告诉用户“店铺因发布了一定数量的宝贝，现已被激活”。

4）买家付款和确认收货。当买家收到商品，并且确认收货时，暂时放在支付宝里的钱才会转到卖家的银行账户上。如果买家收到货物未确认收货且未申请退款，那么自卖家在淘宝确认发货之时起，淘宝通知支付宝打款给卖家：自动发货商品一天内；虚拟商品三天内；快递、EMS 及不需要物流的商品十天内；平邮商品三十天内。

5）双方交易成功，相互评价。淘宝网规定，买卖双方有权基于真实的交易在支付宝交易成功后十五天内进行相互评价，特殊类目商品的交易不开放评价。淘宝网评价包括“信用评价”和“店铺评分”。在信用评价中，评价人若给予好评，则被评价人信用积分增加一分；若给予差评，则信用积分减少一分；若给予中评或十五天内双方均未评价，则信用积分不变。如评价人给予好评而对方未在十五天内给其评价，则评价人信用积分增加一分。相同买、卖家任意十四天内就同款商品的多笔支付宝交易，多个好评只加一分、多个差评只减一分。每个自然月，相同买家与淘宝网卖家之间交易，双方增加的信用积分均不得超过六分。

评价人可在作出中、差评后的三十天内，对信用评价进行一次修改或删除。三十天后评价不得修改。店铺评分由买家对卖家作出，包括宝贝与描述相符、卖家服务态度、卖家发货速度、物流发货速度 4 项。每项店铺评分均为动态指标，是此前连续六个月内所有评分的算术平均值。

3.3.3 其他第三方网络零售平台

目前第三方网络零售平台中淘宝网占据 90%以上的份额，其他重要的平台还有：

（1）拍拍网（见图 3-7）

图 3-7　拍拍网首页

拍拍网（http://www.paipai.com/）是中国著名互联网企业腾讯公司旗下的购物网站，于 2005 年 9 月 12 日上线发布，2006 年 3 月 13 日正式运营。截止到 2010 年年底为止，拍拍网的注册用户数已超过 1 个亿，在线商品数超过 3 000 万，并迅速跃居国内 C2C 网站排名第二。

拍拍网主要有网游、数码、女人馆、运动、学生、哄抢、彩票七大频道，其中的 QQ 特区还包括 QQ 宠物、QQ 秀、QQ 公仔等腾讯特色产品及服务。拍拍网还拥有功能强大的在线支付平台——财付通，能为用户提供安全、便捷的在线支付服务。凭借丰富多样的商品类别和高人气的互动社区，拍拍网依托于腾讯 QQ 超过 7 亿的庞大用户群以及 3.2 亿活跃用户的优势资源，具备良好的发展基础。拍拍网运营满百天就已进入“全球网站流量排名”前 500 强（据 Alexa 数据），并且创下电子商务网站进入全球网站 500 强的最短时间记录，拍拍网已成为国内成长最快、最受网民欢迎的 C2C 电子商务交易平台之一。拍拍网平台的特点如下：

1）拍拍网有自己独特的第三方支付平台，即财付通。财付通是腾讯公司创办的一个专业的在线支付平台，其核心业务是帮助在互联网上进行交易的双方完成支付和收款，它是拍拍网默认的支付渠道。

2）拍拍网引入第三方物流，采用与第三方物流公司合作的模式，来实现交易的货物送达服务，拍拍网本身并不运营物流。

3）卖家可以在拍拍网上开店成为交易中的供给方，为需求方网购者提供各类商品和服务，开店流程与在淘宝网上开店类似，并采用了与淘宝网类似的免费开店策略，但是目前网店数和卖家数要少于淘宝网。

4）拍拍网拥有自己独特的推广平台。拍拍网的易推广是腾讯为了推广自己的拍拍产品而专门成立的第三方推广平台，通过它可以与更多的品牌进行友好的合作，从而更好地起到推广拍拍的作用。拍拍为了自己的品牌，为了能与淘宝抗衡，在佣金的设置及合作条件上都是相当优惠的，也是淘宝所无法比拟的。

拍拍网的信用体系支持 7 天包退 14 天包赔。拍拍网的信用等级根据信用度进行划分，采用晋级制，且买家和卖家的信用等级划分是有区别的，交易一次一分。拍拍网非常重视网络零售交易的信用管理，拍拍网发起了“倡导诚信经营，抵制信用炒作，维护拍拍网公平和谐的网购环境”的倡议，实行有形商品交易信用和虚拟商品交易信用进行分开管理的制度。

案例：如何在拍拍网开店[㊀]？

1．开店前要准备的工作

硬件准备：

1）写上自己真实详细的工作室地址，这样可以让网上的客户更加信任你。

2）写上方便客户联系的移动电话、座机电话。

3）配备专用的计算机和便捷的计算机网络，网上开店，网上销售，无法登录互联网肯定是不行的。

4）配备展示产品的数码相机：网上开店主要的部分就是通过图片给自己的客户展示产品，拥有了自己的数码相机，可以最快速地把自己的产品，多角度且细致地展示在客户面前，客户想怎么看就怎么看。（如何拍摄图片和对图片进一步编辑加工再上传还需要进一步学习。）

5）配备收发合同的传真机。如果网上开店进入实际操作阶段，会有很多客户需要签订合同。这也是法律方面的保证，同时很多资料的收发也离不开传真机。

6）快递公司。尽量多联系几个快递公司，比如圆通、申通、顺丰等，索取快递单和联系方式，了解价格和派送地区、送达时间等。

软件准备：

1）基本的上网操作要熟练。

2）注册熟练并使用电子邮箱，熟练收发电子邮件。

3）注册并熟练运用聊天软件。

4）学会应用 word 软件！这是入门级的文字编辑软件！学会基本的操作以后，就可以很方便地编写合同，编写自己的网站文案了。文案编写的好坏程度在网上销售中有很大的影响。

5）学会基本的网站设计软件。“我已经拥有了自己的网上商城了，为什么还需要学习网站设计软件呢？”至少了解网上商城的建设原理，并且还可以为自己的商城建设几个漂亮的宣传广告页面，店面里配合几个漂亮的广告页面，效果会更好！基本的网站设计软件主要是 Frontpage、Dreamweaver 等软件。

6）学会使用制图软件 Photoshop，网上开店除了很好的文案编写，另外一个非常重要的部分就是要有精美的产品图片和宣传图片，因为客户主要是通过图片来看你的产品，很差劲的图片会流失太多的客户，是否能做出合适的产品图片，对网上开店来说是个至关重要的因素。由于现在的制图软件有很多种，我们只需要简单制图，所以只要能熟练地操作一种制图软件即可。

㊀ 在 http://wenku.baidu.com/view/c177c9fa0242a8956bece45b.html 基础上修改

2．网店认证

通过网店认证后就可以拥有自己的店铺了，可以选择自己熟悉的商品类别在店里出售。认证有三种方式：手机认证、身份证认证、工行卡认证。手机认证比较简单，是一种初级认证方式。只能出售不超过 3 件商品。身份证认证是实名认证，核实身份信息，是目前常见的认证方式；可以开设店铺，出售商品数量不限。需要核实身份证资料。工行银行卡认证，也是实名认证，核实身份证信息和银行卡信息且必须一致，目前仅支持工行银行卡认证；可以开设店铺，出售商品数量不限。具体操作步骤如下：①在拍拍首页（http://www.paipai.com/）单击“免费开店”进入，或者登录“我的拍拍”，在页面的中上方，有一个提示认证的文字，单击进入后阅读卖家须知，单击进入下一步；②找到对应的“身份证认证项”，单击“马上去认证”；③填写相关资料，选择上传您的身份证图片并提交，拍拍精灵会在三个工作日内审核回复。

（2）京东网上商城（见图 3-8）

图 3-8　京东商城首页

京东商城（http://www.jd.com/）是中国电子商务领域最受消费者欢迎和最具有影响力的电子商务网站之一，为第三方卖家提供在线销售平台和物流等一系列增值服务。京东商城提供 13 大类超过 2 500 万 SKUS（Stock-Keeping Units，存货保持单位）的丰富商品，品类包括：计算机、手机及其他数码产品、家电、汽车配件、服装与鞋类、奢侈品、家居与家庭用品、化妆品与其他个人护理用品、食品与营养品、纸质书籍、电子图书、音乐、电影与其他媒体产品、母婴用品与玩具、体育与健身器材以及虚拟商品（如国内机票、酒店预订等）。

截止到 2013 年 12 月 31 日，京东在全国 34 座城市建立了 6 大物流中心，7 个前端配送中心以及 82 个仓库。同时，还在全国 460 座城市拥有 1 453 个配送站和 209 个自提点。凭借超过 18 000 人的专业配送队伍，能够为消费者提供一系列专业服务，如 211 限时达、次日达、夜间配和三小时极速达，GIS 包裹实时追踪、售后 100 分、快速退换货以及家电上门安装等服务，保障用户享受到卓越、全面的物流配送和完整的“端对端”购物体验。

京东商城作为第三方平台具有如下特点：

1）品类营销。相较于同类电子商务网站，京东商城拥有更为丰富的商品种类，并凭借更具竞争力的价格和逐渐完善的物流配送体系等各项优势，赢得市场占有率并多年稳居行业首位。京东商城图书频道悄然上线，与手机数码、计算机办公商品等并列于京东产品大品类。

2）三大核心竞争力营销。京东商城将坚持以“产品、价格、服务”为中心的发展战略，不断增强信息系统、产品操作和物流技术三大核心竞争力，始终以服务、创新和消费者价值最大化为发展目标，致力于为消费者提供质优的商品、优惠的价格，同时领先行业推出 211 限时达、售后 100 分、全国上门取件、先行赔付等多项专业服务。京东商城通过不断优化的服务引领网络零售市场，率先为中国电子商务行业树立了诚信经营的标杆。

3）团购营销。京东商城团购频道于 2013 年 12 月 23 日正式上线，京东商城注册用户均可直接参与团购。目前该公司提供的团购服务主要以餐饮美食、娱乐休闲活动和非京东商品的实物团购为主，京东商城在售商品团购各个类别均有产品参与。京东商城团购频道的推出，标志着中国电子商务巨头正式涉足团购领域。

4）全场免运费。为用户“零化”配送成本。在网上购物，动辄就要十多元的运费，往往是令许多网购消费者和商家踌躇于网购及销售的成本。这是一个有利于所有会员的优惠措施。

5）第三方支付合作营销。目前京东商城 80%都是货到付款，其他和快钱、支付宝、财付通、汇付天第三方支付工具合作，供消费者在线支付。

（3）当当网上商城（见图 3-9）

图 3-9　当当网首页

当当网（http://www.dangdang.com/）是全球最大的综合性中文网上购物商城之一，由国内著名出版机构科文公司、美老虎基金、美国 IDG 集团、卢森堡剑桥集团、亚洲创业投资基金共同投资成立。1999 年 11 月，当当网正式开通。当当网在线销售的商品包括了家居百货、化妆品、数码、家电、图书、音像、服装及母婴等几十个大类，逾百万种商品，在库图书达到 60 万种。目前每年有近千万顾客成为当当网新增注册用户，遍及全国 32 个省、市、自治区和直辖市。每天有上万人在当当网买东西，每月有 3 000 万人在当当网浏览各类信息，当当网每月销售商品超过 2 000 万件。平台特点如下：

当当网提供可实现购买功能的手机当当网、网上自助式的退换货、订单跟踪查询系统、

个性化推荐、定制图书以及在线阅读等革命性的产品和服务，并在全国建成总面积达 10 万平米的五大物流中心，货到付款服务可覆盖全国 1 238 个地区、近 800 个城市，这些都大大提升了当当网的商品交付能力、用户体验和平台粘性。

让消费者享受“鼠标轻轻一点，好书尽在眼前”的背后，是当当网耗时近 7 年修建的“水泥支持”——庞大的物流体系，近 2 万平方米的仓库分布在北京、华东和华南，员工使用当当网自行开发、基于网络架构和无线技术的物流、客户管理、财务等各种软件支持，每天把大量货物通过空运、铁路、公路等不同运输手段发往全国和世界各地。在全国 192 个城市里，大量本地的快递公司为当当网的顾客提供“送货上门，当面收款”的服务。当当网这样的网络零售公司帮助推动了银行网上支付服务、邮政、速递等服务行业的迅速发展。

当当网所售的全部商品都有“假一罚一”的承诺。在全国 800 个大中城市可实现“货到付款”，全国 800 个大中城市可实现“上门退换货”。自动智能比价系统，保证所售商品价格最低。

（4）亚马逊中国（见图 3-10）

图 3-10　亚马逊首页

亚马逊中国（http://www.amazon.cn/）是全球最大的电子商务公司亚马逊在中国的网站。亚马逊中国，原名卓越亚马逊，是一家 B2C 电子商务网站，前身为卓越网，2004 年 8 月 19 日亚马逊公司宣布以 7 500 万美元收购卓越网，将卓越网收归为亚马逊中国全资子公司，使亚马逊全球领先的网上零售专长与卓越网深厚的中国市场经验相结合，进一步提升了客户体验，并促进了中国电子商务的成长。2007 年将其中国子公司改名为卓越亚马逊。2011 年 10 月 27 日亚马逊正式宣布将其在中国的子公司“卓越亚马逊”改名为“亚马逊中国”，并宣布启动短域名（www.z.cn）。亚马逊中国经营图书音像软件、图书、影视等。亚马逊中国平台特点如下：

1）一键下单功能。亚马逊的“一键下单”功能，直接为消费者省去 5 个网购步骤。相比过去的点击进入购物车、选择地址、付款、选择配送方式以及是否开具发票等一系列的常规操作步骤，“一键下单”可以在设置页面将地址、付款、运货方式、是否发票都提前进行固定设置，之后在每一次购买前只要按下“一键下单”，然后进行付款操作即可完成下单。目前，消费者无论使用网站还是手机在卓越亚马逊购物，都可以选择是否使用“一键下单”服务。这将过去的 11 步减至 6 步，对于使用手机在卓越亚马逊购物的用户好处尤为明显。

2）物流仓储。亚马逊中国目前有 11 个运营中心，分别位于北京（2 个）、苏州、广州、成都、武汉、沈阳、西安、厦门、昆山、天津，总运营面积超过 49 万平米。在整个物流体系上，亚马逊的核心竞争力是由其自己研发的一套物流信息系统，这些采用亚马逊全条码扫描系统的运营中心，从网上收到订单到发货只需要 2 个小时。

3）多种付款方式的组合。货到付款，货到时可以使用现金支付也可以使用移动 POS 机刷卡支付。移动 POS 机刷卡付款仅限北京、天津、上海、广州市区，并且只有部分配送员带有移动 POS 机。商品总额大于 20 000 元的订单需先行收款后才能发货，不支持货到付款方式支付。其他付款方式有国内银行卡或信用卡在线支付、国际信用卡在线支付（包括 VISA、MASTER、American Express）、支付宝及首信会员账户在线支付、邮局汇款、银行电汇、支票支付、亚马逊中国礼品卡在线支付和电子账户在线支付。

3.3.4 第三方网络零售平台服务体系选择

第三方网络零售平台按照市场细分可以分为综合网络零售平台和垂直网络零售平台。综合网络零售平台，就像综合类的大型百货商店，由销售商品或服务的商家组建，销售的产品或服务不限于某一个类目，产品或服务丰富多样，重要的是依托互联网展开业务。此类型网络零售平台包括淘宝网、当当网、拍拍网、亚马逊中国等。

综合网络零售平台的优势在于：①综合平台由于有强大的系统支持，可以给商家提供从数据分析，到店铺管理，到客流引入，到营销支持都给予强大的支持；②支付体系比较完善。担保交易、预付款、货到付款、网银等支付方式都降低了商家经营风险；③营销支持。综合平台的各种营销展示端口，各种营销活动为商家提供了展示窗口，给予商家从宣传推广到曝光率的支持。

垂直网络零售平台，就是指在某一个行业或细分市场深化运营的电子商务模式，这个平台的商品都是同一类型的产品。随着电子商务产业的成熟，垂直化的服务开始受到重视。如主营服饰的凡客诚品、专业经营正品鞋的拍鞋网等都为消费者提供了个性化的体验。电子商务的垂直化运营在国外早就有比较成熟的发展，比如美国最大的购物网站亚马逊虽然经营的产品包罗万象，但是各个产品类目都有自己的专业团队独立运营以符合不同用户的需求。大多垂直 B2C 网上零售厂商以北京、上海、广州等网上购物渗透率高、购买力强、物流业发达的中心城市为核心，并且专注发展各自优势地区。垂直 B2C 网上零售厂商较多采用线上业务与邮购、线下业务相结合方式，并且注重网站联盟的发展，形成较为成熟的多渠道销售模式。

垂直类行业平台主要有两个优势：一是专，集中全部力量打造专业性信息平台，主要以行业为特色，对某一行业做全面的研究；二是深，此类平台具备独特的专业性质，在专业的同时深入研究某一行业的特点，深入探究某一行业的服务、盈利以及未来发展动向。可以满足消费者深层次的需求。

比如，红孩子作为国内第一大母婴垂直 B2C 公司成立于 2004 年，最早以直邮目录形式销售母婴产品，随后推出 B2C 网站，是国内最早专注于母婴用品的电商企业，2011 年又推出以化妆品、食品为主的女性网购品牌“缤购”，年销售规模超过 10 亿元。

综合类 B2C 和垂直类 B2C，区别是显而易见的。从供应链的角度而言，综合类 B2C 需要的百货商品种类繁多，合作对象的数量也多，招商和整合资源的难度也大，而垂直类

B2C 的合作对象相对单一；从运营管理的角度来看，垂直类 B2C 商城只需要上万种商品就可以满足大部分消费者的需求，但综合类 B2C 商城至少需要 10 万种以上商品才能满足运营需求，商品数量的增多必然带来工作难度和人员配备的增加，增加管理的难度。

商家或者个人在选择网络零售平台要根据自身的产品做出合理的选择。

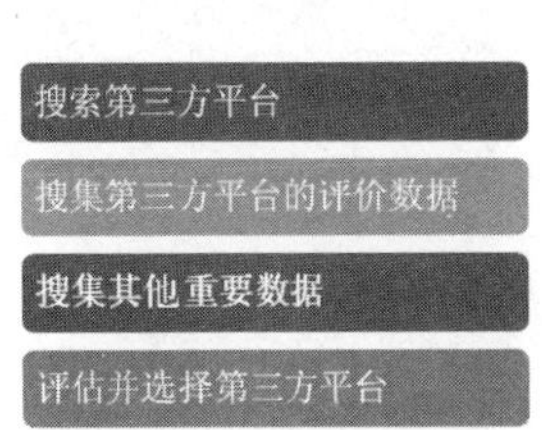

图 3-11　服务体系

（1）服务体系的选择（见图 3-11）

1）搜索第三方平台。

2）搜集第三方平台的评价数据。包括：网站企业会员注册数量；供求信息数量；客户分布；网站信息真实性评价；从平台论坛和搜索引擎中获取对该平台的评价信息。

3）收集其他重要数据。

资料 1：EC（电子商务）平台的 Alexa 排名

利用 Alexa 等网站流量分析软件。Alexa 是一家专门发布网站世界排名的网站。以搜索引擎起家的 Alexa 创建于 1996 年 4 月（美国），目的是让互联网网友在分享虚拟世界资源的同时，更多地参与互联网资源的组织。Alexa 对电子商务平台选择一个重要的方法就是，可以通过这个网站分析出每个电子商务平台真实的流量来源和流量国别。比如通过 Alexa 看看某电子商务平台的主要流量来源国跟产品目标市场是否符合，比如说市场是欧美或者是中东，通过 Alexa 可以看看这个电子商务平台欧美和中东的真实流量是多少。

1）登录 http://alexa.com 网站，在“Search”栏目中输入要分析的平台网址，单击搜索，如图 3-12 所示。

图 3-12　Alexa 首页搜索框

2）在打开的页面中就可以看到网站的 Alexa 排名。如图 3-13 所示。

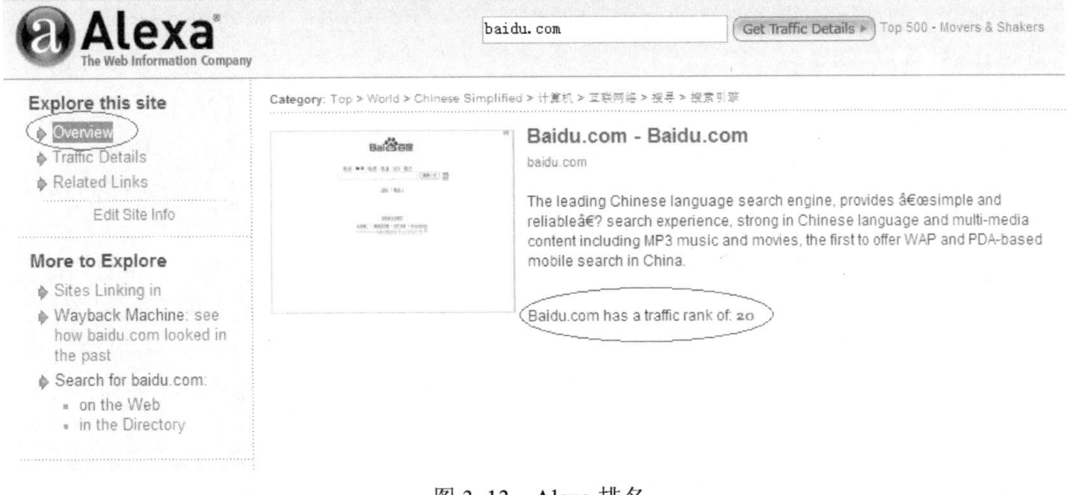

图 3-13　Alexa 排名

资料 2：Page views（综合浏览量）

网页被浏览的总次数是评价网站的重要数据。主要步骤如下。

1）在打开的页面中单击“Traffic Details”链接，就可以看到网站的 Alexa 排名，如图 3-14 所示。

图 3-14　Alexa 网站 Traffic Details 选项

2）在新页面中向下拖动页面，找到“Page Views per user for……”项目，就可以获取该网站几个不同时间的 Page Views 值，如图 3-15 所示。

Page Views per user for Baidu.com:

The number of unique pages viewed per user per day for this site

Yesterday	1 wk. Avg.	3 mos. Avg.	3 mos. Change
8.3	8.3	7.7	↓16%

图 3-15　综合浏览量

资料 3：访问者来路（users come from these countries）——评价 EC（电子商务）平台

访问者来路可以评价不同国家的用户对网络的浏览和使用情况。

4）评估和选择第三方网络零售平台。

根据第三方网络零售平台的类型、客户分布、平台主要功能、平台收费情况、每日访问量等指标来评估和选择。

结合自己的产品特点选择综合类 B2C 网站还是垂直类 B2C。对于中小企业的推广来说，首先要结合自己的产品特点，考虑应该选择综合类 B2C 网站还是垂直类 B2C（行业网站），比如说家电 3C 类，商家的产品价格比较有优势，可以选择像京东商城这样的垂直类 B2C 网站。比如日用品，商家选择综合类的 B2C 网站会更好，如天猫商城。

然后进行饱和度和企业核心竞争力分析。进入一个电子商务平台，输入商品的关键词，看看有多少同类供应商。如果跳出来的同类供应商页面超过 15 页，这个电子商务平台对于这个行业已经基本饱和。其次选择几家自己熟悉的同类供应商，进行一下竞争力的比较分析，包括行业诚信优势、产品价格、产品品质优势等。由此分析企业的核心竞争力如何。

（2）第三方网络零售平台服务

淘宝网即是第三方网络零售平台的典型代表，其提供的服务如图 3-16 所示。下面分别进行简要说明。

图 3-16　淘宝网卖家服务

1）店铺/装修。

① 旺铺。淘宝旺铺是淘宝开辟的一项增值服务和功能，是一种更加个性豪华的店铺界面。使得顾客购物体验更好，更容易产生购买欲望。淘宝旺铺目前有 5 个版本：专业版、基础版、扶植版、标准版、拓展版。

② 行业店铺插件。行业店铺插件是针对不同行业的淘宝商户所提供的插件。如针对化妆品行业的“肤质测试”插件，为客户测试肤质，指引她（他）购买合适的护肤品，减轻客服负担，推荐相关主打产品。如针对个性定制行业的“乐一派马克杯在线定制”插件，为淘宝及天猫个性定制商家提供一个优质的产品展示及个性定制制作平台。为个性定制小店的客户，提供最直接的预览效果，帮助店家提高交易，让定制变得更简单。针对汽车行业的“车贴 show”插件，可根据店家提供的图片，缩放、旋转，变色车贴，并生成车贴效果预览图，使卖家能高效快捷地将车贴效果传达给买家。除此之外还有通用的行业店铺插件如店铺背景音乐、店铺 LED 活动公告、成交地图、墙纸秀秀实景展示店铺嵌入版、主图放大镜等。

③ 装修模板。为淘宝商户提供现成的店铺模板，商户可以选择不同旺铺版本、不同模板类型、不同行业、不同风格、不同色系、不同价格的模板。

2）图片拍摄/处理。

① 摄影服务。服务类型主要集中在 2 个方面：①单独产品静物拍摄，如化妆品、家居用品、小电器等；②真人模特类拍摄，如男装、女装、内衣、饰品真人佩戴、箱包真人搭配等。

正规服务商可提供的作品包含 2 个方面：①产品静物拍摄，主要围绕产品进行正面、侧面、反面、细节一个层面四个角度图片拍摄；②真人模特类产品拍摄，主要围绕模特身上的产品进行正面、侧面、反面、细节，静物图片的正面、侧面、反面、细节进行两层面四角度的图片拍摄。

商户可以对拍摄行业、拍摄风格、拍摄方式、模特类型、拍摄地点等进行选择。

② 增值服务。增值服务包括加水印、图片拼接、抠图/倒影、主图制作、首焦图设计、PS 修原图、详情页设计、刻盘、图片精修、BANNER 设计和其他。

③ 图片视频。包括图片美化制作、图片存储/辅助、图片防盗、视频、Flash 等。

3）流量推广。

① 站内推广。包括橱窗推荐、标题优化、宝贝排名检测、自动上下架等。

② 流量分析。包括限时打折、满就送、宝贝排名检测、多店铺关联、催付提醒等。

③ 直通车优化。包括直通车效果分析、直通车出价、关键词提取等。

④ 站外推广。包括微博推广、网站推广、一键分享推广、搜索引擎推广等。

4）促销管理。

① 营销模板。包括关联推荐模板、团购模板、搭配套餐模板、海报、促销图标、公告模板、图片轮播、导购模板等。

② 促销工具。包括限时打折、团购、橱窗推荐、指定地区包邮、优惠券、首件优惠、定向优惠等。

③ 互动营销。包括收藏有礼、满免邮/满就减/满就折、互动游戏、彩票、买家分享有礼等。

④ 营销效果分析包括利润分析、成本分析、商品成交分析、促销效果分析、进出账分析、行业分析、商品访问分析、自动同步订单等。

5）商品管理。

① 商品基础工具。主要包括批量修改、批量上架、橱窗推荐、图片编辑、库存处理等功能。

② 商品优化分析。主要包括宝贝描述分析、宝贝定价分析、关联营销分析等功能。

6）订单管理。

① 订单处理。主要包括批量评价、批量打印、批量发货等功能。

② 订单分析。主要包括订单详情分析、退款分析、订单导出、应收款分析等功能。

③ 进销存。主要包括订单管理、库存管理、采购管理等功能，卖家可以根据自己的星级、日均交易量、工具特点等进行选择。

7）客户关系管理。

① 会员营销。主要包括会员关怀、会员互动、会员俱乐部等功能。

② 会员管理。主要包括会员信息查询、会员导入、会员消费等级分组、会员交易查询等功能。

③ 客户分析。主要包括会员分析、问卷调查、营销短信等功能。

8）客户服务。

客户服务主要包括客服绩效、旺旺插件、旺旺机器人、电话服务和旺旺个性分流等内容。特色服务主要有客单价/客件数分析、客服对比分析、接付率分析、客服作息考勤、聊天记录查询、中差评分析、工资管理等。

9）行业/店铺分析。

行业/店铺分析主要包括店铺分析、行业分析和数据咨询等内容，特色服务主要有数据诊断、流量来源分析、热搜/热卖关键词、宝贝排名检测、关键词提取、买家行为分析等。

10）企业内部管理。

企业内部管理主要包括企业 ERP、分销系统和协同办公。卖家可以根据自己所需要的基础功能、拓展功能和增值服务，以及自己所在的地域进行选择。

11）无线应用。

无线应用中包括千牛和微淘的插件，以及其他无线应用。千牛插件包括交易管理、直通车管理、商品管理、数据报表和供销管理；微淘插件包括无线建站、会员管理和营销插件；其他服务包括互动营销和二维码生成等。

12）运营服务。

运营服务主要包括店铺代运营、店铺整体托管、客服外包、渠道托管、直通车托管、人员培训、本地生活托管和钻展托管等内容。卖家可以根据服务客户数、行业分类、收费模式、平均客单价、营销产品等条件进行选择。

13）品控服务。

品控服务主要包括商品质检、报告审核、买家维权等，卖家可以根据商品类目、适用活动类型等条件进行选择。

14）物流/仓储。

物流/仓储服务主要包括物流管理软件、物流支付工具、配送中心等内容。

除此之外，淘宝提供的卖家服务还包括商家培训、法律服务、金融/保险服务、工具套餐、配送安装服务、高速打印机租赁和其他服务等。

思　考　题

1. 分别去淘宝网、京东商城等大型购物网站浏览其页面布局以及结构体系设置。
2. 自己设计一个零售网站的结构布局。
3. 在任意一个零售网站注册一个账号，并完成一个商品的购物。
4. 登录 Alexa 网站浏览零售网站的各种数据。

第4章

自建网站策略分析与选择

小王在充分了解网络零售平台类型、自建平台、第三方平台及服务等基础知识后，决定选择第三方平台开店，但也同时想学习自建网站需要的知识。本章即介绍自建网站基础知识、在线零售网站功能构成以及建设与管理的相关内容。

4.1 自建网站基础知识

自建平台即不依赖现有的第三方网络零售平台，根据自己的需要选择合适的软硬件设备，自行建立的网络零售购物平台。在着手建立网站之前，必须了解并掌握建立网站所需的步骤、工具和注意事项等，只有通过深入了解和全方位的比较，才能避免在网站建设中出现的很多问题，才能从众多网站建设产品中挑选出最适合自己的组合，从而使网站建设工作顺利进行。下面就逐一介绍、认识和比较网站建设中所需的步骤和工具。

4.1.1 域名及管理

1. 域名的概念

在互联网中，每一台计算机都会有一个唯一的标识，这个唯一的标识就是IP地址，用以区别接入互联网的成千上万的计算机。每个IP地址由4个小于256的数字组成，数字之间用点间隔，例如123.123.123.123就表示一个IP地址。不难看出，IP地址使用起来难以记忆，非常不方便，这就需要有一套和IP地址对应的字符型地址，因此就产生了域名。所以，与网络上的数字型IP地址相对应的字符型地址，就被称为域名。像taobao.com、beijing.gov、tyonline.net这些就是域名。

简单来说，域名就是上网单位的名称，是一个通过计算机登录网络的单位在该网中的地址。一个公司如果希望在网络上建立自己的主页，就必须取得一个域名，域名也是由若干部分组成，包括数字和字母。通过该地址，人们可以在网络上找到所需的详细资料。域名是上网单位和个人在网络上的重要标识，起着识别作用，便于他人识别和检索某一企业、组织或个人的信息资源，从而更好地实现网络上的资源共享。除了识别功能外，在虚拟环境下，域名还可以起到引导、宣传、代表等作用。

2. 域名的层次和结构

域名是由几个不同的部分组成的，从 www.cnnic.net.cn 这个域名来看，这几个部分彼此之间具有层次关系。其中最后的.cn 是域名的第一层，.net 是第二层，.cnnic 是真正的域名，处在第三层，当然还可以有第四层，如：inner.cnnic.net.cn，至此我们可以看出域名从后到前的层次结构类似于一个倒立的树形结构。其中第一层的.cn 叫做地理顶级域名。

目前互联网上的域名体系中共有三类顶级域名：一是地理顶级域名，共有 243 个国家和地区的代码。例如.cn 代表中国，.jp 代表日本，.uk 代表英国等。另一类是类别顶级域名，共有 7 个：.com（公司），.net（网络机构），.org（组织机构），.edu（美国教育），.gov（美国政府部门），.arpa（美国军方），.int（国际组织）。由于互联网最初是在美国发展起来的，所以最初的域名体系也主要供美国使用，所以.gov，.edu，.arpa 虽然都是顶级域名，但却是美国使用的。只有.com，.net，.org 成了供全球使用的顶级域名。相对于地理顶级域名来说，这些顶级域名都是根据不同的类别来区分的，所以称之为类别顶级域名。随着互联网的不断发展，新的顶级域名也根据实际需要不断被扩充到现有的域名体系中来。新增加的顶级域名是.biz（商业），.coop（合作公司），.info（信息行业），.aero（航空业），.pro（专业人士），.museum（博物馆行业），.name（个人）。在这些顶级域名下，还可以再根据需要定义次一级的域名，如在我国的顶级域名.cn 下又设立了.com，.net，.org，.gov，.edu 以及我国各个行政区划的字母代表如.bj 代表北京，.sh 代表上海等。国际互联网域名体系，如图 4-1 所示。

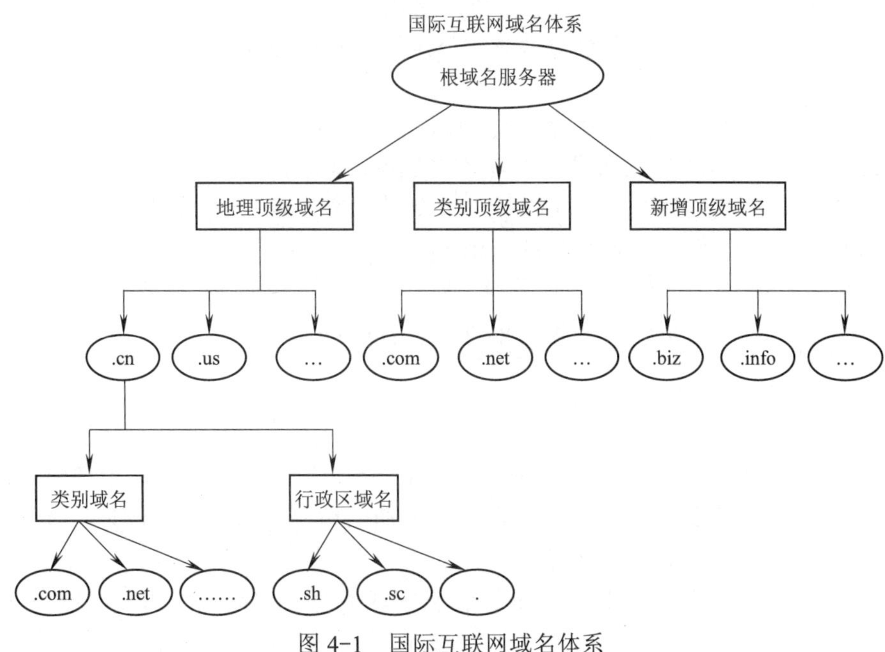

图 4-1 国际互联网域名体系

通俗地说，一个域名一般由 2 个部分组成，即域名主体+域名后缀，比如 jd.com，后面的.com 是域名后缀，代表域名的种类，前面的 jd 就是域名主体。再以一个常见的域名为例说明，baidu 网址（www.baidu.com）由 2 个部分组成，标号“baidu”是这个域名的主体，而最后的标号“com”则是该域名的后缀，代表这是一个 com 国际域名，是顶级域名。而前面的 www.是网络名，为 WWW 的域名。

DNS（Domain Name System，域名系统）规定，域名中的标号都由英文字母和数字组成，每一个标号不超过63个字符，也不区分大小写字母。标号中除连字符（-）外不能使用其他的标点符号。级别最低的域名写在最左边，而级别最高的域名写在最右边。由多个标号组成的完整域名总共不超过255个字符。

3．如何选择域名

拥有一个好域名是一个网站获得成功的相当重要的一环，接下来详细介绍选择域名的技巧。选择域名的原则：域名要尽量简短，域名要和公司或品牌的名称相匹配，域名要便于记忆，域名要考虑面向引擎搜索的友好性。域名类型的选择如下。

无论从域名的适用范围还是投资价值来说，.com域名都是最好的，但由于.com域名注册量太大，目前剩下来的可供选择注册的域名数量比其他域名要少得多。所以，建议在选取域名的时候，优先考虑.com，如果.com已被注册，则应该考虑其他后缀。

如果选择的.com域名已被注册，则可以选择.cn、.com.cn和.net，这三类也是目前较多人注册的，适用范围也非常广泛。如果所在机构为一个组织或者协会，则可以考虑.org和.org.cn。.cc、.tv、.name、.me、.biz、.info、.asia等，也可以选择注册。这些域名的好处是由于注册量相对较少，可供选择的域名比上面提到的主流域名要多得多。

案例：万果园域名

假设一家北京公司或者品牌名是“万果”，经营范围主要是从事水果批发零售。那么即可有三个关键词供选择，分别是公司品牌“万果”，经营范围“水果”，和公司所在地“北京”。基本过程如下：

用公司名称或者品牌对应的拼音。首先应该考虑wanguo.com，其次考虑bjwanguo.com或者wanguobj.com，如果都被注册，则再考虑bj-wanguo.com。

取公司或者品牌名称的首字母（缩写）比如“北京万果”，就是bjwg.cn，或者“北京万果网”bjwgw.cn，或者“北京万果园”bjwgy.cn。

用公司名称或者品牌对应的英文名。比如典型的例子中国移动的域名为chinamobile.com，长城计算机的域名是greatwall.com.cn。

4．域名申请的步骤

选择好域名以后，就可以马上注册了。目前，在网上有很多的域名注册商，为用户提供方便省事的域名服务。选择好域名注册机构后，就可以通过以下步骤申请域名。

1）域名查询。在注册之前必须先检索以下选择的域名是否已经被注册。查询的方式有很多种，最简单的方式就是上网查询。

2）申请注册。下面以在搜狐域名虚拟主机中注册域名为例来说明注册域名的流程。

案例：域名注册流程

1．国际域名注册流程

第1步：搜索域名。登录到host.sohu.net中，在“国际顶级域名”下的搜索框里输入想要注册的域名，然后单击“注册”进入注册系统。

第2步：确认域名可以注册。如果搜索的域名尚未被别人注册，系统即提示可以注册。

如果需要立即注册，请单击“继续”按钮。如果域名已被别人注册，系统会提示重新选择其他域名。

第 3 步：注册用户。请填写用户名及密码，如果已在搜狐注册过国际域名，请填写原有的用户名及密码，这样就无需填写下一步的“注册申请表”。

第 4 步：填写注册申请表。请用英文（或汉语拼音）填写用户注册表，所填的信息对申请和以后管理域名十分有用，请认真填写每一项内容。在填写注册信息后，就进入付款流程。

第 5 步：选择付款方式。搜狐公司提供以下 4 种支付方式：银行电汇、邮局汇款、网上支付、上门收款。可以根据具体情况自行选择。

第 6 步：订单确认。在选择了付款方式后，搜狐公司的域名注册系统将针对注册操作生成一个订单号，请务必记住此订单号，并在向搜狐公司发送的传真、邮箱中注明此订单号。同时，搜狐公司的域名注册系统会向注册邮箱发出一封“订单确认信”，通知系统已收到注册信息，同时会提醒用户尽快办理支付手续。

第 7 步：付款。请尽快按所选付款方式办理支付手续，并完成相关的手续。

第 8 步：开通。搜狐公司在收到用户款项（或款项的传真）并核对无误后，会在 2 个工作日正式办理国际域名的注册手续。域名注册成功后，搜狐公司会发一份《国际域名开通通知》到用户邮箱。

2．“.cn”域名注册流程

自 2001 年 10 月 1 日起，注册中国国家顶级域名将不再需要向中国互联网络信息中心（简称 CNNIC）提交书面申请材料（.gov.cn 除外），客户只要通过代理商的网站直接在线提交注册表并办理相关的注册手续后，即可成功申请域名。

前 5 个步骤包括：搜索域名，注册域名，填写注册申请表，选择付款方式，订单确认。以上 5 个步骤和国际域名注册的步骤相同。第 6 个步骤为“注册成功确认”。客户通过搜狐提交中国国家顶级域名的注册申请表后，将由中国互联网络信息中心根据《中国互联网域名管理办法》对域名申请进行审核。凡符合《中国互联网域名管理办法》规定的，予以审定，并且在 5 个工作日内完成注册。凡不符合《中国互联网域名管理办法》规定的申请，予以驳回。第 7 个步骤为“付款确认”。客户可在 5 日内到 CNNIC 网站查询自己域名的状况，如果注册成功，则立即按有关要求在 5 日内向搜狐支付有关款项，并按要求完成相关的手续。如果自在线提交申请起 10 个工作日内搜狐还没有收到款项（或款项的传真），就有可能删除此域名。

5．域名注册的服务机构

提供域名注册的服务机构有如下几个：

1）中国万网（http://www.net.cn/）。主要业务有域名注册、虚拟空间、企业邮箱和主机托管租用。这是一个非常老牌、著名的域名注册机构和虚拟空间提供商，运营比较正规，用户利益比较有保障。

2）新网（http://www.xinnet.com/）。主要业务是域名注册、企业邮箱和虚拟空间。注册用户数量国内数一数二的域名注册机构，实力强大，用户利益有保障。此外，新网还是中国互联网中心颁发金牌域名注册机构的国内核心级域名注册服务提供商。优点是域名解析生效速度较快，支持泛解析；免费 20 条解析。缺点包括域名 15～30 元删除费；转移较为麻烦，需要邮寄资料征得同意。

3）商务中国（http://www.bizcn.com/）。主营业务是向企业及个人提供综合上网服务，目标是建设成为中国领先的网络服务提供商。域名实时在线注册、虚拟主机、自动建站系统等国际领先的自主或专有技术，使企业或个人可以在低成本、高效率、强保障的前提下建立自己的上网平台，从而大大降低用户信息化的门槛。商务中国是著名的域名注册服务商，华东地区主要的虚拟主机服务提供商。优点是免费过户，可直接邮件或传真；域名控制面板简单易操作；支持泛解析；免费 20 条解析。缺点为锁定域名，设置转移注册商障碍；不支持注册和修改域名下的 DNS 服务器。

4）35 互联—中国频道（http://www.35.com/）。主要业务是域名注册和虚拟主机。大型的老牌域名注册服务商和虚拟主机服务提供商，提供最为齐全的个人邮箱、域名注册、网站建设、虚拟主机、网站推广及短信等互联网及无线通信应用服务。优点包括：解析生效快；域名控制面板操作简单，功能强大，支持泛解析；免费 100 条解析，可以设置“建设中、出售页面”，还可以设置邮件转发；代理支付款项无金额限制；转移注册商无障碍；过户免费。缺点主要有：修改域名资料和域名解析面板互相独立，维护起来不方便；代理间转移域名要设置密码，比较麻烦。

5）中资源（http://www.zzy.cn/）。该公司是基于互联网提供域名注册服务、通用网址注册服务、虚拟主机出租、网站策划及网站推广等全面电子商务咨询与解决方案的大型 IT 公司之一，致力于开拓应用服务提供市场，为企业、政府及个人等提供全返给的互联网电子商务服务，是华东地区较大的域名注册服务商。优点是：域名解析操作简单；域名可转移注册商；域名转其他代理账户程序简单、易操作；域名价格不算昂贵。缺点有：域名解析生效较慢，不支持泛解析；域名过户费 10 元；域名删除费 10 元/次；代理在线付款限制（每次支付款项最少 500 元）；域名可转出，但需要电邮联系中资源克服解锁。

4.1.2 网站运行环境

任何电子商务网站的开发、运行、管理都是在一定的软硬件平台上进行的，因此，在规划好电子商务网站后，必须确认软硬件平台的选型，同时也要考虑到安全性、扩展性、易维护性。运行平台性能直接影响到电子商务网站的实施性能，一个高时效、高运转且适当的软硬件平台是商家成功建设网站的必要因素。

一个网站运行好坏，硬件起着很重要的作用，硬件是整个电子网站正常运行的基础，这个基础的稳定可靠与否，直接关系着网站的访问率以及网站的扩展、维护和更新等问题。电子商务网站的硬件构成主要有 2 个部分：网络设备和服务器。

（1）网络设备

网路设备主要用于网站局域网建设、网站与互联网连接。网站访问速度的快慢，很大程度上与网络设备有关。网络设备的关键设备有路由器、交换机和安全设备。

1）路由器。是一种连接多个网络或网段的网络设备，是将电子商务网站联入广域网的重要设备。路由器能对不同网络或网段进行路由选择，并对不同网络之间的数据信息进行交换，它还具有在网上传递数据时选择最佳路径的能力。

2）交换机。是局域网组网的重要设备，多台不同的计算机可以通过交换机组成网络。交换机不但可以在计算机数据通信时，使数据的传输做到同步、放大和整形。而且可以过滤掉短帧、碎片，对通信数据有效地处理，从而保证数据传输的完整性和正确性。交换机在工作的时候，发出请求的端口与目的端口之间相互影响而不影响其他端口，因此可有效抑制广播风暴的产生。另外，交换机的每个端口都有一条独占的带宽，交换机不但可以工作在半双工模式下，而且可以工作在全双工模式下。

3）防火墙。电子商务网站中存放大量的重要信息，如客户资料、产品信息等，网站开通之后，系统的安全问题除了考虑计算机病毒之外，更重要的是防止非法用户的入侵，目前预防的措施主要靠防火墙（Firewall）技术完成。防火墙是一个由软件、硬件或软硬件结合的系统，是电子商务网站内部网络和外部网络之间的一道屏障，可限制外界未经授权用户访问内部网络，管理内部用户访问外部网络的权限。

（2）服务器

服务器是指在网络环境下运行相应的应用软件，为网上用户提供共享信息资源和各种服务的一种高性能计算机。服务器既然是一种高性能的计算机，它的构成肯定就与我们平常所用的电脑（PC）有很多相似之处，诸如有 CPU（中央处理器）、内存、硬盘、各种总线等，只不过它是能够提供各种共享服务（网络、Web 应用、数据库、文件、打印等）以及其他方面的高性能应用，它的高性能主要体现在高速度的运算能力、长时间的可靠运行、强大的外部数据吞吐能力等方面，是网络的中枢和信息化的核心。

服务器是网站的心脏，选择服务器是电子商务网站建设的极其重要的环节，必须要选择一个性能好、成本低、可扩展、安全可靠的服务器。选择服务器时要考虑的 5 个指标：

1）可管理性。是指服务器管理是否方便、快捷，界面是否友好，应用软件是否丰富。一般情况下，基于 Windows NT/2000 平台的 PC 服务器要优于 Unix 服务器。

2）可用性。是指在一段时间内服务器可供用户正常使用的时间的百分比。服务器的故障处理技术越成熟，向用户提供的可用性就越高。一般情况下，服务器可用性有两种方式：①是减少硬件的平均故障间隔时间；②是利用专用功能机制。专用功能机制可在出现故障时自动执行系统或部件切换以避免减少意外的损失。

3）安全性。是指不管服务器工作在什么环境中，都必须提供安全可靠的各种服务。为了提高服务器的安全性，服务器部件冗余就显得非常重要，因为，服务器冗余是消除系统错误、保证系统安全和维护系统稳定的有效方法，所以冗余是衡量服务器安全的重要标准。

4）高性能性。是指服务器的综合性能指标，包括：运行速度、磁盘空间、容错能力、扩展能力、稳定性、持续性、监测功能以及电源等方面。要注意的是，一定要关注硬盘和电源的热插拔性能、网卡的自适应能力以及相关部件的冗余设计和纠错功能，这些基本性能为保证服务器安全、稳定、快速地工作起到了重要的作用。

5）可扩展性。是指服务器在遇到突发事件时的可扩展的能力，这是服务器的重要性能之一。为了保证服务器工作的稳定性和安全性就必须考虑服务器的可扩展性。

以上 5 个指标是用户在选购服务器时通常要重点考虑的问题，它们既相互影响又各自独立，而且在涉及不同的应用和行业时，这 5 个方面的重要性也有轻重之分，必须综合考虑与权衡。

小知识：目前主流的应用服务器

（1）Apache 应用服务器

Apache 是世界使用排名第一的 Web 服务器。它可以运行在几乎所有广泛使用的计算机平台上。它源于 NCSAhttpd 服务器，经过多次修改，成为世界上最流行的 Web 服务器软件之一。Apache 取自“a patchy server”的读音，意思是充满补丁的服务器，Apache 有多种产品，可以支持 SSL 技术，支持多个虚拟主机。Apache 是以进程为基础的结构，进程要比线程消耗更多的系统开支，不太适合于多处理器环境，因此，在一个 Apache Web 站点扩容时，通常是增加服务器或扩充群集节点而不是增加处理器。到目前为止 Apache 仍然是世界上用得最多的 Web 服务器，世界上很多著名的网站都是 Apache 的产物。

Apache web 服务器软件拥有以下特性：①支持最新的 HTTP/1.1 通信协议。②拥有简单而强有力的基于文件的配置过程。③支持通用网关接口。④支持基于 IP 和基于域名的虚拟主机。⑤支持多种方式的 HTTP 认证。⑥集成 Perl 处理模块。⑦集成代理服务器模块。⑧支持实时监视服务器状态和定制服务器日志。⑨支持服务器端包含指令（SSI）。⑩支持安全 Socket 层（SSL）。⑪提供用户会话过程的跟踪。⑫支持 FastCGI。

（2）Tomcat 应用服务器

Tomcat 服务器是一个免费的开放源代码的 Web 应用服务器，它运行时占用的系统资源小，扩展性好，支持负载平衡与邮件服务等开发应用系统常用的功能；Tomcat 部分是 Apache 服务器的扩展，但它是独立运行的，所以当运行 Tomcat 时，它实际上是作为一个与 Apache 独立的进程单独运行的。因为 Tomcat 技术先进、性能稳定，而且免费，因而深受 Java 爱好者的喜爱并得到了部分软件开发商的认可，成为目前比较流行的 Web 应用服务器。

Tomcat 应用服务器有以下优点：①免费的开源代码。②技术先进、性能稳定。③具有良好的扩展性和安全性。

（3）IIS 应用服务器

IIS（Internet Information Services，互联网信息服务）是由微软公司提供的基于运行 Microsoft Windows 的互联网基本服务。Gopher 服务器和 FTP 服务器全部被包含在里面。IIS 意味着用户能发布网页，并且有 ASP（Active Server Pages，动态服务器页面）、JAVA、VBscript 产生页面，有着一些扩展功能。IIS 支持一些有趣的东西，像有编辑环境的界面（Frontpage）、有全文检索功能的 Index Server、有多媒体功能的 Net Show。其次，IIS 是随 Windows NT Server 4.0 一起提供的文件和应用程序服务器，是在 Windows NT Server 上建立 Internet 服务器的基本组件。它与 Windows NT Server 完全集成，允许使用 Windows NT Server 内置的安全性以及 NTFS 文件系统建立强大灵活的 Internet/Intranet 站点。IIS 中包括的 Web 服务器、FTP 服务器、NNTP 服务器和 SMTP 服务器，都分别用于网页浏览、文件传输、新闻服务和邮件发送等方面，它使得在网络（包括互联网和局域网）上发布信息成了一件很容易的事。

IIS 应用服务器有以下特性：IIS 6.0 与 Windows Server 2003 为网络应用服务器的管理

提供了许多新的特性，包括实用性、可靠性、安全性与可扩展性。IIS 6.0 也增强了开发和国际化支持，Windows Server 2003 和 IIS 6.0 为用户提供了一整套最可靠、高效、连接的一体化网络应用解决方案。微软自带的产品，操作简单。

（4）JBoss 应用服务器

JBoss 是一套开源的企业级 Java 中间件系统，用于实现基于 SOA（Service-oriented architecture，面向服务的体系结构）的企业应用和服务。是一个运行 EJB 的 J2EE 应用服务器。它是开放源代码的项目，遵循最新的 J2EE 规范。从 JBoss 项目开始至今，它已经从一个 EJB 容器发展成为一个基于的 J2EE 的一个 Web 操作系统。它体现了 J2EE 规范中最新的技术，含有 JSP 和 Servlet 容器，也可以做 Web 容器，也包含 EJB 容器，是完整的 J2EE 应用服务器。JBoss 是最受欢迎而且功能最为强大的应用服务器。

JBoss 应用服务器有以下优点：①JBoss 是免费的，开放源代码 J2EE 实现，通过 LGPL 许可证进行发布。但同时也有闭源的，开源和闭源流入流出的不是同一途径。②JBoss 需要的内存和硬盘空间比较小。③安装便捷。解压后，只需配置一些环境变量即可。④JBoss 支持“热部署”，部署 BEAN 时，只需复制 BEAN 的 JAR 文件到部署路径下即可自动加载它；如果有改动，也会自动更新。⑤JBoss 与 Web 服务器在同一个 Java 虚拟机中运行，Servlet 调用 EJB 不经过网络，从而大大提高运行效率，提升安全性能。⑥用户可以直接实施 J2EE-EAR，而不是以前分别实施 EJB-JAR 和 Web-WAR，非常方便。⑦Jboss 支持集群。

（5）Websphere 应用服务器

Websphere 软件平台能够帮助客户在 Web 上创建自己的业务或将自己的业务扩展到 Web 上，为客户提供了一个可靠、可扩展、跨平台的解决方案。作为 IBM 电子商务应用框架的一个关键组成部分，Websphere 软件平台为客户提供了一个使其能够充分利用互联网的继承解决方案。

Websphere 应用服务器有以下特性：①基于 Java 和 Servlets 的 Web 应用程序运行环境，包含了为 Web 站点提供服务所需的一切，包括项目管理、连接数据库、Java Servlet 代码生成器、Beans 和 Servlets 开发工具、HTML 编辑器、网站发布等，为开发 Servlets 和 Javabeans 提供了多种向导。Websphere Performance Pack 作为网络优化管理工具，可以减少网络服务器的拥挤现象，扩大容量，提高 Web 服务器性能。②运行时可以协同并扩展 Apache、Netscape、IIS 和 IBM 的 HTTP Web 服务器，因此可以成为强大的 Web 应用服务器。③包含了 eNetworkDispatcher、WebTrafficeExpress 代理服务器和 AFS 分布式文件系统，可以提供可伸缩的 Web 服务器环境。

以上这几个服务器的对比如下：

Apache 是一个静态页面，而 Tomcat 是一个动态页面。如果想要在 Apache 环境下运行 JSP 动态网页就需要一个 JSP 解释器，而 Tomcat 就是作为一个解释器来帮助在 Apache 的环境下执行动态页面，Tomcat 是先将静态页面转换成 Java 类型文件，然后再以 JSP 的文件形式运行。但是在处理静态页面时，Tomcat 就不如 Apache 那样迅速，也不能对其进行配置。因此在现实的使用中，Tomcat 是作为 Apache 的一个插件来显示网站的动态页面的。这样可以使网站具有更好的扩展性和安全性。

JBoss Web 将 Tomcat 内核作为其 Servlet 容器引擎，并加以审核和调优。Tomcat 性能有限，在很多地方有欠缺，如活动连接支持、静态内容、大文件和 HTTPS 等处理上的表象不如 JBoss 那样优越，同时 Tomcat 只能运行 Java 应用程序，企业在使用 Tomcat 时往往需要用 Apache Web Server 与之整合。

Apache 支持所有的操作系统，可以跨平台使用，而 IIS 只能基于 Windows 操作系统下使用，在开源代码方面 Apache 是完全开放免费的，而 IIS 是部分开源代码。在安装上 IIS 使用的是傻瓜式图形化安装，使用者只要按照提示安装即可，但是 Apache 在安装上相对复杂困难，在语言的运行方面 Apache 支持多种运行语言，如 ASP，PHP，JSP，但是 IIS 如果要运行 PHP 需要反复进行配置才可以。

Websphere 是中间件，除做 Web 容器外还支持一系列应用，如 JMS，EJB 等。是基于 Java 平台来满足实时处理需求的，并且是基于 Sun 公司的 Servlet 来实现的。

从以上的对比来看，Apache 的使用率以及性能都要优于其他应用服务器。Apache 与 Tomcat 整合使用，可以发挥更大作用，不论在静态页面还是动态页面上都能快速地运行，但是 Apache 的安装配置方面要比其他应用服务器复杂。与其他的应用服务器相比较，在安全性能方面 Apache 也要优于其他应用服务器。

在网站的硬件平台上运行什么样的软件系统，这是关系到电子商务网站成败的关键问题之一。电子商务网站的软件主要包括操作系统、服务器软件、数据库软件等。运行这些软件与网站提供的服务有关。目前比较流行的、能够用于电子商务网站的操作系统主要有 Windows 系列、UNIX、Netware、Linux 等。

Windows 系列操作系统支持多种硬件平台和多种网络协议；可以与多种服务器操作系统进行互操作，其中包括：Netware、UNIX、LAN Manager 等，具有良好的安全措施与容错能力；Windows 系列服务器还提供了多种工具，用来记录与追踪网络的活动情况；Windows 系列服务器的任务管理器（Task Manager）能够显示与应用程序有关的详细信息，并且以图形方式表示出 CPU 与内存使用情形，使用户能够更方便地控制与管理系统；它支持两种文件系统，即文件系统（NTFS）和文件分配表系统（FAT）。

UNIX 操作系统是一个具有不同硬件平台的多用户操作系统，具有多种不同的版本。UNIX 的结构和 MS-DOS 的结构很相似，有一核心程序，叫做 Kernel（核）。另外还有一些命令解释程序，叫做 Shell（外壳）。Kernel 是常驻内存的，而 Shell 只在输入命令时才调入内存，一旦执行完这条命令其功能也就消失，Shell 程序是用户和 Kernel 的接口。常用的有两种 Shell，一种是 B shell，也称标准 Shell，提示符为“$”；另一种是 C-shell，提示符为“%”。

Netware 操作系统是第一个真正的微机局域网操作系统；1998 年推出的 Netware5.0 增加了使用互联网的功能，使 Netware 成为开发和配置网络应用程序的一个系统平台。Netware5.X 是当前 Novell 网络操作系统的主流版本；由于 Netware 在通用性、可靠性和扩展性等方面具有许多特点，以及它在局域网领域中的举足轻重的地位，使 Novell 网获得了相当广泛的应用。目前 Netware 在我国仍然是使用较多的一个网络操作系统。

Linux 操作系统是 UNIX 在微机上的完整实现，它性能稳定、功能强大、技术先进，是目前最流行的微机操作系统之一。有一个基本的内核 Kernel，一些组织或厂商将内核与应用程序、文档包装起来，再加上安装、设置和管理工具，就构成了直接供一般用户使用的发行版本。具有源代码公开、完全免费、完全的多任务和多用户、适应多种硬件平台、稳定性好、易于移植、用户界面良好、强大的网络功能等特点。

4.1.3 数据库

数据库是指以一定方式储存在一起、能为多个用户共享、具有尽可能小的冗余度、与应用程序彼此独立的数据集合。它是一个按数据结构来存储和管理数据的计算机软件系统。数据库技术最初产生于 20 世纪 60 年代中期，根据数据模型的发展，可以划分为 3 个阶段：第一代的网状、层次数据库系统；第二代的关系数据库系统；第三代的以面向对象模型为主要特征的数据库系统。目前主要数据库软件有：

（1）IBM 的 DB2

DB2 是 IBM 公司著名的关系型数据库产品，DB2 系统在企业级的应用中十分广泛。截止 2003 年，全球财富 500 强中有 415 家使用 DB2，全球财富 100 强中有 96 家使用 DB2，用户遍布各个行业。DB2 目前支持从 PC 到 UNIX，从中小型机到大型机，从 IBM 到非 IBM（HP 及 SUN UNIX 系统等）的各种操作平台。

1968 年 IBM 成功完成第一个层次型数据库管理系统 IMS，也是层次型数据库中最为著名和最为典型的。1983 年发布了 DB2 for MVS，即著名的 DB2 数据库。作为关系数据库领域的开拓者和领航人，DB2 的目标是提供这一新方案所承诺的简单性，数据不相关性和用户生产率，强大的在线事务处理（OLTP）支持，以远程工作单元和分布式工作单元实现对分布式数据库支持。最近推出的 DB2 Universal Database 6.1 则是通用数据库的典范，是第一个具备网上功能的多媒体关系数据库管理系统，支持包括 Linux 在内的一系列平台。

（2）Oracle

Oracle 数据库是 Oracle（中文名称叫甲骨文）公司的核心产品，Oracle 数据库是一个适合于大中型企业的数据库管理系统。在所有的数据库管理系统中，Oracle 的主要用户包括：银行、电信、移动通信、航空、保险、金融、电子商务和跨国公司等。Oracle 产品是免费的，可以在 Oracle 官方网站上下载到安装包，但是 Oracle 服务是收费的。

（3）Informix

Informix 是 IBM 公司出品（2001）的关系数据库管理系统（RDBMS）家族。作为一个集成解决方案，它被定位为 IBM 在线事务处理（OLTP）旗舰级数据服务系统。Informix 第一个真正支持 SQL 语言的关系数据库产品是 Informix SE（StandardEngine）。Informix SE 也是第一个被移植到 Linux 上的商业数据库产品。

（4）Sybase

Sybase 是一种典型的 UNIX 或 WindowsNT 平台上客户机/服务器环境下的大型数据库系统。Sybase 首先提出 Client/Server 数据库体系结构的思想，并率先在 Sybase SQLServer 中实现。Sybase SQLServer 与 Microsoft SQLServer 都使用 T-SQL（Transact-SQL 由 SQL 扩展而来）作为数据库语言。Sybase 提供了一套应用程序编程接口和库，可以与非 Sybase 数据源及服务器集成，允许在多个数据库之间复制数据，适于创建多层应用。系统具有完备的触发器、存储过程、规则以及完整性定义，支持优化查询，具有较好的数据安全性。Sybase 通常与 SybaseSQLAnywhere 用于客户机/服务器环境，前者作为服务器数据库，后者为客户机数据库，采用该公司研制的 PowerBuilder 为开发工具，在我国大中型系统中具有广泛的应用。

（5）SQL Server

Microsoft SQL Server 是微软公司开发的大型关系型数据库系统。SQL Server 的功能比较全面，效率高，可以作为中型企业或单位的数据库平台。SQL Server 可以与 Windows 操作系统紧密集成，不论是应用程序开发速度还是系统事务处理运行速度，都能得到较大的提升。对于在 Windows 平台上开发的各种企业级信息管理系统来说，不论是 C/S（客户机/服务器）架构还是 B/S（浏览器/服务器）架构，SQL Server 都是一个很好的选择。SQL Server 的缺点是只能在 Windows 系统下运行。

（6）MySQL

MySQL 是一个小型关系型数据库管理系统，开发者为瑞典 MySQL AB 公司。目前 MySQL 被广泛地应用在互联网上的中小型网站中。由于其体积小、速度快、总体拥有成本低，尤其是开放源码这一特点，许多中小型网站为了降低网站总体拥有成本而选择了 MySQL 作为网站数据库。MySQL 的官方网站的网址是：www.mysql.com。

（7）Access 数据库

Access 数据库是微软于 1994 年推出的微机数据库管理系统，具有界面友好、易学易用、开发简单、接口灵活等特点，是典型的桌面关系型数据库管理系统。它结合了 Microsoft Jet Database Engine 和图形用户界面两项特点，是 Microsoft Office 的成员之一。Access 能够存取 Access/Jet、Microsoft SQL Server、Oracle，或者任何 ODBC 兼容数据库的资料。Access 界面友好而且易学易用，作为 Office 套件的一部分，可以与 Office 集成，实现无缝连接。Access 提供表（Table）、查询（Query）、窗体（Form）、报表（Report）、宏（Macro）、模块（Module）等用来建立数据库系统的对象。同时还提供多种向导、生成器、模板，把数据存储、数据查询、界面设计、报表生成等操作规范化。

Access 是入门级小型桌面数据库，性能安全性都很一般。可供个人管理或小型网站之用。Access 不是数据库语言，只是一个数据库程序。其主要特点：完善地管理各种数据库对象，具有强大的数据组织、用户管理、安全检查等功能。

强大的数据处理功能，在一个工作组级别的网络环境中，使用 Access 开发的多用户数据库管理系统具有传统的 XBASE（DBASE、FoxBASE 的统称）数据库系统所无法实现的客户服务器（Client/Server）结构和相应的数据库安全机制，Access 具备了许多先进的大型数据库管理系统所具备的特征，如事务处理/出错回滚能力等。

Access 可以方便地生成各种数据对象，利用存储的数据建立窗体和报表，可视性好。作为 Office 套件的一部分，可以与 Office 集成，实现无缝连接。也能够利用 Web 检索和发布数据，实现与互联网的连接。Access 主要适用于中小型应用系统，或作为客户机/服务器系统中的客户端数据库。

4.1.4 浏览器

网页浏览器是指可以显示网页服务器或档案系统内 HTML 文件内容，并让用户与这些文件互动的一种软件。这些文字或影像，可以是连接其他网址的超链接，用户可迅速及轻易地浏览各种资讯。使用功能强大的浏览器，可以大大提高上网浏览的效率，并更少地占用系统资源，可以保证系统稳定快速地运行。下面介绍目前四大主流浏览器。

1）IE 浏览器。IE 浏览器是微软公司出品的老牌浏览器，诞生于 1995 年，由于其捆绑

了 Windows 系统，使用起来很方便，凭借其领导地位，占据着绝大部分的市场份额，现在市场占有率排名第一。

2）Firefox 浏览器。Firefox 浏览器是由 Mozilla 基金会（谋智网络）与开源团体共同开发的网页浏览器，诞生于 2004 年，市场占有率排名第二。Firefox 浏览器以其丰富多彩的插件著称，并以此给使用者巨大的便利。它是一个开源的浏览器，体积小，速度快，代码更优秀，功能更强大，包括安装程序、界面和下载管理器都做了很大的改进，力求功能上的更大完美。

3）Opera 浏览器。Opera 浏览器是由挪威欧普拉软件公司（Opera Software ASA）制造的一款浏览器，诞生于 1997 年。Opera 是一款极为出色的浏览器，具有速度快、节省资源、定制能力强、安全性高及体积小等特点。Oprea 除了在 Windows 外，也支持 Linux、Mac 等操作系统，同时内建的 Opera 在 Symbian 操作系统的浏览器，成为功能强大的手机浏览器之一，也是最受欢迎的浏览器之一。

4）Chrome 浏览器。Chrome 浏览器是谷歌公司（Google）推出的一款设计简单、高效的浏览器，诞生于 2009 年。Google 凭借自己在搜索引擎领域的独特优势，基于更强大的 JavaScript V8 引擎，打造了这款浏览器，其特点是支持多标签浏览，在提高安全性的同时，一个标签页面的崩溃也不会导致其他标签页面被关闭。

小知识：四大浏览器对比

四大浏览器的性能对比，排序应该为：Firefox 浏览器、Chrome 浏览器、Opera 浏览器、IE 浏览器。

实际使用情况而言，排序为：IE 浏览器、Firefox 浏览器、Opera 浏览器、Chrome 浏览器。

四大浏览器功能对比：Google Chrome 有多项功能不支持；Google Chrome、Firefox 和 Opera 弹窗拦截的状态不错；Javascript 执行 Google Chrome 速度惊人；CSS 渲染 Google Chrome 最出色；Firefox 和 Opera 在内存资源占用方面表现相对较好；Google Chrome 设计简洁最得人心。

4.1.5　网站系统安全管理

在互联网上开展电子商务的企业网站都必须确保系统具有足够的安全措施，以防止企业的各种机密信息的泄露和外来的非法入侵造成的损失。在互联网上开展电子商务面临的风险主要是关键数据保密和电子交易安全两个方面，主要涉及如下问题：

1）信息的保密性。信息的保密性是指信息在传输的过程中或存储中不被他人窃取。要在数据传输过程中和存储过程中采用加密技术，以使数据不被别人窃取、泄露、篡改和破坏；用加密手段来实现通信层次的区分，加密可以通过通信的三个层次实现，即链路加密、节点加密和端到端加密。

2）数据完整性。数据完整性可以从信息的传输和存储两个方面来分析。在进行数据信息的存储时，要防止网站上的信息被非法篡改和破坏；要采取适当的存取访问控制，以保证数据存储系统的安全；要预防对信息的随意生成、修改和删除；同时要防止数据传送过程中的信息的错误和重复，并保证信息传送次序的统一性。

3）身份认证的真实性。保证电子商务交易的正常运行，关键问题之一是对实体的某些参数进行有效性检验，确认使用者的身份、交易合同、契约，或贸易单据的可靠性，预防交易过程中抵赖行为的发生。因此，要在交易信息的传递中为交易的个人、企业或国家提供可靠的标识，即建立严格的身份认证机制，以确保参加交易各方的身份是有效的。

4）不可否认性。不可否认是指信息的发送方不能否认已发送的信息，接收方不能否认已经收到的信息，防止接收方和发送方更改交易的原始记录。为了保证交易过程的可操作性，必须采取可靠的方法确保交易过程的真实性，保证参加电子交易的各方承认交易过程的合法性。

资料：电子商务网站常用的安全措施

1）防火墙：防火墙是一种将内部 Intranet 网络与公开网络分开的方法，它实际上是一种隔离技术，控制 Internet 与 Intranet 之间所有数据的传输。

2）数据加密：因为开放的互联网本身并不提供安全的传输路径，所以在电子商务中必须采用数据加密，保证账户和交易数据的安全。超文本安全传输协议 SHTTP 和安全套接层协议 SSL 是在 Web 端与浏览器实现加密的应用技术。

3）建立认证系统：认证与认证系统是为了防止消息被篡改、删除和伪造的一种有效方法，它是接收者能够识别和确认消息的真伪。认证包括身份认证（CA）和数字签名技术。

4）电子商务安全交易标准：互联网上有多种安全协议在使用，对应 OSI 网络模型每一层都提出了相应的协议。如对应用层有上 SET（安全电子交易）协议，对话层有 SSL（安全套阶层）协议等。

4.2 在线零售网站功能构成

4.2.1 主要功能

产品页面是企业向浏览者提供产品和服务详细信息的页面，一般采用信息分层，逐层细化的方法。产品页面首先应该具备基本的产品信息介绍，例如产品的名称、性能指标、价格等。在线零售网站应划分为五大功能模块，即商品检索、商品采购、订单支付、客户服务和系统管理，如图 4-2 所示。

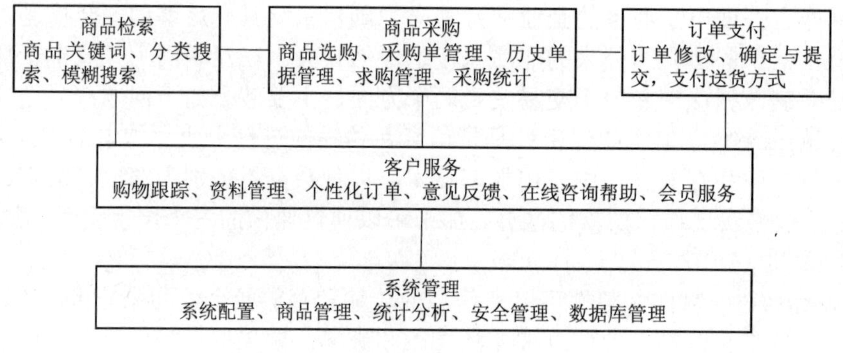

图 4-2　在线零售网站的功能模块划分

（1）商品检索

为了使客户在琳琅满目的商品中快速而精确地找到自己所需要的商品，提高客户的购物效率，网站应设置一个智能的搜索引擎，供客户进行商品检索。商品搜索引擎要具有基本的关键字和分类搜索功能，客户在输入所需商品的关键字词和选择相应的分类后就可以清楚地查看到搜索结果列表。搜索引擎还可以进一步设计模糊搜索的功能，例如价格范围、商品产地等，让客户可以更加方便地根据自己的实际需要进行查询。另外，为了使客户对整个网站的商品有全面接触和了解，在搜索引擎的基础上可以设计网站地图和商品分类栏目。

（2）商品采购

商品采购是处理客户购物信息的功能模块，包括商品选购、采购单管理、历史单据管理、求购管理、采购统计等。

（3）订单支付

客户在完成了选购过程后，进入订单支付环节。客户可以对先前所下的订单进行修改，例如增删商品、改变商品的购买数量等，当所有数据确认无误后，客户提交本次购物订单，并选择支付和送货的方式。

（4）客户服务

客户服务是在客户购物过程中提供支持和帮助，包括购物跟踪、资料管理、个性化订单、意见反馈、在线咨询帮助、会员服务等。

（5）系统管理

系统管理是对整个网站的后台系统进行管理和维护，包括系统配置、商品管理、统计分析、安全管理、数据库管理等。

4.2.2　基本业务流程

由于在线零售的业务流程通常包括相互联系、相互支持的前台系统和后台系统，因此其业务流程一般也分为前台网上购物及后台订单处理过程。

（1）前台购物流程

买家首先要进行注册，在选择好需要购买的商品之后，进入到填写订单页面，写明收货人信息，并选择适合自己的送货方式，如仅工作日送货或仅周末送货，之后选择付款方式，如货到付款或网上支付等。订单上所有信息都确认无误之后，向卖家提交最终确认订单，如图 4-3 所示。

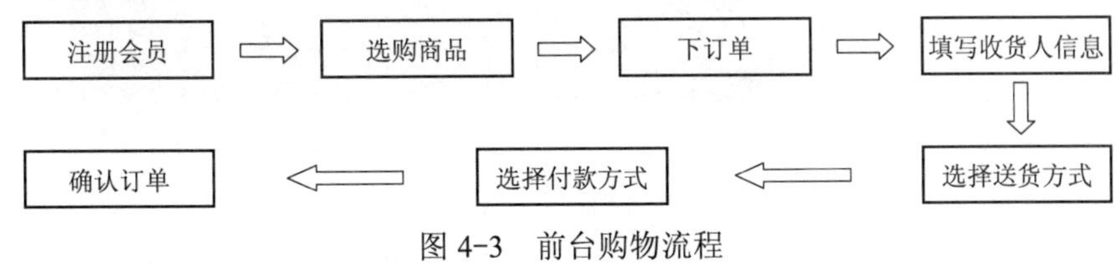

图 4-3　前台购物流程

（2）后台订单处理流程

卖家接到网上订单之后，首先对订单上商品的库存进行查询。若库存有货，则生成销售单，商品打包完毕出库，确认发货，最后进行结算。若库存无货，则应生成采购单对该商品进行采购，库存补充完毕后，再生成销售单，并继续进行下面的一系列处理流程，如图 4-4 所示。

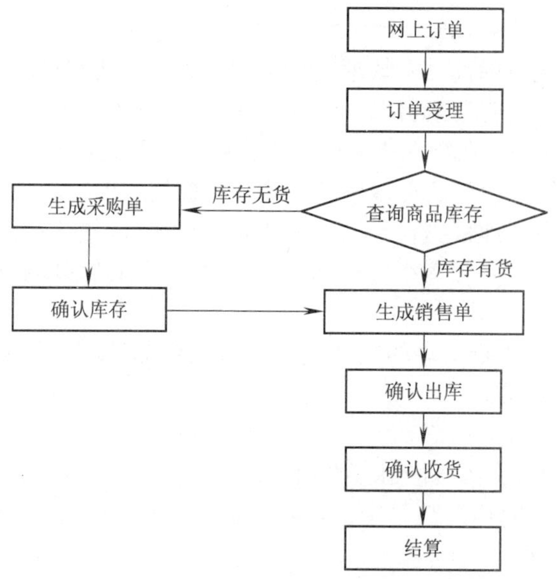

图 4-4 后台订单处理流程

4.2.3 页面构成及布局

（1）页面的构成

分析零售网站的页面构成。一般实体店面包含：品牌标识（logo）、大门、橱窗，以及表现出的整体视觉形象。

以海尔商城为例（见图 4-5），电子商务网站的“店面”即“首页”。

图 4-5 海尔商城主页页面构成

由此看来，电子商务网站的首页同样保留了实体店的店面元素，这样，访客能根据现有的知识和期望，容易快速地认识到网站的意图，从而促进网站业务目标的实现。符合用户期望的网站能够快速帮助访客建立起对网站的信赖，而一个网站的可信度是访客在网站上发生交互的心理基础。

（2）优化网页布局

网页版面布局是指在单个页面中如何合理安排各种素材和信息，是页面的骨干结构。只

有网页布局很好地与网页的风格和内容结合起来，才能突出网页的主题，用户使用起来才可以得心应手。每个在线零售网站都有它特定的业务目标，而页面的布局对于网站的整体可用性很重要，能引导访客、传达某种情境感，从而使访客的目标与网站的业务目标达成一致。

一般来说，网页布局主要包括以下几种架构类型：

1）“匡”字型网页布局。对于网站的主页面，最常见的是“匡”字型网页布局，即在页面的最顶部是网站的标题以及网站的导航栏，接下来的左侧（或者右侧）是一窄列的链接，主要是广告横幅、会员或者邮箱登录窗口、网站的信息发布等，右侧（或左侧）是很宽的正文，最下面是网站的企业简介、联系方式、客户服务和版权声明等。

2）“国”字型网页布局。“国”字型网页布局与“匡”字型网页布局差不多，不同之处在于两侧都是广告或者信息链接列表，而正文或者主要内容是在页面的正中。

3）其他类型网页布局。有一些企业网站和个人主页的首页，页面使用大幅的精美图像，然后通过分割图像而做出来的链接进入网站的具体分支页面。这种布局给人一种风格简洁、主题强烈的直观感觉，很好地展示了企业形象或个人风采。

不同的布局类型在页面应用中起到不同的效果，因此应该结合创建页面的目标和特点来选择合适的布局类型。

同样以海尔商城为例，海尔商城就是使用了“匡”字型网页布局，页面顶部是网站的标题导航栏，左侧主要是分类、资讯等，右侧是主要内容，如图 4-6 所示。

图 4-6　海尔商城页面布局

4.3　在线零售网站的建设与管理

4.3.1　在线零售网站服务器的选择

在线零售网站的建设首先要考虑的问题就是网站服务器的选择。在本章第 4.1.2 小节已经向大家介绍了服务器的种类，本节将主要介绍如何选购适用的网站服务器。

（1）以需求为依据

购买服务器的目的是为需求服务的，因此明确网站需求是首先要做的功课。对需求进行分析时包括以下几个方面：

1）明确企业规模。选购服务器之前，首先要明确企业的规模，再根据实际情况选择服务器。如果投入太多的经费购买高档次且技术先进的服务器，则会耗费企业大量的资金，造成资金周转问题和设备闲置等问题；如果投入少量经费购置价位低廉且接近淘汰的服务器，则不利于企业的市场拓展和长远发展。因此，企业应当根据实际情况，参考以后的发展规划，有针对性地选择满足目前信息化建设需要，又不至于投入太多资金的解决方案。

2）明确配置需求。为了使购买的服务器更高效地为企业服务，就要确保其内部配件性能搭配合理。如果购买了高性能的服务器，但是其内部的某些配件使用了低价的兼容组件，就会出现配件瓶颈，致使高性能的配件处于闲置状态，造成资源浪费，使整个服务器的性能下降。因此，要注重服务器各个配件的整体性，尽量避免瓶颈配件的产生，不能只追求个别配件的性能优异，而应注重所有配件的合理搭配。

3）考虑未来发展。由于网络发展日新月异，人们的需求也越来越大，对服务器性能的要求也就越来越高。为了减少更新服务器对企业经济和发展造成干扰，选购服务器的同时，也应具有前瞻性，以适应将来的发展和使用。但是前瞻性并不代表购买昂贵的最高配置的服务器，应量力而行，尽量达到服务器的性能和价格与企业现状和未来相匹配的结果。

（2）服务器的稳定性

保证服务器的稳定性是保证网络正常运转的前提，但并不是服务器越贵越稳定，也不是配置越高越稳定。在选购过程中，可以根据以下几个方面加以判断：

1)整体组装品质。通常比较有规模的厂家组装的产品都有一定的品质管理和制造流程，区分组装品质也并非难事。如果打开机箱发现有布线凌乱，机箱用料单薄，组件吻合度不佳，CPU、内存或硬盘没有原厂贴纸等情况，就不要考虑这种产品了。

2)散热设计良好。服务器需要长时间不间断的运作，因此散热性能是否良好十分重要。散热性能可以根据厂家数据进行比较，也可以根据散热风力强度或实际测试等方式进行选择，一般而言，散热良好的服务器也具有不错的稳定性。

3）售后服务内容。一般建立网站就要有专人对服务器进行管理和维护，但选择产品时售后服务内容依然很重要。出于对网站的长期发展和使用安全的考虑，应选择保修期限长（一般标准为三年）、服务内容好（如上门服务等）的产品。

4）用户整体口碑。服务器产品的用户口碑非常重要，选择用户推荐的品牌或市场常见品牌也是不错的办法。但是近年来服务器市场竞争激烈，产品价格有所下降，不少外商品牌都是由其他厂商代工，因此，要排除品牌迷信的干扰，了解代工厂的实力，择优选择产品。

现在很多权威性的杂志或网站上都会不定期地对服务器品牌或厂商进行一些评比，选购时可以多方面参考。但任何方法都不是万能的，也不可迷信权威，应结合以上提到的各方面因素，选择和购买服务器。

有条件可以先对有意向购买的服务器进行测试，可以安装需要使用的软件并长期运行测试，通过实际运作情况来观察服务器性能如何。但这种方式有很多局限，并不是所有生产商都能拿出服务器用于用户的测试。

（3）其他因素

除了上述两大方面的因素需要考虑以外，服务器的升级维护成本、厂商解决问题的能力、安全性能等也需要尽量考虑全面。很多品牌的服务器价格并不高，但是升级维护成本十分可观，如 CPU、内存、硬盘、磁盘阵列卡等配件十分昂贵，造成日后更多的花费。另外服务器的操作应尽量简单，以便自行排出故障，而排除不了的故障厂商也能够及时有效地做出反应。由于在线零售网站涉及商家和用户的交易信息，因此服务器的安全性能也应是考虑的重要因素。

综上所述，选择服务器并不是一件易事，需要多方考察、细致比较，有时候还需要在多个条件当中进行取舍，尽量达到最优的选择。

4.3.2　在线零售服务器的托管

很多商家规模并不大，无法实现购买完全独立的服务器并放置在标准机房中，而采用传统的虚拟主机方式则会受到服务器性能和带宽等多方面因素的影响，因此托管服务器就成为如今流行的方式。

（1）托管服务器的定义

托管服务器是指用户委托具有完善机房、良好网络和丰富运营经验的服务商管理其计算机系统，使其更安全、稳定、高效地运行。即用户把自己的网络设备（服务器、交换机等）放在 IDC（Internet Data Center，互联网数据中心）服务商提供的专业服务器机房中，享受高品质的带宽、不断增加的增值服务和每周 7 天每天 24 小时的专人维护以及监控服务。

托管服务器是单独使用的，可以不受他人影响，从而充分利用服务器的性能，使网站稳定运行。商家拥有服务器的完全控制权，可以运行需要的程序和服务。数据都存放在自己的服务器中，安全性也有所保障。

（2）服务器托管商的选择

为避免花费大量资金却没有预期效果发生，服务器托管商的选择要根据用户的实际情况和具体要求。总的来说，需要注意以下几个方面：

1）根据服务器类型选择托管商。一般电信机房的托管费都是按照 1U（百兆 U 是一种表示服务器外部尺寸的单位）每年来计算，服务器所占空间越大，托管费用越高。因此托管主机建议托管 1U 的机架式服务器，虽然初期硬件成本高一点，但长远看来还是比较合算。图 4-7 是网络报价，仅供参考。

2）根据价格选择托管商。在选择服务器托管商时，价格是必然要考虑的一个因素。但是不一定“一分价钱一分货”，没有必要非要选择价格高昂的托管商，也最好不要选择价格很低的托管商。因为托管服务门槛很低，管理并不严格，有些小公司遇到经济波动等问题很可能撒手不管，为企业带来不必要的损失。

3）根据服务选择托管商。在考虑了服务器类型和企业能够承受的价格以后，就要考察托管商的服务质量了。首先要看服务商的规模，是否能够始终如一的经营，考察机房是很重要的，耳听为虚眼见为实，但也不能够仅仅根据机房设备新旧来评价托管商的服务。硬件好的同时，很多软实力也应考虑到，比如人才、经验、信誉等看不见的东西也应考虑在内。

4）尽量避免中间商。避免中间商可以节约费用，也可以避免日后出现问题相互推诿的情况发生，尽量找直接从机房租用机柜的托管商。虽然有时价格会略高，但是服务和解决问题的效率上是有所保障的。

型号	服务类型	机架占用	带宽提供	机房种类	主机配置	价格
美橙互联1U托管	服务器托管	1U	10M峰值	电信机房		￥2999 0位商家报价
美橙互联1U服务器托管(四川乐山电信机房/10M独享)	服务器托管	1U	10M独享	电信机房		￥3999 0位商家报价
第一主机1U托管	服务器托管	1U		广州网通		￥4200 0位商家报价
天寻网络100M共享1U(福建网通)	服务器托管	1U	100M共享，10M保证	网通机房		￥4500 0位商家报价
致荣广州网通托管1U/年	服务器托管	1U	100M共享带宽，5Mbps带宽保证	国家A级电信机房(广东电信)		￥4500 0位商家报价
致荣电信托管1U	服务器托管	1U	100M共享带宽，5Mbps带宽保证	国家A级电信机房(广东电信)		￥4500 0位商家报价
天寻网络100M共享1U(泉州电信)	服务器托管	1U	100M共享，10M保证	电信机房		￥4500 0位商家报价

图 4-7　托管商网上报价

在确定了服务器托管商之后，还有一些不得不注意的问题：

① 一定要和托管商签订严谨的托管合同，双方明确责任和义务，有必要的话可以请律师做公证；②由于远程维护的范围有限，而且机房在本地易于开展硬件和安装软件等维护工作，所以应尽量避免异地托管；③注意区分带宽独享与共享，现在多数托管商都是采用共享带宽的形式，独享虽然不受其他用户干扰，但是价格昂贵，不建议使用。

4.3.3　在线零售网站的建设

网站建设是指使用标识语言（Markup language），通过一系列设计、建模和执行的过程将电子格式的信息通过互联网传输，最终以图形用户界面（GUI）的形式被用户所浏览。简单来说，网页设计的目的就是产生网站。简单的信息如文字、图片（GIF、JPEG、PNG等）和表格，都可以通过超文本标示语言、可扩展超文本标示语言等标示语言放置到网站页面上。而更复杂的信息如矢量图形、动画、视频、声频等多媒体文档则需要插件程序来运行，同样地它们亦需要标示语言移植在网站内。

（1）网站的基本构成

一般来说，在线零售网站主要由前台和后台 2 个部分组成，如图 4-8 所示。

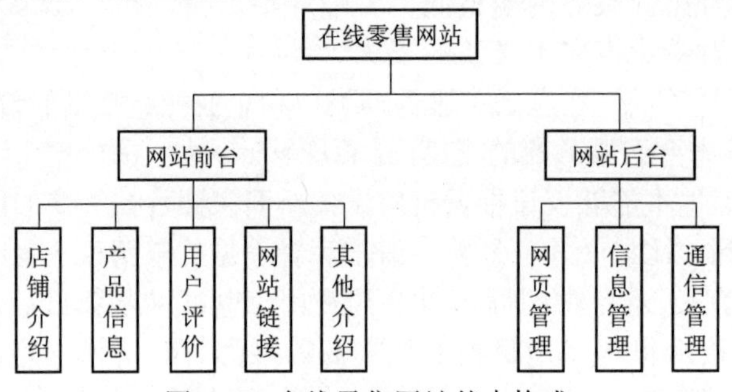

图 4-8　在线零售网站基本构成

前台主要是指网站的页面，就是为客户提供服务的界面。用户进入网站后，首先感受到的就是网站页面展示的直观形象，因此，前台的风格特色决定了店铺的服务特色。

① 店铺介绍：向用户介绍店铺的基本情况，经营范围，服务项目等。

② 产品信息：这是最重要的一部分，要向用户提供全方面的产品信息，便于用户选择。

③ 用户评价：向用户提供平台，对所售产品进行评价，便于店铺收集用户回馈信息。

④ 网站链接：方便用户从该店铺的网页中进入其他相关网站。

⑤ 其他内容：可以有商品检索、商品对比、意见反馈等内容，店铺可根据需求自行添加。

后台主要用于处理和管理前台所提供的服务，对在线零售提供支持：

① 网页管理：对网站上展示的信息进行管理，如设定网页模板，进行网页设计等。

② 信息管理：包括对产品信息、库存信息、用户信息、交易信息等的管理。

③ 通信管理：为用户提供信息交流服务，解答用户的问题。

（2）网站的创建流程

网站的建设一般分为前期工作、总体规划、详细设计、网站实现、整合测试和发布维护 6 个阶段的内容，如图 4-9 所示。

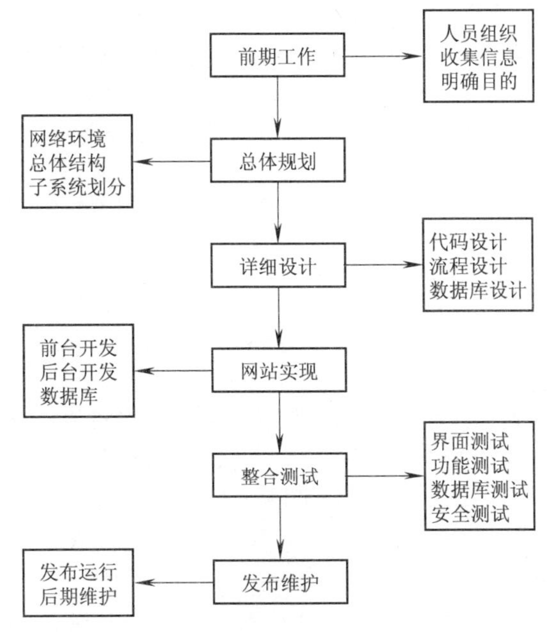

图 4-9　在线零售网站创建流程

1）前期工作。网站建设前期准备工作相当重要，在此阶段需要明确建站的目的，便于日后的规划、设计和维护等阶段的开展。此阶段包括人员的组织，即将建设网站的成员组织在一起，明确责任和义务；信息的收集，也就是进行市场调查和资料整理，对当前网络上的同类网站进行了解和分析，从而得出建站的明确目的。

2）总体规划。在明确了建站的目的之后，接下来进行的就是对网站的整体规划。总体规划首先需要对网站的大环境进行分析，在怎样的网络环境下建立网站，只有了解了大环境的情况后，才能更好地对网站进行下一步的规划和设计；然后对网站的总体结构进行规划，明确系统的模块组成及模块间的关系，从而划分出各个子系统，便于下一步的详细规划。

3）详细设计。详细设计首先是代码的设计，代码是网站用于识别、分类、提高处理效率和速度、人机交互的工具，代码设计的优劣是网站质量的重要指标。流程设计的描述应简明、精确、易懂，可借助表格和图形等工具来描述。数据库设计是对于给定的应用环境，从用户对数据的需求出发，提供一个确定的数据模型和处理模型的逻辑设计，以及一个确定数据库合理存储结构和存取方法的物理设计，从而建立既能够反应现实需求，又能够实现存储数据的数据库。

4）网站实现。网站的实现包括前后台的实现和数据库的实现。前后台开发其实并没有严格的顺序之分，为方便测试，通常前后台是同时开发的。而数据库开发则是根据设计阶段的数据库设计，将逻辑结构实现成物理结构，并与开发平台相结合，形成有效的存取结构，从而实现网站的建设。

5）整合测试。测试包括页面测试、功能测试、数据库测试和安全测试。很多时候网站实现和测试是分不开的，在进行网页实现的同时，即对网页的页面、功能，以及与数据库的连接进行了测试。网站的建设就是不断地测试与改进。由于网站发布后，店铺会逐渐发展、市场也会日益扩大，因此对网站进行修改也是很正常和必要的。

6）发布维护。网站发布就是通过注册域名发布网站，域名注册在第 4.1.1 节中已经详细说明了，这里不再赘述。而网站维护却是日常工作，包括对前台页面的更新和后台数据库的管理和升级。前台页面的更新可以使用户浏览时不至于感到乏味，数据库的管理和升级一方面是对经营信息的保护，另一方面也有利于提高网站的竞争力和运行效率。

4.3.4 在线零售网站的快速搭建——基于 ASP.NET/SQL Server

本案例旨在描述一个采用 ASP.NET/SQL Server 技术快速搭建面向中小企业的网站的比较完整的过程。

1. 中小型网站设计分析及要求

（1）网站设计要求

网站设计要求包括页面模块化、目录结构的组织、安全性以及页面优化等问题。

1）页面模块化：本设计把页面中一些常用的部分集成模块，例如页面的头部和尾部，这样在设计新的页面时如果有重复出现的部分，只需要调用现成的模块即可。

在本设计中使用最多的模块是数据库操作类 DataAccess.cs 和母版页 MasterPage.master，此处还有验证管理员登录页面，网站参数配置文件 Web.config，以及非常实用的分页控件 AspNetPager 和在线编辑器 FCKeditor。

2）目录结构的组织：合理的目录结构也是本设计的一个亮点。因为作为一个代表企业形象的网站，所涉及的东西比较多，如企业介绍、新闻、产品及在线留言等，这样可以将与这些功能相关的文件按目录存放，从而使得设计结构清晰，各模块之间的独立性高，便于将不同模块组合。

3）安全性：网站在 VS2010 中开发完成后，通过发布网站把所有的 cs 文件编译成 dll 文件，隐藏了网站的核心代码。当用字符串来组织 SQL 语句时，最重要的一个问题是过滤字符串中的单引号，因为 SQL 语句中字符串是以单引号为分界符的。出于安全性的考虑，将上传的文件放在与 FCKEditor 文件夹平行的 Files 文件夹中，不要把它放在 FCKEditor 中，因为 Files 是要让客户有写权限的，如果放在 FCKEditor 文件夹中会很危险。SQL Server 2005 及以上版本在安全性能上有所改进，例如数据库加密、设置安全默认值、增强密码政策、缜密的许可控制，以及一个增强型的安全模式。

4）页面优化：为了减少相同代码的重复编写，需要调用数据库操作类 DataAccess.cs。将一些方法封装起来，只需要给方法传入一些参数如数据库连接字符串、SQL 参数等，就可以访问数据库了。前台显示界面使用 MasterPage.master 母版页，把一些共有的内容放在母版页中，比如头部 Logo、菜单底部版权信息联系方式等，使页面更易于管理和修改。

（2）功能模块要求

本设计从客户浏览界面、后台管理界面分别对功能模块图加以描述。客户浏览界面的功能模块图如图 4-10 所示。后台管理界面的功能模块图如图 4-11 所示。

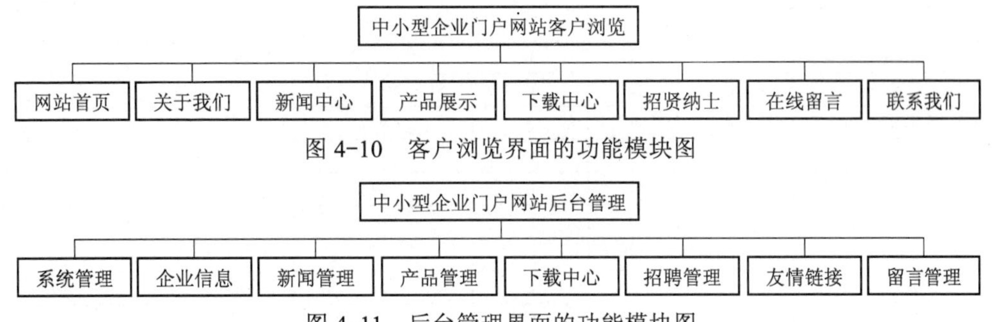

图 4-10　客户浏览界面的功能模块图

图 4-11　后台管理界面的功能模块图

（3）数据库需求分析

数据库需求分析主要是用来搜集用户的需求，指导数据库设计。一般中小型企业网站的需求如下：

1）用户分一般用户和管理员用户，一般用户无需登录就可以浏览网站，管理员用户通过后台管理来维护和更新网站信息。

2）需要有企业介绍性信息，如关于我们、联系方式、企业文化等，并且这些信息都可以由管理员进行修改。

3）有企业新闻或其他相关新闻，如业界新闻。

4）新闻中可以插入相关图片。

5）有企业产品信息，并在首页突出显示推荐的产品，产品可有多个类别。

6）有下载中心，管理员从后台添加文件下载，如产品说明书下载。

7）客户可以匿名留言，提出问题和需求。

8）可以发布招聘信息。

9）友情链接管理。

2．网站数据库设计与生成

本设计中数据库设计分为三步：收集、分析需求；将需求抽象出一般的实体、关系和它们的属性；将这些实体、关系和属性按照一定的规则转化为二元表的结构。所对应的设计分别是数据库需求分析、概念结构设计和逻辑结构设计。

（1）数据库概念结构设计

数据库概念实体有：管理员信息实体、企业介绍实体、新闻类别实体、新闻信息实体、产品分类实体、产品信息实体、下载类别实体、下载文件实体、留言信息实体、招聘信息实体、应聘岗位实体、友情链接实体。

（2）数据库逻辑结构设计

在数据库的概念结构设计完成后，需要将其转化为实际的数据模型，也就是数据库的逻辑结构。本数据库逻辑结构核心表的设计结果见表 4-1～表 4-7。

表 4-1 Enterprise_Config（企业框架）

序号	列名	数据类型	长度	小数位	标识	主键	允许空	默认值	说明
1	ID	int	4	0	是	是	否		
2	Title	nvarchar	50	0			否		
3	SiteUrl	nvarchar	50	0			是		
4	LogoUrl	nvarchar	50	0			否		
5	LogoHeight	int	4	0			是		
6	LogoWidth	int	4	0			是		
7	ContactName	nvarchar	50	0			是		
8	Email	nvarchar	50	0			是		
9	Telephone	int	4	0			是		
10	FaxNumber	int	4	0			是		
11	Address	nvarchar	50	0			是		
12	Copyright	nvarchar	50	0			是		
13	Reference	nvarchar	50	0			是		
14	Keywords	nvarchar	50	0			是		
15	Description	nvarchar	200	0			是		
16	QqNumber1	int	4	0			是		
17	QqNumber2	int	4	0			是		
18	Introduce	nvarchar	200	0			是		

表 4-2 NewsClass（新闻类）

序号	列名	数据类型	长度	小数位	标识	主键	允许空	默认值	说明
1	ClassID	int	4	0	是	是	否		
2	ClassName	nvarchar	50	0			否		
3	ClassIntro	nvarchar	50	0			否		

表 4-3 Products（产品）

序号	列名	数据类型	长度	小数位	标识	主键	允许空	默认值	说明
1	ProductsID	int	4	0	是		否		
2	Title	nvarchar	50	0			否		
3	Guige	nvarchar	10	0			是		
4	Xinghao	nvarchar	50	0			是		
5	Price	int	4	0			是		
6	IsHot	bit	1	0			是		
7	IsElite	bit	1	0			是		
8	Contents	ntext	16	0			否		
9	UploadPic	nvarchar	50	0			否		
10	IsPass	bit	1	0			否		
11	IsShow	bit	1	0			否		
12	Datetimes	datetime	8	3			是		
13	ClassID	int	4	0			否		

表 4-4 ProductsClass（产品类）

序号	列名	数据类型	长度	小数位	标识	主键	允许空	默认值	说明
1	ClassID	int	4	0	是	是	否		
2	ClassName	nvarchar	50	0			否		
3	ClassIntro	nvarchar	50	0			否		

表 4-5　DownloadsClass（下载类）

序号	列名	数据类型	长度	小数位	标识	主键	允许空	默认值	说明
1	ID	int	4	0	是	是	否		
2	Title	nvarchar	50	0			否		
3	UploadpicUrl	nvarchar	50	0			否		
4	OrderID	int	4	0			是		

表 4-6　JobApply（职位申请）

序号	列名	数据类型	长度	小数位	标识	主键	允许空	默认值	说明
1	ID	int	4	0	是		否		
2	JobSex	nvarchar	4	0			是		
3	Marry	nvarchar	4	0			是		
4	BrithDate	datetime	8	3			是		
5	Height	int	4	0			是		
6	GraduateSchool	nvarchar	50	0			是		
7	Degree	nvarchar	20	0			是		
8	MajorIN	nvarchar	50	0			是		
9	GraduateDate	datetime	8	3			是		
10	BrithPlace	nvarchar	50	0			是		
11	PersonIntro	ntext	16	0			是		
12	Cellphone	int	4	0			是		
13	Telephone	int	4	0			是		
14	Email	nvarchar	50	0			是		
15	Address	nvarchar	50	0			是		
16	JobID	int	4	0			否		

表 4-7　JobHunts（职位招聘）

序号	列名	数据类型	长度	小数位	标识	主键	允许空	默认值	说明
1	ID	int	4	0	是	是	否		
2	JobName	nvarchar	50	0			否		
3	JobPeoples	int	4	0			是		
4	AgeFrom	int	4	0			是		
5	AgeTo	int	4	0			是		
6	JobSex	nvarchar	4	0			是		
7	JobDegree	int	4	0			是		
8	JobIntro	nvarchar	50	0			是		

（3）数据库的生成

打开 SQL Server Management Studio，在“连接到服务器”界面设置好相关登录参数点击连接即可进入。选择“文件（F）”→“打开”→“文件”，选择系统根目录下的 App_Data 文件夹的 Enterprise.sql，打开即可，然后单击执行，即可生成数据库。

中小型企业网站的系统全局配置在 Web.Config 文件中。在 ASP.NET 中，数据库连接字符串在 connectionStrings 配置节中，为使用 SQL Server 数据源的用户提供连接信息，代码如下：

//连接字符串，当前配置为使用 SQL Server，写在 Web.config 文件中。

```
<connectionStrings>
    <add name="connectionString" connectionString="server=.;database=News;uid=sa;pwd=sa"/>
</connectionStrings>
```

在数据库生成成功后，可以根据数据库表创建数据库关系图如图 4-12 所示。

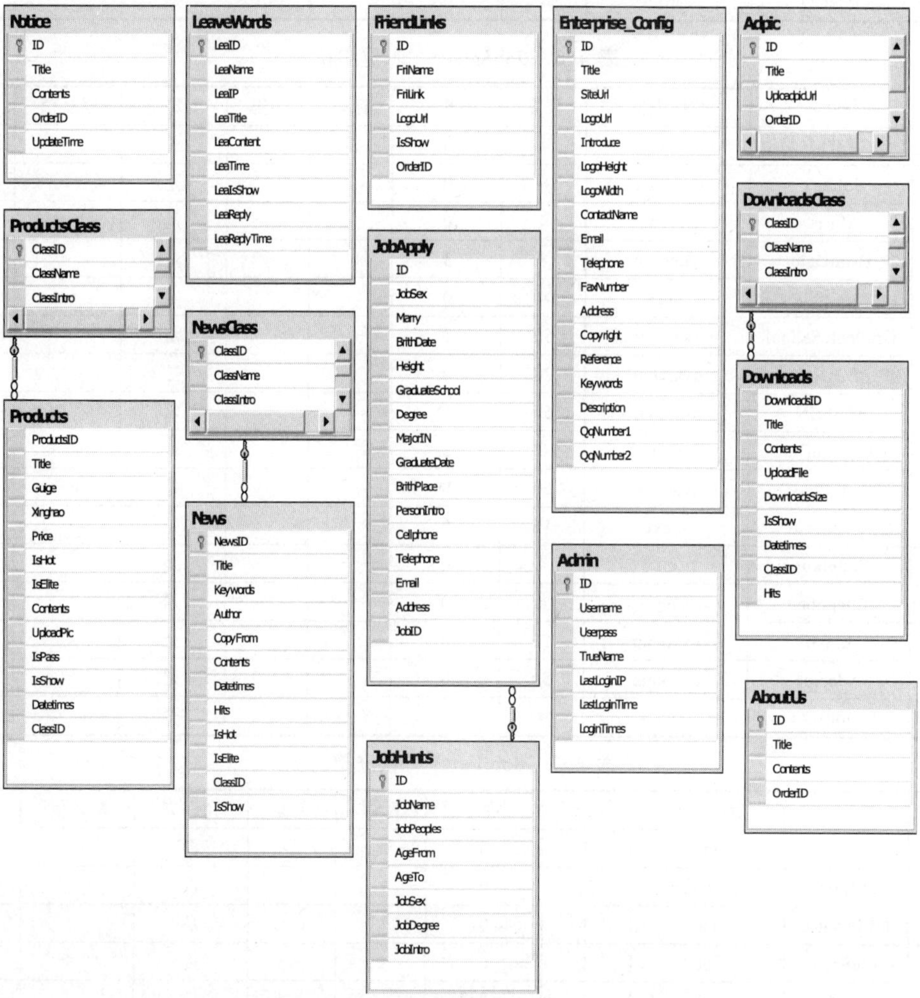

Notice: ID, Title, Contents, OrderID, UpdateTime

LeaveWords: LeaID, LeaName, LeaIP, LeaTitle, LeaContent, LeaTime, LeaIsShow, LeaReply, LeaReplyTime

FriendLinks: ID, FriName, FriLink, LogoUrl, IsShow, OrderID

Enterprise_Config: ID, Title, SiteUrl, LogoUrl, Introduce, LogoHeight, LogoWidth, ContactName, Email, Telephone, FaxNumber, Address, Copyright, Reference, Keywords, Description, QqNumber1, QqNumber2

Adpic: ID, Title, UploadpicUrl, OrderID

ProductsClass: ClassID, ClassName, ClassIntro

DownloadsClass: ClassID, ClassName, ClassIntro

NewsClass: ClassID, ClassName, ClassIntro

JobApply: ID, JobSex, Marry, BrithDate, Height, GraduateSchool, Degree, MajorIN, GraduateDate, BrithPlace, PersonIntro, Cellphone, Telephone, Email, Address, JobID

Downloads: DownloadsID, Title, Contents, UploadFile, DownloadsSize, IsShow, Datetimes, ClassID, Hits

Products: ProductsID, Title, Guige, Xinghao, Price, IsHot, IsElite, Contents, UploadPic, IsPass, IsShow, Datetimes, ClassID

News: NewsID, Title, Keywords, Author, CopyFrom, Contents, Datetimes, Hits, IsHot, IsElite, ClassID, IsShow

Admin: ID, Username, Userpass, TrueName, LastLoginIP, LastLoginTime, LoginTimes

AboutUs: ID, Title, Contents, OrderID

JobHunts: ID, JobName, JobPeoples, AgeFrom, AgeTo, JobSex, JobDegree, JobIntro

图 4-12　数据库关系图

3. 中小型企业网站的功能设计

（1）网站结构概览

网站结构概览包括目录结构、前台显示和后台管理。

从资源管理器中可以看到网站目录结构，为了提高安全性，将数据库 Web 应用程序分两个目录存放。对各个目录的功能简单说明如下。

Enterprise：此项目的总目录，存放数据库和 Web 应用程序。

Admin：存放后台管理相关的文件。

Admin/css：存放后台显示界面用到的 css 文件。

Admin/js：存放后台界面用到的 js 文件。

Admin/images：存放后台界面的图片。

App_Code：存放整个网站用到的 cs 类文件。

Add_Data：存放网站的数据库和数据库生成脚本。

bin：存放网站设计制作用到的一些公用组件。

css：存放嵌套界面显示需要的 css 文件。

fckeditor：后台 HTML 编辑器，独立模块。

Files：存放后台管理上传的文件。

images：存放设计 Web 应用程序界面用到的图片。

js：前台界面调用的 js 文件。

网站目录结构如图 4-13 所示。

图 4-13　网站目录结构

前台界面和后台管理引用到的 cs 类文件存放在 App_Code 目录下，包括以下文件。

DataAccess.cs：数据库的通用访问类。

Function.cs：用于 Md5 加密和防止 Sql 注入。

前台界面显示用到的模板页 MasterPage.Master 主要用于设计前台的页面头和页面尾。漂亮的网站常常具有“标准”的页面布局，例如左侧是导航系统，上面是网站 Logo，中间是页面主体，下面是版权信息等。使用“标准”页面的好处在于，使整个网站系统具有统一的风格。因为这些页面具有很多共同的元素，容易将它们提取出来，形成一个“模板”。ASP.NET 引入模板页（MasterPages）机制，可轻松实现这一目标。本质上，母版页也是一个页面，其中包含了一些控件和 HTML 标记，并可以完成一定的功能。这个页面可以被多个普通的页面共享，从而实现形成网站统一的布局。

（2）应用程序配置文件（Web.config）

在 ASP.NET 开发的网站中常用 SqlConnection 的 Open 方法连接数据库，其中最重要的内容是构造连接字符串。在实际应用中，常常需要把这个字符串写在配置文件 Web.config 中，这样做的好处是当程序移植到新的环境中时，可以通过修改配置文件连接不同的数据库，而无须改动代码。

使用 Web.config 文件配置连接字符串非常简单，具体步骤如下。

1）添加 Web.config 文件：选择网站名称并单击鼠标右键，在弹出的快捷菜单中选择“添加新项”命令，在弹出的“添加新项”对话框中，选择“Web 配置文件”选项，然后单击“添加”按钮即可。

2）在配置文件的<configuration>节中，添加<connetionStrings>节代码如下。

```
<connectionStrings>
<add name="myDb" connectionString="Persist Security Info=false; User
id=sa;pwd=frock;database=northwind;server=(local)" providerName="System.Data.SqlClient"/>
```

```
    </connectionStrings>
```

3）在需要使用连接字符串的地方，代码如下。

```
    //读取配置文件，构造连接字符串
    ConnectionStringSettings
setting=System.Configuration.ConfigurationManager.ConnetionStrings["myDb"];
    myCon.ConnetionString=setting.ConnetionString;
```

（3）后台管理模块的实现

前台显示界面的大部分功能都是以后台管理为前提的，如企业信息、新闻和产品介绍等，这些都需要通过管理界面动态添加。后台管理界面相对于前台显示界面要复杂些，具体包括浏览、增加、修改和删除等操作。为了便于系统维护，页面的命名采用“模块名+功能名”的方式。概况来说，管理界面具有系统管理、企业信息、新闻管理、产品管理、下载中心、招聘管理、留言管理、友情链接等功能。

在后台管理的每个页面对应的cs类文件中加入protected void Page_Load (object sender, EventArgse) {}

```
    if (!IsPostBack)
        {
            if (Session["UserName"] == null || Session["UserName"].ToString() == "")
            {
                Response.Redirect("Login.aspx");
            }
        }
```

1）管理界面结构设计。要知道在进行 Web 应用程序开发时，界面结构设计的重要性。在界面结构确定了以后，就可以将不同的内容添加到这个框架中，这样既便于统一整个网站风格，又减少了界面设计的工作量，方便以后修改。

在本设计中的界面结构是基于框架的，由左侧快捷子菜单和右上边快捷主菜单以及右下边功能页面组成。

页面结构在 index.html 文件中定义，这个文件的代码如下所示：

```
    <frameset rows="50,*" cols="*" frameborder="no" border="0" framespacing="0">
      <frame src="topframe.html" name="topFrame" frameborder="no" scrolling="No" noresize="noresize"
id="topFrame" title="topFrame" />
      <frameset name="myFrame" cols="199,7,*" frameborder="no" border="0" framespacing="0">
    <frame src="leftframe.html" name="leftFrame" frameborder="no" scrolling="No" noresize="noresize"
id="leftFrame" title="leftFrame" />
    <frame src="switchframe.html" name="midFrame" frameborder="no" scrolling="No" noresize="noresize"
id="midFrame" title="midFrame" />
        <frameset rows="59,*" cols="*" frameborder="no" border="0" framespacing="0">
        <frame src="mainframe.html" name="mainFrame" frameborder="no" scrolling="No"
noresize="noresize" id="mainFrame" title="mainFrame" />
        <frame src="manframe.html" name="manFrame" frameborder="no" scrolling="yes" id="manFrame"
title="manFrame" />
    </frameset>
    </frameset>
    </frameset>
    <noframes><body>
    </body>
    </noframes>
```

后台管理首页如图 4-14 所示。

图 4-14　后台管理首页

2）企业信息管理模块。后台管理界面中的企业信息管理模块主要由 Add_About.aspx 和 Manage_About.aspx 来进行添删改。通过 Add_About.aspx 可以完成常见的企业信息介绍功能，如关于我们、企业文化、经营理念及联系方式等，这些信息都可以在后台随时更新来显示在前台界面中。更重要的是可以定制要显示的那些介绍栏目，例如要在此基础上加上组织机构和公司文化，所要做的就是在数据库中加入一条记录即可，可以通过排序 ID 来控制这些栏目在界面上的显示顺序。如在修改企业信息中“关于我们”信息的界面中可以编辑一般的介绍性文字，附带功能强大的 HTML 编辑器，可设置字体格式、插入图片、flash 和其他媒体文件。此界面的原理是每次访问此页时，都会从其 URL 参数中寻找参数 ID 来判断操作类型，若 ID 为空，则为添加企业信息；若 ID 有值，则为修改企业信息。

其他功能模块如新闻管理、产品管理、下载中心都是采用这种方法在一个页面中实现修改和添加的设置。

3）新闻管理界面。新闻管理模块的功能主要由以下 4 个文件来实现。

① 添加修改新闻类别：News_Class.aspx。

② 管理删除新闻类别：NewsClass_Add.aspx。

③ 添加修改新闻：News_Add.aspx。

④ 管理删除新闻 News_Manage.aspx。

新闻模块的设计具有高度伸缩性，可以自定义新闻类别，将新闻分类管理，并动态显示在前台页面中。

新闻管理模块显然比企业信息模块复杂，同时也是一个企业门户网站所不可或缺的栏目。在新闻管理模块中，可以添加企业内部新闻，也可以添加业界新闻。由于新闻管理与企业信息管理相比，不仅需要设计数据字段及较多的记录，而且还涉及分页等功能。因此，此处只介绍新闻列表的实现。

显示新闻列表主要用到 News_Manage.aspx 这个文件，通过单击左侧子菜单的新闻管理来看到这个页面，可以浏览新闻信息，修改及删除新闻，并且此页具有分页功能。此页的实现方法是添加一个 Repeater 控件，用于显示新闻列表，然后通过自定义添加控件的方法添加 AspNetPager 控件，然后拖到页面要显示的位置，将自动生成 Web 页面代码，后台

显示代码如下：

```
using System;
using System.Collections;
using System.Configuration;
using System.Data;
using System.Data.SqlClient;
using System.Linq;
using System.Web;
using System.Web.Security;
using System.Web.UI;
using System.Web.UI.HtmlControls;
using System.Web.UI.WebControls;
using System.Web.UI.WebControls.WebParts;
using System.Xml.Linq;

public partial class Admin_News_Manage : System.Web.UI.Page
{
    protected void Page_Load(object sender, EventArgs e)
    {
        if (!IsPostBack)
        {
            if (Session["UserName"] == null || Session["UserName"].ToString() == "")
            {
                Response.Redirect("Login.aspx");
            }
            AspNetPager1.PageSize = 5;
            Bind_List();
        }
    }
    protected void lbDelete_Click(object sender, EventArgs e)
    {
        string delID = "";
        for (int i = 0; i < this.rptList.Items.Count; i++)
        {
            CheckBox ckx = (CheckBox)rptList.Items[i].FindControl("ckbox");
            Label lblDelete = (Label)rptList.Items[i].FindControl("lblDelete");
            if (ckx != null)
            {
                if (ckx.Checked)
                {
                    delID += lblDelete.Text + ",";
                }
            }
        }
        delID = (delID + ")").Replace(",)", "");
        string sql1 = "delete News where NewsID in(" + delID + ")";
        if (DataAccess.ExecuteSQL(sql1, null))
        {
            Response.Write("<script>alert('删除成功');location.href='News_Manage.aspx';</script>");
            Bind_List();
```

```
        }
    }
    public void Bind_List()
    {
        string sql = "select * from News inner join NewsClass on News.ClassID=NewsClass.ClassID";
        SqlConnection con = new SqlConnection(DataAccess.ConnectionString);
        con.Open();
        SqlDataAdapter sqlDa = new SqlDataAdapter(sql, con);
        DataSet ds = new DataSet();
        sqlDa.Fill(ds);
        PagedDataSource pdsList = new PagedDataSource();
        pdsList.DataSource = ds.Tables[0].DefaultView;
        pdsList.AllowPaging = true;
        pdsList.PageSize = this.AspNetPager1.PageSize;
        pdsList.CurrentPageIndex = this.AspNetPager1.CurrentPageIndex - 1;
        this.AspNetPager1.RecordCount = ds.Tables[0].Rows.Count;
        this.AspNetPager1.PageSize = 5;
        rptList.DataSource = pdsList;
        rptList.DataBind();
    }
    protected void AspNetPager1_PageChanging(object src, Wuqi.Webdiyer.PageChangingEventArgs e)
    {
        AspNetPager1.CurrentPageIndex = e.NewPageIndex;
        Bind_List();
    }
}
```

4）产品中心功能模块。产品中心管理模块的功能主要由以下几个文件来实现。

① 显示产品类别列表：Product_Class.aspx。

② 添加修改产品类别：ProductClass_Add.aspx。

③ 添加修改产品：Product_Add.aspx。

④ 显示产品列表：Product_Manage.aspx。

产品类别的管理是产品管理模块的基础。在本设计中，对产品类别只做了简单的设计，在程序中没有实现子类。产品类别的设计实现与新闻管理模块类似，此处省略。

产品管理模块的设计除了一般的添加、删除和修改功能外，它还可以上传产品图片，并可以选择是否在前台界面主页显示该产品。产品管理模块与新闻管理模块存在一定的相似性，都有一个标题、内容，并且都可以添加图片。但产品中的图片与新闻中的图片不太一样。产品的图片与产品是对应的，每一个产品都在数据库中存储了它所对应的图片的相对 URL。新闻和产品都可以根据关键字来查询（在数据库设计中预留了这个功能）。

（4）客户浏览界面模块的设计

客户浏览界面的设计与后台管理界面设计类似，在此也采用了界面模块化的思想，每个页面都具有一定的功能，且页面的命名方式仍采用“模块名+功能名”。

1）页面头、尾设计。在前台浏览界面中，出于界面的整洁一致考虑，使用了 Masterpage.master。前台浏览界面结构主要由以下几个部分构成。

① 页面头部：包括企业网站 logo，菜单。

② 功能页面体：根据不同功能的页面采用页面包含来加入。

③ 页面尾部：包括网站的版权信息和联系方式等内容。

由于使用了母版页，各个内容模块的页面都需要在此母版的基础上，在页面结构的“功能页面体”处加入实现特定功能的页面代码，具体方法参见下面各个模块的实现。页面结构在 Masterpage.master 文件中定义，这个文件可以在网站根目录下找到。

2）代表企业形象的首页设计。因为主页是一个企业网站的门户，用户一般都是首先看到此页（也有个别从链接来看），因此大多数企业都希望在主页上能够显示尽可能多的信息，并且将自己最想让客户了解的信息，尤其是企业新推出的重点产品，放在最醒目的位置。

3）企业简介模块。企业简介模块为 AboutUs.aspx，分为左侧快捷导航和右侧详细信息。为了加强系统伸缩性，在本设计上将不同类型的企业介绍信息存入数据库中。因此，每次打开 AboutUs.aspx 页时，需要传入一个参数用来确定所要显示的企业信息内容。在 AboutUs.aspx 中调用来显示内容的代码如下：

```
private void Bind_Content()
    {
        int ID=-1;
            if (Request.QueryString["ID"].ToString() != null &&
Request.QueryString["ID"].ToString() != "")
        {
            ID =int.Parse(Request.QueryString["ID"].ToString());
        }
        string sql = "select * from AboutUs where ID=" + ID;
        SqlDataReader dr = DataAccess.GetReader(sql, null);
        if(dr.HasRows)
        {
            while(dr.Read())
            {
                lblTitle.Text = dr["Title"].ToString();
                lblContent.Text = dr["Contents"].ToString();
            }
        }
    }
```

用来显示企业介绍类型的代码如下：

```
private void Bind_List()
    {
        string sql = "select * from AboutUs order by OrderID desc,ID asc";
            SqlConnection conn = new SqlConnection(DataAccess.ConnectionString);
        conn.Open();
        SqlDataAdapter sda = new SqlDataAdapter(sql, conn);
        DataSet ds = new DataSet();
        sda.Fill(ds);
        rptAboutUs.DataSource = ds.Tables[0].DefaultView;
        rptAboutUs.DataBind();
}
```

这些模块都是通过连接数据库，动态显示企业介绍的。

4）新闻资讯模块。新闻资讯模块的功能主要由以下两个文件来实现。

① 新闻列表：News.aspx。

② 查看新闻详细信息：NewsDetail.aspx。

5）新闻列表。企业新闻反应了企业的动态，用于企业向外界公布自己的活动之用。客户操作时，一般是首先看到新闻列表，然后再从新闻列表中选择新闻来读。

新闻列表页面的原理是，每次访问此页时，都会从 Request 对象的 Querystring 集合中寻找一个参数：ClassID，然后调用 Bind_News()方法来显示新闻列表。

6）新闻详细信息。在新闻列表中单击新闻名称时，跳转到新闻详细内容页面。在文件中调用显示新闻详细信息的方法为 public void Bind_NewsDetail()，传入的新闻 ID 通过 int NewsID = Convert.ToInt32(Request.QueryString["NewsID"].Trim().ToString())来获得。

7）其他功能模块包括：

① 产品展示模块。下载中心模块功能大致同新闻资讯模块，不同的是产品展示模块显示的是通过产品图片列表来显示产品列表，下载中心提供文件的下载。

② 客户留言模块。功能主要实现留言列表，访客提交留言，在此页可看到访客的留言和网站管理员的回复，这也是企业与客户或潜在客户交流的一个重要手段。

③ 人才招聘模块。实现了招聘信息的发布和提交应聘简历。

④ 联系我们模块。是企业简介的一个类别，由于这个信息比较重要，留有企业的联系方式和企业地址，一般都单独放在一个模块下。

思　考　题

1. 如果一个企业需要自建网站，那么需要具备哪些基本的网站建设知识和工具？

2. 请根据你所设想的在线零售网站所销售的产品或服务特点来设计网站的结构和功能。

3. 请进一步学习 ASP.NET 和 SQL Server 的相关内容，在此基础上尝试分析、设计和实现一个网络零售网站。

第 5 章

网店建设与信息管理

通过对网络零售市场与网货的了解，并通过对网络零售平台进行比较，小王发现 C2C 和 B2C 平台上开店流程和资格要求都有所不同，由于处于创业起步阶段，资金与运营经验有限，他决定首先在 C2C 平台上开店，之后再进入 B2C 平台。有了这样的计划，他选择了淘宝网。之后就需要进行开店前的一系列准备工作了——硬件设备采购、注册账号、准备店铺数据资料、店铺设计、店铺客户与交易信息管理等。本章主要介绍网店开设前对硬件的需求，以淘宝网为例介绍网店开设的基本流程，网店的设计要求，产品图片的拍摄与处理技巧，产品文案信息的基本组成与撰写要求，网店信息发布方式，客户服务与客户信息管理的基本内容。

5.1 网店建设硬件准备

5.1.1 基本设备

（1）计算机和手机

连入互联网的计算机是开设网店的基本设备。根据网店规模与具体需要，可以选择不同配置水平的计算机。一般推荐选择台式机，相对于同等配置的笔记本电脑，其性价比要高一些，但如果移动办公需求较高，建议配置笔记本电脑。

手机也是网店开设的必备设备，主要用于与客户联系，收发相关信息，支持上网功能。

（2）照相与摄像器材

根据开设网店性质，这属于可选设备。如果网店采用的是网络加盟形式，一般总部会提供专业化的产品数据包（产品图片与数据信息），不需要店主自己准备图片视频资料，也就不需要购买照相与摄像器材；但如果没有现成的数据包下载，则需要店主自行准备产品有关的图片与视频资料，这时就需要自己配置数码相机与基本摄影辅助设备。摄影辅助设备一般包括摄影棚、摄影台、摄影灯、三脚架、灯架、反光伞、背景布、柔光板、反光板等，根据需要进行购置。

5.1.2 其他设备

根据具体业务需求，在网店运营过程中往往还需要以下设备，这些可以在网店正式运

营后分步添置。

（1）打印机

在开店准备中，需要添置一台针式打印机，这样才能打印包裹单所用的多层复写纸。喷墨打印机则根据需要可以日后添置。

（2）传真机

当业务量较大时，往往需要与客户进行传真确认，这时就需要添置传真机。

在网店开设初期，硬件采购投入成本比较小，比如计算机和手机，基本上是现代人必备的通信设备工具，在网店初期一般无需重新购置。

5.2　网店开设流程

开设网店在不同平台往往有不同的流程要求，这些要求一般在平台的用户帮助信息中有所说明。一般在 B2C 平台上开店比在 C2C 平台上开店的主体资格要求更高一些。在 B2C 平台上开店一般要求进行实体店铺工商登记注册，而后者要求相对较松。

下面就以淘宝网为例说明开店的基本流程。淘宝网交易平台分为淘宝集市（C2C）与天猫商城（B2C）两个部分。不管在哪儿开店，首先要认证学习淘宝规则，网址链接为 http://rule.taobao.com/detail-62.htm?spm=0.0.0.52.SS0R8G。

5.2.1　淘宝集市开设流程

在淘宝网开店的基本流程包括以下 4 个步骤：

（1）注册登记

如果拥有以前在淘宝网上购买产品的账号，可以不用重新注册，因为淘宝网账户可以同时是买家和卖家两个身份。

进入淘宝网首页，单击左上角“免费注册”。打开页面，可以发现淘宝网当前支持网络在线注册和手机注册，如图 5-1 所示。

图 5-1　淘宝网新用户注册页面

选择在线注册。根据提示输入想要的用户名，输入两遍密码（密码尽量复杂点），输入图片中的验证码，单击“同意协议并注册”。

成功填写基本账户信息后，将进入注册账户流程的下一步：验证账户信息。当前采用手机号码验证，因此请确保用户拥有一个手机并能正常接收手机短信。根据提示输入手机号码，中国大陆用户请保留中国大陆国际长途区号“+86”，单击“提交”。

正常情况下几秒中内手机会收到一条淘宝网发来的短信，将短信中的手机验证码输入到网页上对应的提示框内提交即可。

完成之后用户就拥有了一个淘宝网有效账号。

（2）进行网店店主的实名认证

这是必不可少的一步。单击“我的淘宝”后，可以看到“卖宝贝请先实名认证”的提示。单击它，然后根据提示操作即可。

这一步实际上是进行支付宝实名认证，确定用户的真实身份。认证过程在一定程度上增加了开店的复杂度，但同时也增加了整个淘宝网交易的安全性。最新版本的认证过程需要用户准备好 4 张高清晰的彩色数码照片（不是洗出来的纸质照片，而是保存在计算机中的图片），分别是店主的身份证正面、反面、上半身照片，以及手持身份证的上半身照片。

（3）通过淘宝开店考试

依次进入“我的淘宝”→“我是卖家”，找到“我要开店”按钮。单击后会出现要求参加考试的提示。在淘宝网开店必须通过淘宝开店考试，考试的内容是《淘宝网规则》。

要想通过考试，必须事先认真学习淘宝网的规则，否则开店后因违反淘宝规则而被查封店铺就非常麻烦了。考试通过分数为 60 分，其中的基础题部分必须准确率 100%。

（4）填写并提交店铺信息资料

考试通过后阅读诚信经营承诺书，然后根据提示填写店铺名称、店铺类目及店铺介绍，勾选同意“商品发布规则”及“消保协议”，然后确认提交。如提交成功，则意味着开店成功了。

5.2.2　天猫商城开店基本流程

在这一类 B2C 平台开设店铺的主体必须进行工商登记注册，必须满足当年的商城招商标准，如《天猫 2012 年招商标准》。企业首先要保证自己符合入驻基本条件，再进行注册。天猫商城入驻流程图，如图 5-2 所示。

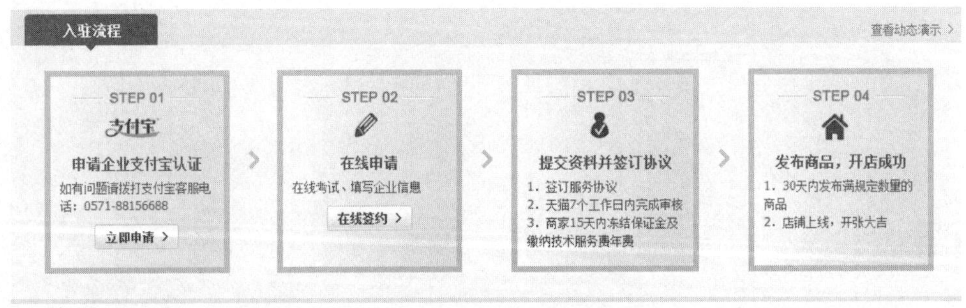

图 5-2　天猫商城入驻流程图

（来源：淘宝商城 http://www.tmall.com/go/chn/mall/zhaoshang_flow.php?spm=3.21146.222307.4.yi0AxQ）

流程如下：

（1）申请企业支付宝账号且通过商家认证

申请企业支付宝账号，完成支付宝账号的商家认证，此步骤在支付宝平台完成，一般

需要 3～7 个工作日。

（2）进入在线申请页面

登录天猫招商频道单击立即入驻天猫并阅读入驻须知；检测支付宝账户；阅读淘宝规则并完成考试。

（3）提交信息

在线输入并提交有关企业、产品品牌的信息资料；确定天猫的店铺名称和域名（一定要认真学习、了解天猫店铺命名规范）。

（4）签约

在线签订服务协议、线上支付服务协议及签署支付宝代扣协议。各位店主需要注意，由于这些合同属于格式合同，直接由平台提供，因此企业进行注册时一定要认真阅读具体的格式条款内容，明确自己与平台的权利与义务范畴，以保证在经营中合法维护自己的正常权益。

（5）等待审核

提交企业的资质及品牌资料等待天猫工作人员审核。资质及品牌资料一般包括企业营业执照副本复印件一份、税务登记证复印件一份、支付宝授权书一份（单击下载）、品牌有关材料。

其中品牌有关材料包括打算在天猫商城经营的品牌清单(在页面中可以单击下载 Excel 表格)。如果要申请品牌旗舰店还需要提供商标权证书复印件或国家商标局受理商标申请通知书复印件；如果企业要申请品牌专卖店，则需要提供商标权（品牌）持有人所提供的商标权证书复印件、商标权（品牌）持有人向企业出具的授权书复印件。

（6）冻结保证金

以天猫账号登录“我的淘宝”→“我是卖家”→“天猫服务专区”，在申请的商家支付宝账号中充入保证金。在 15 天内完成保证金/技术服务年费的冻结缴纳操作。根据天猫商城最新规定，保证金的额度与所开设商店的类别有直接关系。淘宝公司在查收后冻结作为商家保证金。

（7）发布商品信息、店铺上线

以天猫账号登录“我的淘宝”→“我是卖家”→“天猫服务专区”，单击“发布商品”，根据页面提示，在 30 天内发布满规定数量的商品。最后单击“下一步，店铺上线”，店铺注册成功。

5.3　网店设计

店铺开设成功后，就开始进行网店设计，俗称网店装修，包括基本形象设计和高级形象设计。网店设计成果体现的网店风格，是网店形象的外在直观表现，也直接关系到经营风格，最终影响到网络消费者的浏览与购买意愿。因此网店设计也是网店建设中重要的一环。

目前网店设计也已成为一项网络新兴职业，一些企业专门承接网点设计业务，他们非常了解网店的需求，设计出的店铺专业水平比较高，既满足网店运营要求又体现审美观，因此也有很多网络店铺的设计外包给这些专业设计公司，店主自己则专注于网店的主营业务。但是作为网店店主以及一般经营人员，了解网店设计的基本知识与要求既有利于与外包企业的沟通，也有利于进行准确的店铺市场定位。

5.3.1 基本形象设计

（1）店标

目前网店店标一般出现在店铺首页左上方。在淘宝网平台店标也会出现在搜索结果中。店标往往表现为静态或动态图片，具有形象、生动等特点，一个好的店标不仅能够带来较大的店内流量，也能够帮助消费者更好地对店铺进行记忆。

店标图像格式为 JPG 或者 GIF，也推荐使用 GIF 动画，可以切换多个画面表达更多信息。但尺寸限制在 80×80 像素，80K 以内，因此动画不宜太复杂，应简洁明快、醒目易记最好。

店标的设置方法如下：

1）登录淘宝后，对于普通店铺，直接单击右侧“管理我的店铺”。

2）单击基本设置，选择“店铺基本设置”。

3）单击更换店标。

4）上传 80K 以内，100×100 像素的店标。

5）保存发布。

（2）店铺名称

店铺名称是网络店铺的识别标志，对习惯使用搜索引擎的网络消费者来讲，也是网店的重要入口。店铺名称的命名除了遵守“店铺名及店铺其他信息规则”等相关条款外，一般可以参考以下几条原则：

1）通俗简洁、朗朗上口。店名要简短，一般限制在 30 字以内，以便于记忆；名称含义简洁明了便于浏览者理解；易读顺口便于记忆传播。

2）充分利用店铺名称关键字提高搜索概率，因此要根据实际需要设计优化店名，常见的几类关键字元素如下。

① 行业与店铺介绍类关键字：店铺或主营品牌、经营内容、店铺定位等。

② 店铺专业特色类关键字：外贸原单、厂家直销、纯天然等。

③ 店铺经营个性化关键字：发货周期、议价态度、在线情况等。

④ 信誉信息类关键字：好评率、皇冠等。

⑤ 促销信息类关键字：包邮、清仓、新品上架、收藏有礼等。

⑥ 淘宝组织或活动类关键字：商盟、满就送、满就减、搭配减价等。

3）要与自己经营的产品有关。基本要求就是让人看到店名就能够大概了解店铺的经营范围。如“宝贝小屋”“玩具之家”“宠物用户店”。

4）用字吉祥，给人美感。选择符合中国人审美观的文字作为店名，要有文化底蕴，方法主要有 3 种：

① 与经营品质相关的命名方法。如“光明眼镜店”“九鼎诚信数码”“康乐药店”。

② 与民间传说或历史名人相关的命名方法。如“乾隆御膳”“东坡酒家”“嫦娥衣饰”。

③ 与经营服务精神相关的命名，如“日夜商店”“百帮服务”“诚信百货”等。

5）店名中不要使用生僻复杂的字。有些店主选择店名时一味追求独特，采用一些生僻复杂的字，使买家不仅不认识，而且也读不出音来，不便于记忆，也不利于网上商店的口碑传播。综上可以看出，店铺命名的基本要求就是体现经营特色、便于检索记忆。

（3）店铺类别

主要根据店铺的主营产品类目进行选择。如，淘宝网一级类目包括虚拟商品、服装、

美食特产、日用百货、汽车车品、文化玩乐、本地生活等，一级类目下又分为若干二级类目。主要是便于用户进行检索浏览，也便于平台对网络店铺进行监管。

（4）人气类目或热销排行榜

人气类目是为了使买家更好地了解店铺各种产品经营状态而添加的参数，一般在每个店铺只有一个人气类目。这个参数是平台提供的经营系统根据店铺商品和销售状态等数值综合分析得出的店铺中最具有优势的类目，因此这个类目不能手动修改。这个参数也是经营者了解自己优势产品类目的一个途径。因此人气类目根据经营状态变化是可以通过系统自动调整的。热销排行榜这个参数也是系统根据网店近期（一个月内）各种商品销售数量进行排行而自动生成，与人气类相似。主要帮助网络消费者在产品浏览选择过程中起到参考推荐作用。

（5）店铺介绍

一般表现为文字信息，描述店铺的基本情况。如果是品牌专营店，也可以简要介绍品牌起源与品牌文化内涵。描述文字可以通过文字编辑器来设计修改字体、颜色、大小，也可以插入图片和链接等来突出重点信息，既可以使排版更加美观，也容易吸引人们注意。

（6）友情链接

淘宝网店铺设有友情链接位置，用来链接相关店铺的地址。友情链接是一种店铺推广方式，友情链接中的关键字对提高搜索引擎的搜索概率也起着重要作用。需要注意的是，友情链接的数量和质量要进行适当控制。数量太多容易让人眼花缭乱；在选择链接对象时应选择与店铺经营品牌、产品有关的、具有一定影响力的店铺。

5.3.2　高级形象设计

高级形象设计能够进一步突出网店的独特风格，也是目前网店装修必须进行的一项工作。一般可以进行以下工作。

（1）网店模板

网店模板是目前网店装修中经常使用到的一种工具。淘宝网和一些专业工作室向商家提供各种各样的网店模板。全套的店铺设计模板会有多种模板，一般店铺分为自定义页面模板、促销区模板、左侧模块和右侧模块的模板，商品又有专业的商品描述模板。

实际上任何类型的模板设计都需要使用 HTML 源代码，在网店经营中，更新网店页面内容实际就是修改网页的源代码。因此，在选择使用工作室提供的模板时，就是将其提供的代码粘贴到相应的模块的代码编辑器中进行发布即可。

使用 HTML 代码编辑店铺页面时需要注意以下几点：

1）HTML 代码一般保存为.txt 格式文件，使用“全选+复制”方式进行代码复制。

2）如果要编辑公告或者动态文字，也要先把文字在记事本文档中编辑好再复制出来；同样也不要直接从 Word 文档或其他网站复制文字来编辑模板（会影响正常显示和功能），可以将这些文字先在记事本文档中编辑好再复制粘贴到页面 HTML 中相应的位置。

3）在编辑 HTML 代码时最好不要直接使用<Enter>键进行换行，可以使用<Shift+Enter>组合键进行操作。

4）第一次编辑好的模板在发布之前最好保存到一个.txt 文档作为备份，以后进行更新时可以直接使用这个备份，从而提高工作效率。

5）在编辑商品描述页面时，可以插入一些细节图片，从而让买家更清楚商品的材质、做工、花纹图案等，加深浏览者对商品的直观感受。

网店模板的提供者很多，店主再进行选择时可以根据店铺的经营种类、目标市场定位等进行选择，不同模板在使用时要注意保持整个店铺风格的一致性。在经营过程中，店铺的模板是可以改变的，但是整体风格在一定时间内最好保持一致，以给客户留下稳定长久的印象。

（2）可视化编辑

在网店页面设计与更新过程中，借助可视化编辑软件的支持实现便捷的网店页面更新。目前很多网店模板都支持可视化编辑功能，使得网页设计更加方便快捷。

（3）背景音乐

背景音乐是网店设计的一个高级可选项，合适的背景音乐对浏览者能够起到一定的心理暗示作用，从而提高浏览者对店铺信息的吸收能力，提高网店营销效果。

销售不同类别产品的网店往往要根据目标消费者与产品特点选择特定的音乐，如玩具销售店铺一般采用轻松欢快的音乐；茶叶销售网店一般选择古典音乐；时尚服装销售网店可以选择一些最新流行的音乐。合适的音乐既可以使浏览者身心放松，也使他们感受到店铺的文化氛围从而激发他们的认同感。

设置背景音乐还可以根据节日进行调整，如中国的传统节日春节、中秋节等，结合店铺节日活动可以设置一些轻松、喜庆的音乐。

需要注意，不是所有店铺都适合播放音乐，对于这一项，店主一定要慎重选择，否则容易引起浏览者厌烦，设置不当还可能会影响店铺页面的打开速度。

设置背景音乐需要注意以下 3 点：

1）背景音乐一般推荐选择.wma 格式的歌曲，其特点是文件小传输快，播放流畅；.mp3 格式歌曲也可以使用，这种类型歌曲音质比较好，但文件比较大而且要完全缓冲下载后才能播放，会影响店铺音乐播放效果；.rm 格式的歌曲文件都比较大，不推荐使用。

2）选择了歌曲，还要将其转换成网页源代码才能够在店铺中播放。

3）背景音乐在不同的模板中可以设置不同的模块。如淘宝店内可以添加背景音乐的地方分别是：普通店铺可以放在店铺公告和宝贝描述里。扶持版旺铺可以放在右侧自定义模块和宝贝描述里。拓展版、旗舰版旺铺可以放在任意自定义模块和宝贝描述里。目前很多店主习惯普通店铺放置在公告栏里，旺铺放置在右侧自定义模块中，这样就可以避免店铺出现背景音乐重复的现象。

下面简要说明一下背景音乐的设置方法。一般分为两个基本步骤。

第 1 步：要获得背景音乐的网络地址。一般可以使用搜索引擎进行音乐检索。如图 5-3 所示，在搜索引擎首页输入框填入要搜索的歌曲名称，单击“音乐”即可显示出搜索结果。

图 5-3　使用搜索引擎搜索音乐

检索出结果后进行试听，再单击复制歌曲出处的网址（单击复制网址时一定要使用邮件菜单，保证地址完整），再将歌曲网络地址改成歌曲代码。代码改写也有两种方式：①是直接到 http://xxx 在线生成背景音乐代码；②是自己在.txt 文档中编写代码，格式如下。

<bgsound loop="-1" src="音乐地址">

</bgsound>

此代码含义是打开页面后音乐一直播放直至窗口关闭。

<embed autostart ="true" loop="-1" controls="ControlPanel" wideth="0" height="0" src="背景音乐网络地址">

此代码含义是窗口最小化后背景音乐即停止。

可以根据需要选择不同的语句。如果音乐的网络来源地址不稳定，店主也可以将音乐文件下载下来后再上传到自己指定的网络空间。

第 2 步：登录店铺，在合适的位置添加背景音乐代码。将生成的背景音乐设置代码复制到网页源代码相应的位置，保存后单击发布即可。

背景音乐添加后要进行测试，看能否正常播放，如果不能，可以从以下几个方面进行检查：是否已经开启音箱；搜索到的音乐地址一定要试听是否能正常播放；编辑代码时，一定要仔细检查不要遗漏，或者误改“”<>等；经常检查音乐链接地址，搜索来的地址有时候可能会变动；如果听到重叠的音乐，多是因为“后台编辑器内音乐”和“发布后的店铺页面音乐”同时播放，关闭管理后台即可。

（4）视频展示

视频展示是将视频技术与网络购物结合起来，允许商家通过将产品拍摄成视频上传到商品介绍中，使得产品能够得到全面、客观的展现，真实性得到保障，进而提升可信度，在一定程度上也降低了网购风险。视频展示功能有助于提高成交率，还使得一些功能性商品的介绍在制作商品文案时减少大量文字描述和图片的使用，而浏览者通过则对产品功能产生更直观的感受。

自从 2009 年淘宝与四大视频网站推出此项服务后，得到了众多网店店主与网购客户的支持。发展至今，很多视频网站都提供了视频展示服务，而且各具特色，费用也有高有低。

是否选择视频导购服务也与产品自身特点、服务目的有直接关系。一般视频导购能够让网络消费者更加了解产品性能、产品细节、使用方式与技巧等。目前在小电器领域、儿童玩具、服装领域多使用网络视频导购。从效果来看，小电器的安装与使用视频、儿童玩具（电动玩具、轨道玩具等）应用效果良好。由于费用关系，建议店主将导购视频与产品细节图片展示、详细的文字描述等工具结合使用，合理分配营销成本。

5.4　产品拍摄及图片处理

在网络零售中，由于买卖双方难以见面，买方也不能亲自观赏、触摸比较商品，商品信息主要是通过文字、图片、视频等方式向买家进行展示说明，而图片具有直观形象特点，能够从视觉上吸引浏览者的注意，因此拍摄、美化处理图片成为开设网店中的一项重要工作。

5.4.1 产品拍摄

在本章 5.1.1 节中说明，如果是自主开店则需要准备照相与摄像的相关器材。因此拍摄是产品图片制作的第一步。为了拍摄出好的图片，尽可能减少图片处理任务，一般对拍摄人员要进行基本的拍摄培训，掌握商品图片拍摄尤其是细节图片拍摄技巧。

5.4.2 图片处理

拍摄好的照片一般不会拿来直接使用，需要复制到计算机中进行后期处理，这也是商品照片完成前最后一个也是最重要的步骤。由于每个人拍摄技术不同，通过后期处理可以对拍摄时的不足进行修改和完善，还要对图片像素进行调整使其上传到网上后能够正常浏览，同时店主还会对图片添加一些图框和文字进行美化以满足经营需要。

目前经常使用的图片处理软件有 Photoshop、光影魔术手、美图淘淘等。其中光影魔术手和美图淘淘除了可以调整图片画质和效果外，还可以为图片加上水印和精美边框，具有强大的批处理功能，而且操作简单，很适合新手使用。下面就简要介绍光影魔术手的使用。

光影魔术手是一款图片处理软件，不需要专业的图像处理技术，通过简单学习就可以灵活使用，能够满足网店图片处理的基本要求。这款软件可以在其官方网站 www.neoimaging.cn 免费下载，同时还可以下载学习教程和一些素材。对图片进行处理通常包括以下几个方面（以光影魔术手 3.1.2.103 版本为例）。

（1）调整色彩和亮度

如果拍摄的照片颜色偏差、亮度不足，即可利用光影魔术手的“白平衡一指键”和“曲线”功能进行色彩和亮度调整。打开光影软件后，在右侧快捷命令菜单中打开“一键设置”菜单，选择其中的 “白平衡一指键”，如图 5-4 所示。打开对话框后选择“强力纠正”选项，如图 5-5 所示。在原图中单击鼠标左键，图片中的色彩调整达到预期效果，单击“确定”按钮保存效果。

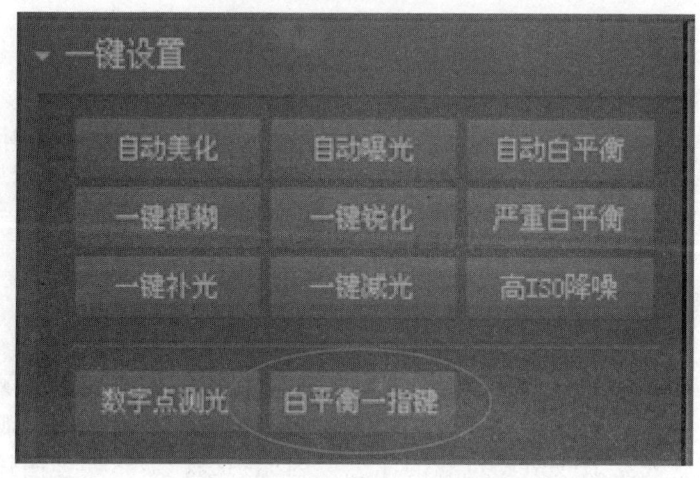

图 5-4 调整图片色彩——白平衡

图 5-5　调整图片色彩——强力纠正

如果照片比较暗，则需要进行提亮处理，反之则要降低画面亮度。通过调整色阶、曲线、对比度等都可对画面亮度调整。如图 5-6 所示的照片，亮度过高，原片中只能看见湖面野鸭，经过亮度调整，水面下的红色鱼群也变得隐约可见。

选择“调整”下拉菜单中的“曲线”命令，打开操作窗口，使用鼠标拖动操作窗口曲线上的小黑点（曲线默认为对角线，可以调整），小黑点可以上下左右移动，随着操作，图片画面的亮度和对比度都在进行变化，越向上亮度越高，越向右对比度越强，反之都相反。当调整达到预期效果时单击“确定”按钮保存调整结果。

图 5-6　调整图片亮度

（2）清晰度调整

清晰度调整是为了突出照片中的某些细节部分。选择菜单中的“效果”→“模糊与锐化”→“精细锐化”命令；或者在右侧的快捷命令菜单中选择“基本调整”→“高级调整”→“精细锐化”。打开操作窗口后，拖动下方的调整滑块，观察预览效果图达到调整要求后单击“确定”按钮保存锐化效果。需要注意，锐化值要合适，若锐化过度画面就会出现光斑，影响画面效果。

（3）图片剪裁

裁剪也是照片处理中经常用到的操作。使用“裁剪”命令，根据需要选择合适的裁剪比例，如“二代身份证”“护照照片”等，也可以自由决定比例和旋转角度。

（4）图片缩放

由于相机拍摄像素比较高，但是商品相关图片上传时要节省空间，一般都有大小限制，因此在处理商品照片时，通常要对照片进行“瘦身”处理。选择菜单中的“图像”→“缩放”命令，或在右侧的快捷命令菜单中选择“便捷工具”→“缩放命令”，打开对话窗口，选中“维持原图片长宽比例”复选框，在“新图片宽度（像素）”参数栏输入所需要的像素值，单击“开始缩放”按钮即可得到指定像素的图片，如图 5-7 所示。

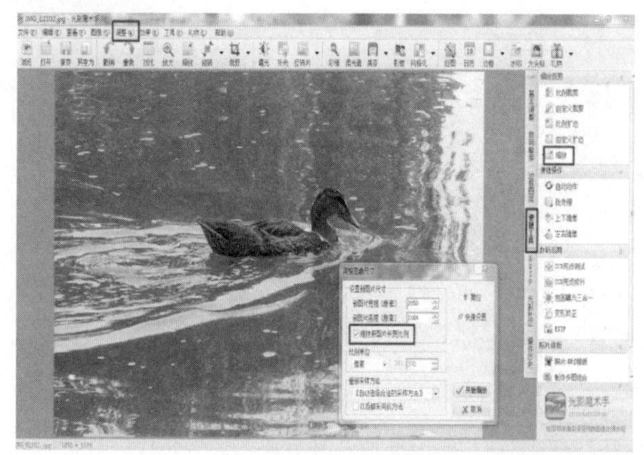

图 5-7　调整图片大小

（5）添加边框

添加边框的主要目的是使图片更加美观。选择“工具”下拉菜单中的“花样边框”命令（其他类型边框也可），或者在右侧的快捷命令菜单中选择“边框图层”→“花样边框”命令或其他类型边框命令。进入操作界面，可以选择自己喜欢的边框，如果预览效果比较满意则单击“确定”按钮即可。

（6）添加文字

在商品图片上添加文字也是一种常见的图片处理操作，添加文字的目的主要是引起浏览者的注意。选择“工具”→“自由文字与图层”命令，进入操作窗口，单击“文字”命令，在文字输入框中输入需要的文字，设置好字体、字号、字体颜色和背景颜色，单击“确定”按钮保存设置。如图 5-8 所示。

单击选中设置好的文字内容后，单击对话窗口右侧的“旋转”按钮，用鼠标拖动旋转功能设置页面的调试拉条，调整到合适的角度后可以单击“确定”按钮保存旋转效果。

单击矩形或椭圆命令可以添加图形，并且可以与文本内容进行组合，通过“图层”命令使得文本总是显示在最上层或进行组合等。“属性”命令可以对文本与添加的图形、线条进行设置，使整张图片看起来更加协调、美观。

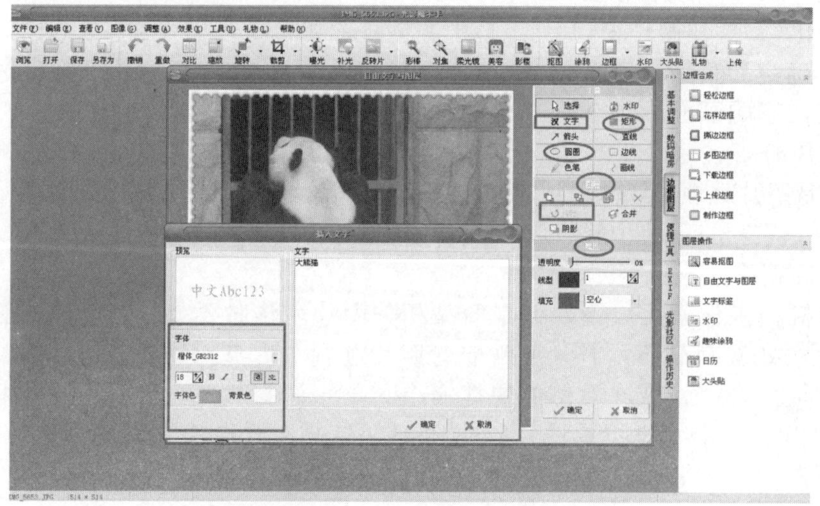

图 5-8　添加图片文字

（7）添加水印

添加水印的主要目的是标明图片所有权，防止自己的商品图片被他人冒用或盗用。因此所添加的水印标识通常是店铺的店标或名称或两者组合。

添加水印的操作步骤与添加文字的类似。添加图片水印可以单击“自由文字与图层”操作对话窗口右侧的“水印”命令，在“打开”对话窗口浏览打开所需要设置水印的图片所在文件夹，选中该文件，单击下方的“打开”命令即可将该图片添加至商品图片，默认为在图层最上层，根据右侧的图层、属性按钮可以对该图片进行设置。最后单击“确定”按钮，水印添加成功。

（8）图片批处理

光影魔术手还具有强大的图片批处理功能。如果照片本身质量就比较高，而且具有统一背景；或者对照片处理质量要求不高；或者照片已经调整好背景和亮度，只需要添加边框和水印，在这种情况下就可以使用批处理功能以提高效率。

选择光影魔术手软件的“文件”→“批处理”命令，如图 5-9 所示。打开“批量自动处理”对话框，如图 5-10 所示。

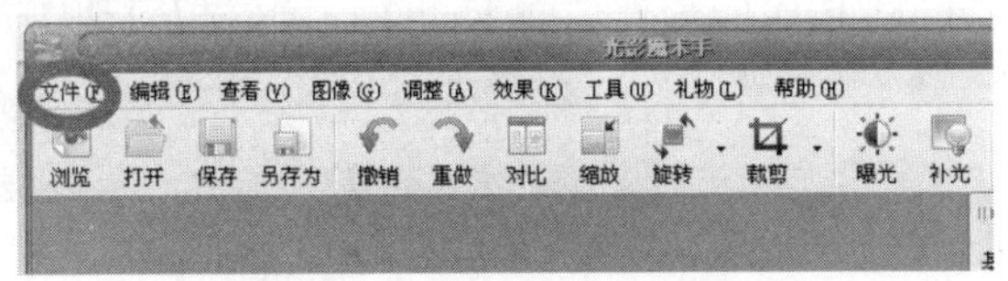

图 5-9　光影魔术手软件

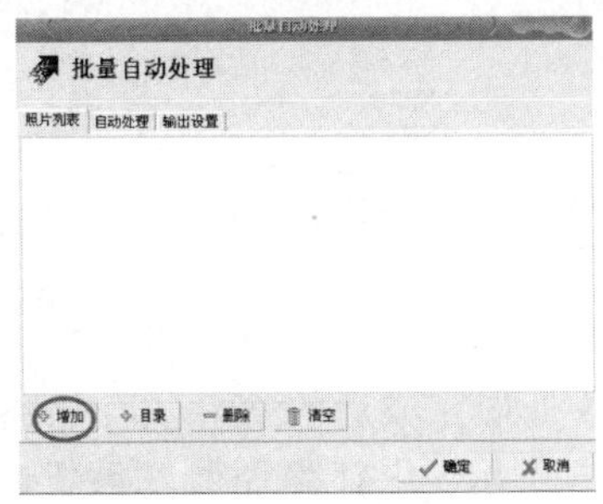

图 5-10　批量自动处理

单击“增加”按钮打开选择文件对话框，如图 5-11 所示，修改文件路径，找到需要处理的照片文件夹，按住<Shift>键的同时选择需要批处理的多个商品照片文件。进入照片批量自动处理界面，如图 5-12 所示。

图 5-11　设置图片路径

单击“批量自动处理”界面上的“+”按钮，选择、增加需要批处理的动作，如常见产品图片处理动作：缩放尺寸、轻松边框、水印等，如图 5-13 所示，单击“完成”按钮，这些选好的动作自动增加到自动批量处理动作列表中，如图 5-14 所示。

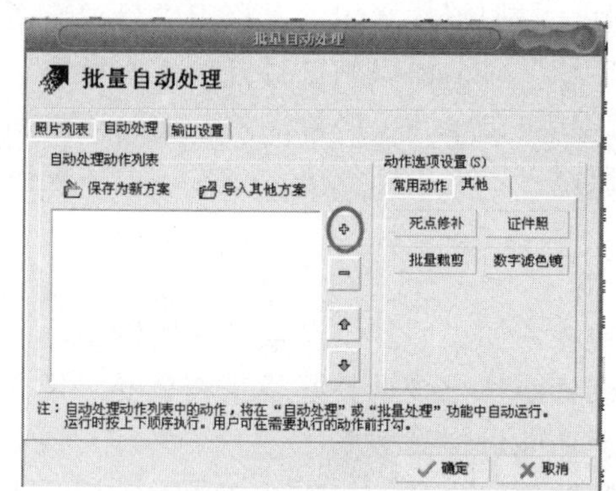

图 5-12　进入图片批处理界面

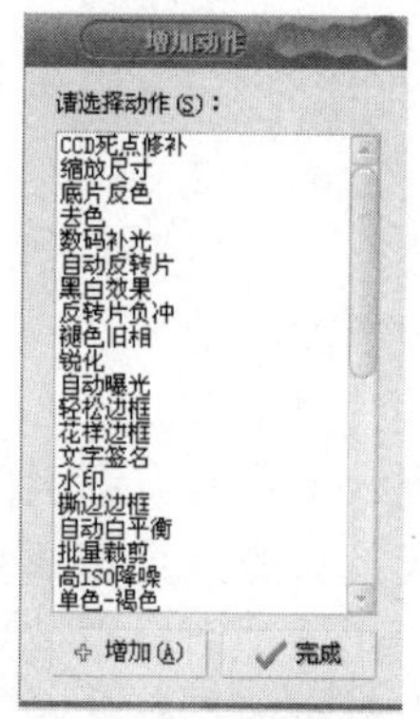

图 5-13　添加批处理动作

然后在“动作选项设置”中按照照片处理要求修改设置好相应动作的参数，如图 5-15 所示。

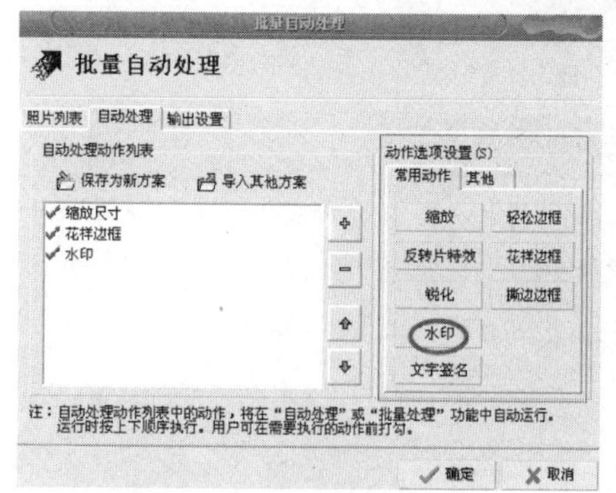

图 5-14　批处理动作选项卡

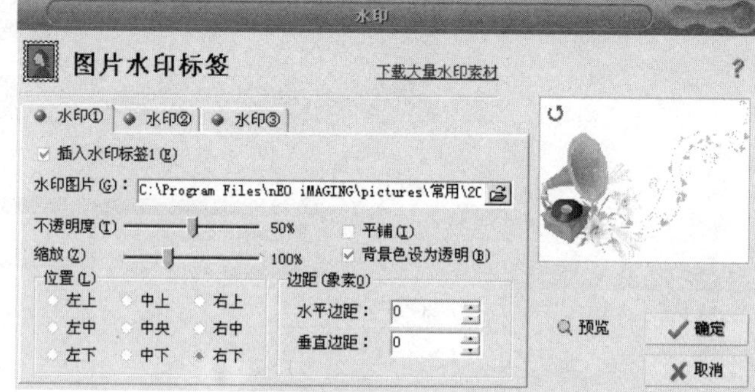

图 5-15　设置批处理动作参数

单击“输出设置”，可以更改处理完成后的文件的存储路径，否则处理完成后的文件会存储到系统默认路径，如图 5-16 所示。保存路径做好重新设定，并且不同时期处理的、不同商品的图片要分类保存在不同文件夹，便于日后查找使用。

参数设置完成，单击“批量自动处理”界面的“确定”按钮，计算机即可按照要求进行图片处理，并保存到指定的存储空间。

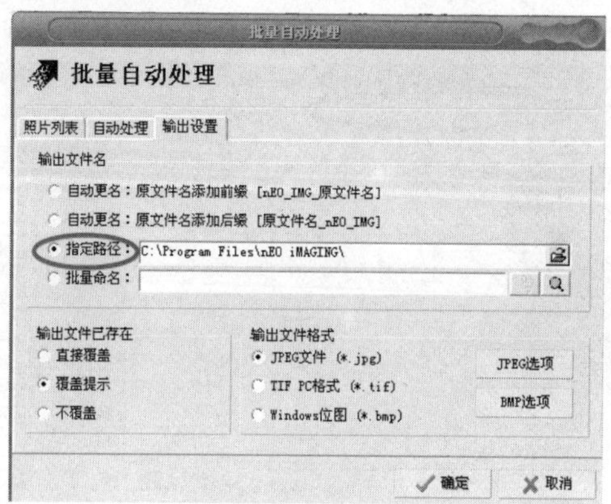

图 5-16　设定处理完成图片的保存路径

5.5　产品文案信息管理

产品文案是对商品进行的描述性文字、图片、视频等的总称，提供给买家来更深入地了解商品。好的商品文案能够为店铺带来大量客户，而粗糙简单的商品信息则难以激发浏览者的购买欲望。当前网络零售中，产品文案的基本要求体现在：真实、全面、生动形象。

产品文案按照其表现形式可以分为文字信息、图片信息、视频信息 3 种。按照文案信息在店铺经营中的作用分为基本文案信息和交易中文案信息。

5.5.1　基本文字信息

基本文字信息主要描述产品的名称、品牌、产地、功能、规格型号、成分、生产日期等。从网店商品信息表现来看，其内容可以分为两个组成部分，即标题和详细说明。

（1）商品标题

不管销售什么类型商品，一定要给它起一个好的标题。什么是好的标题呢？

首先商品的标题和品牌要一目了然，便于顾客检索。买家主要是通过关键字来搜索商品，因此给商品选择标题时要多用买家关注的关键字。一般的标题可以由品牌、品名、规格等组成，顺序可以参照当前消费者对关键字关注程度高低由前向后排列。

商品标题中可突出价格优势，比如使用“打折”“清仓价”等吸引消费者关注。

商品标题中可带有店铺信誉、信用等级等词语，信用等级越高越能吸引消费者关注。

商品标题要带有品牌或者店铺名称，加深消费者印象。

（2）商品详细说明

商品详细说明就是对商品的外观、质地、型号、规格、主要生产技术背景、功能特色等进行具体说明，使得消费者能够进一步深入了解商品。在商品详细说明中，除了文字说明外，往往辅助以图片、视频等直观说明方式。商品详细说明一般包括以下几个方面：

1）商品的背景。为了使得消费者更加了解该商品生产厂家及其品牌，往往会在详细说明中说明商品或品牌的来历，以加深印象。

2）商品规格和功能。这一项介绍必须详细具体，这是影响消费者购买决策的核心因素。大多数功能介绍会采用列表形式，使得消费者一目了然，尤其是要重点突出特色功能。

3）商品的安装使用说明。有些商品需要消费者自行安装，因此在进行商品介绍时，简要说明商品的安装与使用注意事项，可以在一定程度上促进使用效果，也体现出店主对消费者的服务的全面性。详细的安装、使用说明也可以采用组图或视频方式进行说明，提高客户使用效果，以降低商品的退货率。

4）商品价格信息。在不同平台上，同一商品价格往往有差别，但是在同一网络零售平台上，商品自身价格对不同区域的客户来讲是统一的。如果需要对不同地理区域客户区别收费，那就必须进行详细说明，但最好不要使用这种定价方式，网络中的价格歧视很容易引起消费者的反感。

5.5.2 交易中的商品文案信息

交易中的有关商品信息主要是有关于物流服务方式与费用、付款方式、商品退换服务、库存量、产品销售量、商品评价等信息内容。这些信息是消费者进行购买决策的直接参考依据，一定要详细具体地进行说明。比如商品配送方式、不同区域物流服务内容与价格、支持的付款方式、退换货的具体要求、商品的保修等一定要全面具体，以避免不必要的纠纷。

交易过程中还要注意库存量和产品销售量的变化。网络消费者同样也具有从众心理，在网店中，越畅销的商品越容易引起消费者关注，进而根据需求进行采购，因此要关注库存变化，保证能够正常供货。

交易中另一类重要文案信息主要源于客户评价。这些信息内容是新客户进行购买决策的重要参考依据，是商品文案的一个组成部分。评价信息也是店主经营中要管理的对象。当前有很多店主为了提高好评率，采取了一些非正常手段，但这往往是一时的效果。作为创业者，一个网店要想长久经营，同样也要遵守诚信原则，因此客户的好评需要通过完善全面的服务来取得，久而久之就会形成良好的口碑和市场形象。

5.6 在线商品信息发布

5.6.1 网络零售平台的商品信息发布

商品信息发布即将有关商品文案信息按照网络零售平台的商品发布规则与要求发布到网络上，商品信息正式发布以后，买家即可在网络上进行浏览。

商品信息发布需要选择商品发布方式，填写商品名称、关键字、商品类目、商品描述、商品数量、上传有关图片、视频信息资料等。填写这些信息前，首先认真阅读网络零售平台的商品发布规则各项条款，如数量规则、关键字规则、商品种类要求等，以避免违规后商品被迫下架甚至遭到处罚。如淘宝集市商品发布数量限制说明，对不同类的商品、不同级别卖家的商品信息数量进行了限制说明。需要注意的是，随着网络购物的发展，这种数量限制也在不断调整，作为店主要时刻关注应用平台的最新动态与规则变化，及时调整经营策略。

商品发布方式一般有两种，即一口价发布方式和拍卖方式。一口价发布指卖家为商品设置固定价格，买家按照指定价格进行购买，这也是淘宝网中很多店主习惯采用的一种方式；拍卖方式是指卖家设置商品底价和加价额度，让买家们竞价购买，如 eBay、易趣网支持此方式。在一个网店中，最好选择其中之一作为商品发布方式以便于管理。

除了前述两种基本方式，还有团购方式。团购商品信息发布一般在团购平台进行。如淘宝网的聚划算频道、拉手网、美团网等。团购方式首先要设置团购价格和人数要求，买家人数达到要求后才能达成交易。

选择好发布方式就要对商品进行描述。不同平台会有不同的描述模板，但内容一般都包括在商品文案中，因此只需要按照模板的描述方法与要求进行相关内容填写、上传图片、视频信息即可。

商品信息发布中，关键字的选择同样也很重要，关键字一定要选择当前与网店产品、名称、品牌有关的热门关键字，目标是提高网店信息被检索到的概率。由于网络消费者在不同时期使用的关键字也在不断变化，因此商品发布一般选择最短的有效期，这样就可以在较短的时期内，根据网络热门关键字变化进行商品信息关键字的调整和重新发布。

5.6.2　社交网络平台上的信息发布

随着网络消费者在社交网络中活跃程度的不断提升，网络社交平台也成为网络零售商进行商品信息发布和品牌宣传的重要阵地。

社交平台上的商品信息发布，多以品牌传播、新品推荐、促销宣传为目的，由于社交网络中消费者享有更大的信息获取自主权，因此信息发布过程中要关注目标群体的信息需求与偏好，以有趣、易被接受的方式进行发布，形成网店品牌与网络消费者之间的良好互动。

5.7　客户服务与客户信息管理

客户服务指网络零售企业通过营销渠道，利用各种网络工具为满足客户（潜在客户）的需求，提供包括售前、售中、售后等一系列服务。零售网店的客户服务是全过程、全方位的，也是多层次的。因此在客户服务中要根据客户不同的服务需求设计不同的服务方式与服务内容。本节主要讨论网络零售过程中的客户服务与客户信息管理。

5.7.1　客户信息诉求类型

基于网络购物过程中消费者信息需求内容差别，客户信息诉求可以分为以下 4 个层次。

（1）获得产品/服务的基本信息

消费者在进行网络购物过程中，首先关注的是产品/服务自身的有关信息，如产品的核心效能、质地、型号、包装与品牌信息。

通常针对此项信息需求，零售商需要提供完备的产品文案信息，利用图片、文字进行全方位说明。

（2）相关服务信息

这一类信息需求多与产品的买卖、配送、支付、退换货服务、产品的安装等相关。随着网络购物观念越来越多地被网民接受，网络零售产品也出现多层次、多品类特征，个性化特点也更加明显。因此网络消费者不再仅仅专注于产品价格这一个方面，相关服务水平高低也直接影响了消费者的购买意愿。

这类信息需求零售商需要采用用户自助服务与在线人工客服相结合的方式予以满足。在自助服务专区，将一般性服务信息、常见问题解答等分类提供，由网络消费者根据需要自行选择；但有些信息是客户难以自行获得的，就必须要求零售商提供人工客服，对于网络零售来讲，最常见也是最基本的就是人工客服。

根据客户内容不同，也可以将人工客服进行岗位划分，比如，售前、售中、售后客服，需要寻找合作伙伴的零售商也可以设置“合作建议”客户岗位。

在不同行业中，人工客服也可以根据客服内容进行命名，如，医药行业中，人工客服往往设置为“医师”“售后”两类岗位，在灯具行业中，将售后服务又细分为“退货换货”“破损补发”等岗位，提供售后安装服务的网店还可以增值“安装服务”等信息咨询岗位，在客服区域中用文字标识出来，方便网络消费者主动联系。

（3）客户投诉信息处理需求

这一类客户信息需求的满足必须以人工方式完成，客户在交易过程中或者产品使用过程中（三包期内）出现问题，如果不能得以解决会直接导致客户不满意情绪。这些不满意的客户一般分为 3 类：一类是直接放弃产品使用，即使不满意也不会联系企业，新产品也不会要求退货，但是他们也很少会再次光顾店铺；第二类客户则会将自己不满意的情绪以文字形式进行描述，最多见就是在商品评论中给予差评；第三类客户会联系客服人员，反馈问题并希望自己的问题能够得到解决。实际生活中，在网络消费过程中，给予差评、投诉的客户往往是积极向经营者荐言的客户，店主一定要及时采取补救措施，消除不满，减少负面影响。

客户投诉信息服务的主要目的是解决这些不满意客户的问题，提供合适的解决方案，消除客户不满情绪，保持店铺对客户的良好形象。投诉信息服务不仅要重视直接向客服人员投诉的客户，也同样要重视直接给予差评甚至是中评的客户，必须以人工客服的形式提供服务，必须采取一对一方式，逐个解决客户遇到的问题。

5.7.2 在线即时通信工具

在线沟通工具顾名思义就是网民在网络活动中进行沟通交流的工具，在线即时通信工具就是其中一种，如阿里旺旺、QQ、飞信、Skype 等。

阿里旺旺是淘宝网内的即时通信工具。在阿里旺旺上还设置有淘宝店铺的快捷入口，可以快速进入店铺和交易页面进行管理。

阿里旺旺很受淘宝用户的欢迎，在其交谈页面可以方便地看到会员名称和相关资料、显示网络链接的安全性等信息，双方的交谈记录还可以作为双方进行交易纠纷处理的依据。

阿里旺旺在店铺经营中还具有两个不同于一般网络即时通信工具的功能。

（1）网页版阿里旺旺

网页版阿里旺旺的操作比较简单，但由于网页版阿里旺旺不能传输接收文件和使用截图功能，一般卖家很少使用网页版软件。如果必须传输文件就需要借助电子邮箱等工具；如需保存聊天记录还要截图保存为图片格式。

（2）阿里旺旺客户端软件

阿里旺旺客户端软件支持多个子账号，即一个主账号下可以开通多个子账号以提高同一时间点的通信量，这种功能称为 E 客服功能。当一个网店经营达到一定规模以后，仅仅一个账号难以满足回复客户提问的需求，因此需要开通电子客服功能，设置多个子账号满足不同的需要。

1）创建子账号。淘宝卖家信用等级达到 3 颗心时即可开通钱掌柜功能，在钱掌柜操作页面上的“账号管理”中开通 E 客服并设置子账号。进入钱掌柜网店版，单击“账号管理”，单击“新增子账号”，输入要建立的子账号，在“登录账号”中即可显示子账号，再设置密码及该账号角色及权限，保存即可。为了区分不同子账号的主要服务领域，一般子账号多在主账号下，以“****店铺：售前”“****店铺：售后”“****店铺：客服”等作为子账号。

也可用不同的昵称作为子账号。

2）登录子账号。新设置子账号在设置成功 10 分钟后即可正常登录，登录时会员名称为“主账号：子账号”，如“****店铺：售后”，会员名称中间的冒号为英文状态下的符号，密码是在创建子账号时设置的密码。如果忘记密码，需要使用主账号登录页面“账号管理”模块中进行修改。子账号可以登录阿里旺旺，但是不能直接在网店后台和论坛操作。

3）子账户授权。只有成功创建并进行登录过的阿里旺旺子账户才能够被授权。这个权利就是允许子账户以主账户的身份进行后台管理工作。登录过后的子账户不能进行删除，因此这个子账户的授权一定要慎重。

从阿里旺旺 E 客服进入团队管理状态，单击“授权”即可看到主账户下所有的子账户，选择需要授权的子账户，单击“确定”按钮完成授权。只有被授权的账户才能进入后台开展管理工作。在该账户阿里旺旺页面下方显示有“交易”等图标，这是管理模块的快速入口。

授权后的子账户可以由主账户编辑其权限范围，修改密码，确定该子账户是否参与分流等。没有登录过的子账户是可以删除的。

4）挂起功能。挂起功能也是阿里旺旺的特色功能，当客服人员不在计算机前或者不能参与客户咨询时可以选择该功能。选择挂起的子账户一般不会被分流到客户的旺旺咨询，但如果是该账户以前服务过的客户发出的信息，则仍会被分配到该账户。

如果不希望某些子账户被分流，那么在权限管理中就要设置为“不参与分流”，这样该账号挂起时就不会被分流。

5）查看聊天记录。在客户沟通过程中，查看聊天记录是了解客户需要、顺利衔接当前交流内容的重要手段。在网络零售客户沟通过程中，一个工作人员可能在一天工作时间内与上百甚至是上千买家进行过沟通，一个人的记忆总是有限的，查阅记录顺利衔接话题也是对用户的尊重。

聊天记录存放在阿里旺旺服务器上，主账号客户查看所有子账号的聊天记录，子账号可以查看所有和自己交流过的用户的聊天记录。聊天记录的时间是可以选择的，目前阿里旺旺聊天记录查看的时间翻页按钮一般按 7 天进行翻页。

阿里旺旺除了具有在线即时客户服务功能外，还具有流程跟踪、商机发现、客户分类管理等功能，成为店家经营的重要帮手。

阿里旺旺客户端软件已推出手机版，称为手机旺旺，支持智能手机应用。

5.7.3　其他在线沟通工具

在网络平台上，除了以阿里旺旺为代表的即时通信工具外，还有留言板、电子邮件等信息沟通方式。

（1）在线留言

这是网络消费者在使用即时通信工具不能和网店客服人员进行交流的情况下，为了咨询某方面的问题希望店家给予答复而选择的一种方式。网络零售经营者通过留言板与消费者进行信息交流。

比如在淘宝平台上，留言一般可以采用两种形式，旺旺留言和站内信留言。旺旺留言是一般的网络消费用户向零售商家进行咨询留下离线消息，卖家客服人员上线之后阿里旺旺会提示工作人员进行留言回复。站内信留言是卖家或平台向淘宝网消费者发布某些信息，比如提示买家收货、发布一些促销活动信息、平台最新动向等信息内容。买家可以进行相应回复或删除。

（2）电子邮件

电子邮件也是当前网络沟通的一种常用方式，电子邮件与即时通信工具和在线留言板相比较具有信息量大、可以群发等特点。在网店与客户沟通过程中，如果需要使用电子邮件进行联系，首先必须征得买家同意之后才能向其邮箱发布商品信息。

电子邮件信息交流可以应用在多个方面。如网店促销活动广告发布、买家个人咨询信息解答、未能一次性解决的投诉问题等。目前电子邮件联系方式在大型网络零售商中应用较多，在小型/个人网店经营中应用率较低。收集客户有效的邮箱地址并征得其同意，是中小卖家使用这种沟通工具面临的较大问题。

5.7.4 网店客户信息的统计

客户信息统计是网店经营中一项基本活动，也是店主了解网店当前经营状态的一个途径。

（1）客户信息的分类

网店客户信息一般分为以下 3 类：

1）客户描述性信息。主要是关于客户的自身属性特点的描述，如客户名称、账号、联系电话、电子邮箱地址、兴趣爱好等。

2）客户行为信息。主要是关于在本网店的产品浏览情况、进入网店的频率、交易频率、交易金额、对店铺促销活动的反应、对产品的评价态度、购物中交流信息、客户投诉或建议信息等。

3）营销性信息。这一类信息主要记录店铺对客户的营销行为，很多店主在经营中为了拉近与客户的关系，往往在交易谈判中为客户提供一些附加价值，比如额外的价格优惠、赠送小礼品或免去邮寄费用等，还有一些是应客户请求向客户的电子邮箱、手机中发送促销信息或新品信息。这些数据多是店主容易忽略的，营销性信息记录可以帮助店主根据客户以往的营销活动反馈情况在客户联系过程中针对性的采取服务策略。

（2）客户信息的收集方法

网店客户信息收集分以下 2 种情况：

1）潜在客户信息的收集。这些客户经常浏览网店产品，但尚未进行交易，店主需要借助后台网页浏览统计软件记录网民浏览情况；若网站自身无统计功能，也可以考虑使用第三方提供的统计服务。在信息收集过程中需要注意消费者隐私权保护，因此信息跟踪多以无记名方式进行，在信息统计过程中往往得到的是汇总数据。

2）关于现实客户的数据收集。这些数据多来源于网店经营中营销活动、销售活动、客户服务中获得的数据资料，可靠性比较高。在很多店铺中尚未实现客户数据的分类管理，很多客户数据处于零散分布状态，借助于网店经营系统可实现这些数据的收集，进行分类整理后可以存放在网店自己的客户数据库中。

（3）客户信息的分析利用

网络零售竞争日益激烈的背景下，充分分析利用客户数据，发挥信息价值提高网店经营决策效率是保持竞争力的重要手段。

1）及时发现客户需求。如第 5.7.1 节所述，网络消费者个性化需求日益明显，通过对网店浏览者浏览行为分析，可以帮助店主更好地了解网络消费者对产品的关注度，发现客户产品需求规律，进而及时调整销售策略与进货策略。

2）实现网店客户分类管理。对客户购买频率或购买金额分析，可以实现按照客户价值分类管理，如淘宝平台自身对其会员按照对平台价值贡献值大小分成 V0～V6 共 7 个等级，其中 V0 级是新注册会员，不同级别会员在平台上享有不同的购物特权，网络零售商家（店主）同样也可以根据客户对店铺贡献大小实施分级管理，既能激发老客户的购物欲望，也能帮助客户获得更多的让渡价值。淘宝网会员等级与特权，如图 5-17 所示。

特权等级		V1 会员	V2 会员	V3 会员	V4 会员	V5 会员	V6 会员
购物特权	购物折扣	√	√	√	√	√	√
	良速购	√	√	√	√	√	√
	试用中心特权	√	√	√	√	√	√
	VIP 专供	×	×	√	√	√	√
服务特权	极速退款	√	√	√	√	√	√
	生日祝福	√	√	√	√	√	√
	旺旺特权	√	√	√	√	√	√
	分享特权	×	√	√	√	√	√
	在线客服专席	×	×	√	√	√	√
生活特权	海花影视书城	√	√	√	√	√	√
	支付宝特权	×	×	√	√	√	√
	订酒店	×	×	√	√	√	√
	看电影	×	×	√	√	√	√
	音乐	×	×	√	√	√	√
	网游	×	×	√	√	√	√
	美容护肤	×	×	√	√	√	√
	保险	×	×	√	√	√	√

图 5-17　淘宝网会员等级与特权

（来源：http://vip.taobao.com/all_privilege.htm?spm=a230r.1.0.33.kEFmXO）

3）及时进行服务补救，提高客户满意度。在网店产品评论信息与网店人工客户服务投诉处理过程中，经常会发现客户关于产品或服务的投诉、抱怨信息。这些信息虽具有一定主观性，但却是广大客户对网店产品与服务监督的结果。网店经营者应及时关注、整理这些信息，认真反省分析。若属于网店经营失误或产品质量问题的情况，则应及时承认失误并采取补救措施；若不属于网店经营中的问题，则应及时给予客户满意的解释，并鼓励下次继续购买。补救措施得当，可以重新获得客户的好评，店主还要适当引导客户对措施进行评价或在自愿情况下修改评论信息。

思　考　题

1. 请根据教材内容，尝试在淘宝网上开一家网店，并试运行。
2. 在淘宝上开设店铺的基本形象设计包括哪些内容？高级形象设计包括哪些内容？
3. 若在淘宝上销售服装类产品，如何进行产品的图片处理？
4. 如何将淘宝销售产品与社交网络链接并推广？
5. 作为网络零售顾客，你曾投诉过哪些问题？得到什么样的回复？如果你作为卖家，要如何处理这些问题？

第 6 章

网店运营与管理

小王组建的团队所开设的儿童服装网店已经成功开通，店铺逐渐赢得交易，交易量也在逐步上升，但是小王以及所在团队面临着货物采购、货品定价以及商品促销等方面的问题，这些问题都是决定店铺今后发展的大问题，同时，在网店运营与管理的过程中有很多地方做的不规范。小王以及所在团队必须解决这些问题，并最终在网货采购、货品定价、商品促销等方面形成一个科学规范的网店运营和管理体系。本章主要介绍关于如何对网店销售商品进行采购，如何对当前商品进行适当定价，并且以淘宝网为例介绍网店的定价步骤，以及在网店的管理过程中如何进行有效的促销方式的基本内容。

6.1 网货采购策略

从理论上来说，互联网上可营销任何形式的实物产品。但实际上受各种因素的影响，网络还不能达到这一要求。一般而言，企业在网络销售的产品应该具有以下特性：

1）市场饱和度较低。物以稀为贵，产品越稀有市场前景越广阔，如科技含量很高技术水平很先进的数码产品。

2）适用性强，市场覆盖面广。无论消费者身处何方都会有需求的产品，如零食、服饰、生活用品等。

3）地域优势。可以低价买进高价售出的产品，如广东的家具，深圳的数码产品。

4）网络销售成本明显低于其他销售渠道的产品。

5）消费者可从网上取得信息，即做出购买决策的产品；如果产品不能在线上取得顾客的信任，则不适合选择。

6）物流问题容易解决、便于配送；考虑到物流问题，最好不要选择易损坏，易腐坏的产品。

7）名牌产品。省去了很多宣传费用，同时易于获得顾客的信任。

8）网络群体目标市场容量较大的产品。如在实体店不容易买到却很实用的新奇商品。

9）虚拟产品，如文件文档、视频音乐、虚拟币充值、话费充值等。

10）手工、DIY 等特色产品。比较有特色的商品无论在什么地方都会受到欢迎。

11）特殊服务。如鲜花派送，信件保存等。

6.1.1　货品选择

目前，网络零售的货品（简称网货）正在成为一种主流的商品，种类、数量都在迅速增长，基本包括了人们生产生活、衣食住行各个方面的商品需求，主流的品牌厂商也纷纷加入网络货品的大潮。

（1）采购网货需要考虑的因素

网络零售商采购网货时，应该多站在最终消费者的角度，将消费者需要考虑到的因素在采购时就考虑到。除此之外，在采购时还需要考虑货物存储、进货资金预算、货品特色、货品质量、价格、供应商信用等一系列问题。

1）货品要有特色。对于网络零售商品而言，有一个要求就是商品有“特色”，即必须在一定地域范围或者一定的文化范围有相当的知名度和影响力。每个货品背后都应该有属于自己的故事，丰富的文化内涵是其“特色”之关键。

2）货品具有良好的质量。人们在网络购物中最担心的就是商品质量难以保证，而这种担忧的源头来自于网络的虚拟性质和商家信用度的欠缺。对于具有购物欲望的消费者来说，无法预先体验商品是一大壁垒。因此，想在网络上进行零售更需要保证货品具有良好品质。

3）价格合理。对于当前消费者而言，进行网络购物的最大原因在于低价。当然，因为网络可以省去很多传统商场无法省去的相关费用，商品附加费用很低，所以能够提供低价货品。但是从长远来看，低价不是网络零售的核心竞争力。适当的价格、良好的品质保证、符合网络发展的运营与服务才是其与传统商场和市场竞争的核心。

4）信用。网络购物市场信用问题，已经成为制约电子商务发展的瓶颈问题。买家购物越来越注重信用问题。消费者在确定购买之前，基本都会了解卖家的信誉度。因此，要想进行网络零售必须搞通各个平台相关的卖家评价机制，比如淘宝网的好评、差评以及如何对差评进行解释。

5）要充分考虑自身产品的性能。产品从是否可及时评价可划分为两类，一类产品是消费者在购买时就能确定或评价其质量的产品，称为可鉴别性产品，如书籍、数码产品等；一类是消费者只有在使用后才能确定或评价其质量的产品，称为经验性产品。产品可以按是否有大的创新分为标准性产品和个性化产品，前者如书籍、数码产品等；后者如服装、食品等。一般来说，可鉴别性产品或标准化较高的产品易于在网络营销中获得成功，而经验性产品或个性化产品则难以实现大规模的网络营销。从该方面来考虑，企业在进行网络营销时，可适当地将可鉴别性高的产品或标准化高的产品作为首选的对象和应用的起点。

6）要充分考虑实物产品的营销区域范围及物流配送体系。不可否认，除了地域的概念与束缚外，在实际的网络营销中，还必须考虑到自身产品在销售上的覆盖范围，以取得更好的营销效果。谨防利用网络营销特点，忽视自身营销的区域范围，而使远距离的消费者发生购买时，出现无法配送而使企业的声誉受到影响，或在进行配送时，物流费用过大的现象。

（2）选购网货的技巧

网络零售商采购网货的目的，是为了最终能够将网货销售出去，因此，站在最终消费者的角度选择网货，是网货采购中最重要的技巧。此外，还需注意以下几点。

1）品牌效应。品牌是产品品质的保证，很多人都会受到品牌的影响。品牌是一种外在的形象，给人一种心理安抚。

2）商品的个性化特色。每个人都有自己的需求，看待东西的眼光也是不一样的。因此，出售的货品应有自己的特色，比如服装，在款式、色彩、价格、适应人群等方面应有独特的定位。

3）制约因素的影响。从事网络零售必须要时刻注意消费者在每个阶段的需求。就像服饰，它会随着季节变化而影响销售。为了加大产品销售的数量，必须时刻注意外在环境变化的制约。

4）质量保证。物有所值，是所有人所追求的。网货给人的感觉是空泛的，最多只能看一下网上的相关资料，而拿到实体的东西（物件）已经是后面的事情了。所以，要对商品给出一定的保证（要在采购环节就保证商品的质量），才能让顾客放心。

5）信誉。没有信誉的店铺，就算里面的商品再好，顾客也不敢轻易地去购买；而信誉度高的店铺，因为有消费者的评价，可以放心地购买。因此，信誉是经营好网络零售店铺的根本。

6）宝贝描述。讲诚信的卖家通常会将自己所卖商品做到描述详尽，各项性能指标、规格、使用期限等逐一列举。网络零售应杜绝字意模棱两可的介绍，不玩文字游戏，如“正品”“正版”，省去后期回答顾客疑问的时间和精力。也防止有些恶意买家抓住某些不清楚的细节对卖家进行敲诈。一旦出现纠纷，宝贝快照将成为客服判断是非的证据。

7）保留交易手续。价格比较高昂的大宗货品一定要向供货商问清来路，如果供货商可以开发票，尽量索要发票。无论大宗小宗，和供货商之间的往来邮件、聊天记录都需要保存，以防日后需要证据的时候拿不出来。

8）计算好邮费。若选择网上批发采购，因为地域的关系，邮费通知和所标价格不同，确定购买之前一定要与供货商事先协商妥当。

9）纠纷处理技巧。遇到货物质量不好，或是名不符实的，要先与供货方进行积极的沟通，如果错在供货商，切记不要辱骂或是恶意诽谤，收集整理交易记录等证据，移交相关部门处理。

6.1.2 购货渠道

网货采购渠道是指将网货从生产厂家转移到销售环节所经过的路线，所经过的层次越多，渠道就越长，反之则渠道越短。

（1）购货渠道的选择

确定卖什么之后，就要开始找货源了。网上开店之所以有空间，成本较低是重要因素。掌握了物美价廉的货源，就掌握了电子商务经营的关键。

以服饰类商品为例，一些知名品牌均为国家统一价，在一般实体店最低只能卖八五折，而网上可以卖到七折或八折。那么，如何才能找到价格低廉的货源呢？

1）密切关注市场变化。充分利用商品打折找到价格低廉的货源。就拿淘宝网上销售非常火的名牌衣物来说，卖家们常常在换季时或特卖场里淘到款式品质上乘的品牌服饰，再转手在网上卖掉，利用地域或时空差价获得足够的利润。

2）关注外贸产品。如果有熟识的外贸厂商，可以直接从工厂拿货。在外贸订单剩余产品中有不少好货品，这部分产品大多只有 1～3 件，款式常常是明年或现在最流行的，而价格只有商场的 4～7 折，很有市场。

3）买入品牌积压库存。有些品牌商的库存积压很多，一些商家干脆把库存全部卖给专职网络销售卖家。如果卖家有足够的谈判本领，能以低廉的价格把他们手中的库存购进，定能获得丰厚的利润。

4）拿到国外打折商品。国外的世界一线品牌在换季或节日前夕，价格非常便宜。如果卖家在国外有亲戚或朋友，可请他们帮忙，拿到诱人的折扣在网上销售，即使售价是传统商场的 4～7 折，也还有 10%～40%的利润空间。

5）批发商品。一定要多跑地区性的批发市场，如北京的动物园、秀水街、红桥，上海的七浦路、城隍庙，不但熟悉行情，还可以拿到很便宜的批发价格。

找到货源后，可先进少量的货试卖一下，如销量好再考虑增大进货量。在淘宝网上，有些买家和供货商关系很好，往往是商品卖出后才去进货，这样既不会占资金又不会造成商品的积压。

总之，不管是通过何种渠道寻找货源，低廉的价格是关键因素。找到了物美价廉的货源，网上商店就有了成功的基础。

（2）供货商的选择

供货商一般可以分为大批发商和小批发商两种，两种批发商都有各自的优势和不足。

大批发商一般是指正规的大型厂家，这种批发商货源充足，服务态度好，如果长期合作还能争取到更为特别的折扣和优惠，以及一些别的“特殊待遇”。这种批发商比较好找，用任何一种搜索引擎都能搜出很多来，他们一般由厂家直接供货，货源比较充足，质量、服务都有一定保障。但是，批发商做大了，订单也就多了，所以难免有时候服务跟不上。此外，大批发商一般都有固定的回头客，不怕东西批不出去，因此往往很难与其谈条件，尤其是比较麻烦的换货。在收到有瑕疵的东西时能够直接返回给批发商，换好之后再寄回。如果正好遇到批发商的订单太多时，就有可能因为缺货或其他原因造成迟迟收不到要换的货的情况。此外，大批发商要求的起批量往往较大，很容易给资金储备较少的店主带来困扰。

小批发商一般指那种刚刚起步的批发商。一般的零售做到一定程度，对某一行业的货源、顾客需求等都有一些了解后，就转作批发。这类批发商由于刚起步，还没能招揽到固定的批发客户，知名度也不高，往往为了争取客户，要求的起批量较小，价格一般也不高。网店店主一般均可按照自己的进货经验和他们谈条件，包括价格、退换货等方面，而且售后服务有时候也比大批发商要好一些。小批发商往往存在一个诚信问题，用户可以从同行处获得一些评价。

在找到批发商之后，就是谈价格和一些细节问题了。每个批发商都会有一些主打类商品，为了吸引顾客的眼球，往往把这部分商品的价格定得较低。可以多找几个批发商，分别批发其用来吸引顾客眼球的主打类商品，减少成本投入。

（3）和供货商打交道要注意的问题

无论最后选中的是哪种批发商，都应该注意如下几个方面的问题：

1）注意个人形象，不说外行话。

2）了解批发商的性格，做到知己知彼，如果能与之交朋友，也许可以得到更大的优惠价位，对调换货也有好处。

3）有些条件要先谈清楚，如调换货问题，什么可以换，换的周期是多长，都要在事前谈清楚，以免以后引起纠纷。

4）商场如战场，瞬息万变，在这里没有永远的朋友，只有永远的利益，要时刻保持清醒的头脑。

5）在确定了主要进货地点之后，也要经常到别的批发商那里转转，以保证尽可能多的拿到最新最优的商品，同时也可有效避免“宰熟”现象。

6.2 定价策略

网络零售企业相比传统的零售企业，在价格策略方面更注重个性化、差别化和动态化。同时互联网技术提高了网络零售企业对数据的处理以及与顾客进行互动和沟通的能力，因此其定价策略能够更加灵活，更能满足顾客的意愿。

6.2.1 网络营销产品定价根据

价格作为营销组合中的四个因素之一，是唯一可以给企业带来利润的决定因素。过度的利润会引发竞争者的加入，加剧竞争，因而，价格的制定便有了一些微妙之处。而在网络营销产品定价更是会因为网络极强的互动性、个性化等特点，而带来价格具有浮动和动态的特点。

在传统的营销中，价格会细分为价格表、折扣、折让、付款期限及赊销付款条件等策略要素。而网络的价格对于网络用户而言是完全公开的，价格的制定会受到同行业、同类产品价格的约束，因为网络为消费者提供了一个广泛比较的空间，制约了企业通过高价格获取高额垄断利润的可能。同时，企业在实际的经营运作中遇到的各种情况实在复杂，以致决策者不得不在多种期望中做出取舍。

（1）网络营销产品定价需考虑的因素

1）商品的价值成本因素及供求关系。成本是定价首先要考虑的因素。供求也是影响定价的重要因素。

2）国际化因素。企业在为产品确定价格时，要考虑国际化因素，针对国际市场的需求状况和产品价格状况，确定企业的产品价格。

3）趋低化因素。由于网络营销使企业的产品开发和促销成本降低，企业可以进一步降低产品价格。同时，由于网络的开放性和互动性，市场是开放和透明的，消费者可以就产品及价格进行充分的比较、选择。因此，要求企业以尽可能低的价格向消费者提供产品。

4）弹性化因素。由于网络的互动性，顾客可以与企业就产品价格进行协商，也就是可以议价；另外，企业也可以根据每个顾客对产品提出的不同要求来制定相应的价格。

（2）网络营销产品定价的根据

在网络经济时代，企业制定产品的价格会比在传统营销时更为微妙，因为互联网的竞争更为激烈。在网络环境下，任何企业都不能孤立地制定价格，而必须按照企业的目标市场战略及市场定位战略的要求来确定。网络环境下营销产品的定价根据如下：

1）立足于市场。在网络环境下，市场仍属于起步期，企业进入网络营销市场的主要目标是占领市场求得生存发展的机会，然后才是追求企业的利润。目前网络营销产品的定价一般是低价甚至是免费的，以求在迅猛发展的网络虚拟市场中寻求立足的机会。企业制定价格首先考虑生存，而后才是利润。

2）理想的利润。获取利润是商品生产经营者的主要目的，也是企业定价的一个根本依据。企业总是想把产品的价格设置得尽可能高，同时又能令顾客满意。这样，企业便能在填补生产和营销成本的同时，获取最大的利润反馈。但较长时间的过度利润会把更高的投资引向本行业，导致产品供过于求，迫使价格降低，利润也相应减少；同时较高价格也会遭到消费者的抵制和促使替代品的增加。所以，企业通常会选取获得适当利润的定价目标，以维持经营的稳定性。对于企业而言，在投资本金收回的情况下，只要能获取适度的利润，就可以维持企业的经营，以适度利润为目标定价，即单位商品价格等于其成本加上适度的目标利润。由于商品价格适中有利于稳定市场价格，因此顾客乐于接受，政府也会积极鼓励。

3）维持和提高市场份额。市场份额又称为市场占有率，是指某一市场上出售某种产品的销售量相对于该企业同一时期内该类产品在这一市场上总销售量的比率，通常用百分比来表示。扩大商品的销售量，维持或提高企业的市场份额，是营销成败的关键。由于在网络环境下，信息对称，企业产品尤其是同类产品之间的竞争也激烈，因此只有保持或扩大销售量，维持或提高市场份额，企业才能获取较高的利润，才能提高企业在市场中的地位和形象。

4）增加销售量。在其他条件不变的情况下，销售增长率的提高与市场份额的扩大是一致的。所以，追求一定的销售增长率也是企业制定产品价格的依据之一。由于竞争激烈所以市场经常变化，市场份额的高低更多地取决于本企业与竞争对手的销售额对比情况，销售额提高，利润也因此相应地提高。以销售额为目标的企业需求将价格的高低设置得足以填平成本。另外，它们也必须保证产品有很好的供给，以满足客户的需求增长。

5）提高市场竞争力。企业对市场竞争中的地位历来是十分重视的。强者力图保持有利地位，弱者则试图由弱变强。尤其对于一些产品，客户很少看到它们之间的差别。在这种情况下，索取比其他企业更高的价格是不明智的，客户不会愿意支付更高的价格，所以企业必须根据竞争对手的价格来设置自己的价格。在某些行业，一家企业如果讲价的幅度太高，就会引起价格战，导致所有企业的利润不断下滑。

6）树立和保持企业形象。企业可以利用产品价格树立和保持产品或企业形象。许多消费者认为，价格和品质是相互关联的，高的价格一般意味着好的品质，低的价格则意味着较差的品质。所以企业若致力于树立品牌形象应该维持比竞争对手更高的价位。若企业想吸引以成本为观念的消费者，则应将其价格保持在低于竞争对手价格的水平。价格形象是企业整体形象的一个重要组成部分，同时也是反映其他形象的一个重要手段，需要产品其他方面因素的相应支持，否则，就会造成市场定位的混乱。比如低质高价，顾客肯定会认为是假冒伪劣产品。而企业还要能够获得规模效应，从而使产品的成本降低，否则，低价定位是难以维持的，或者，往往会被顾客看成是一种短期的临时措施。

（3）网络环境下的营销产品价格特征

网络上定价的特征与传统销售相比更突出且更有新趋势，根据网络的特点，可以发现网络环境下的营销产品价格有如下特征：

1）个性化。网络间互动性使个性化行销成为可能，大多数消费者由于互联网的特性，使他们与厂家之间可以更直接地沟通与交流，因而可以根据产品的外观、颜色、型号等信息来估量商品价格，这种定价方式更受厂家和消费者欢迎。

2）会员制。网络零售往往采用会员制的方式拟定价格，通常会员价会比非会员要实惠得多。会员制的设立需要依据卖家和买家双方的意愿。

3）歧视性。歧视性价格是指企业将同一种类的产品以不同的价格卖给不同的客户。在网络环境下，商家可以根据每一位消费者而重新确定产品，这种方法使商品完全没有替代性，消费者只能从一个商家手中获得此种产品。由于交易属于个别行为，其他人不知道购买者订购产品的价格，购买者也不知道其他人为产品所支付的价格，这也是定制定价的体现。定制不公能更好地满足消费者需求，而且可以减少仓库。如李维斯（Levi's）牛仔服饰、海尔冰箱都有这方面的尝试。戴尔公司在此方面做得更好更出色，由于进行定制生产，其产品平均库存时间在 8 天以内，而普通的电脑企业平均则需要 80 天，可见戴尔的魅力所在。

4）低价格。网上营销采取的是直接销售的方式，并不需要店铺，这为低价位销售创造了条件。互联网是从免费共享资源发展而来的，因此用户一般认为网上商品比一般渠道购买商品要便宜。对于一般商品而言，价格与需求量之间具有生命力，重要原因之一是网上销售的商品价格普遍低廉。

5）实时定价。互联网的大规模普及使交易成本大大降低，几乎所有的商品都可以实行采购公开招标。各种产品的价格公开，利于顾客方便地进行比较和选择。迫使企业采用实时定价，如之前所提到的竞价拍卖、议价拍买、集体议价等。

6）免费价格。此策略是许多新兴的网络公司一举获得成功的模式。免费价格策略就是企业的产品和服务以零价格形式提供给顾客使用，满足顾客的需求。企业采用这种方式有以下目的：一是让用户免费使用习惯后，再开始收费，如原来的免费邮箱、免费 QQ 号等；二是挖掘后续的商业价值，先占领市场，然后再在市场中获得收益。如雅虎公司通过免费建立用户站点，经过 4 年亏损之后，通过广告收入等间接受益扭亏为盈，它的免费策略占领了未来市场，而且具有很大的市场竞争优势和巨大的市场盈利潜力。

7）捆绑价格。在互联网上，信息产品通常是大量集中的，企业根据顾客的消费习惯，将一些性能相近的产品捆绑在一起销售。如微软公司在 Office 中就包含了 Word、Excel、PowerPoint、Access、Outlook 等多个组件。

8）顾客主导定价。互联网发展使需求方由过去的被动选择地位提升为主动选择地位，顾客的需求引导着生产。所谓顾客主导定价是指为满足顾客的需求，通过充分的信息来选择购买或者定制生产自己满意的产品或服务，以最小的成本获得最大的收益。它是一种双赢发展策略，既能更好地满足顾客的需求，又使企业能更充分地了解目标市场，从而使企业生产经营和产品研发更加符合市场竞争的需求。

6.2.2 网货定价策略

（1）折扣定价策略

折扣定价策略是目前我国网上零售企业普遍采用的一种定价策略，即以“高质低价”为原则进行定价，可以有效地吸引顾客的注意。网上购物消费者对价格的敏感程度是呈上

升趋势的，因此实行折扣定价策略，有利于网上零售企业提高市场份额和竞争力，扩大企业的知名度，吸引更多价格敏感型的顾客。

在实施价格折扣定价策略的过程中，网上零售企业相比传统零售店更有优势。网络零售企业在渠道费用、库存费用、固定资产投资等方面拥有很大的成本压缩空间，使其有能力将节省的这部分资源转化为“折扣”让利给顾客。

我国的网络零售企业，如淘宝网、当当网等，皆以折扣定价作为其长期的定价策略，对其产品进行平均 8～9 折的折扣，甚至有些商品可以达到 2～3 折的超低价。这看似牺牲了一部分短期利益，实则有利于正处在市场成长期的网络零售企业的长期发展，促使其扩大企业规模和市场占有率。同时，利用折扣商品作为策略性商品吸引顾客的目光，在无形中提高了对其他非折扣品进行销售的几率。

（2）差别定价策略

差别定价是指企业在出售完全一样或是简单差别化的同类产品时，对不同的消费者索取不同的价格。差别定价被认为是网络营销中的一种基本的定价策略。然而在互联网时代的今天，网络零售企业要想成功运用差别定价，就必须对其实施条件和实施方式进行研究。

1）差别定价的实施条件。实施差别定价一般可以通过以下几种方式：根据顾客的类型不同，即对于相同的产品或服务，不同顾客可能愿意支付的价格不同；根据产品的形式不同，不同形式的产品可以制定不同的价格，而这种价格的差异并不一定是由成本造成的；根据销售的地点不同制定不同的价格，实质是一种基于区域的歧视定价；根据销售时间的不同制定不同的价格。

2）网上零售企业实施差别化定价的方式。在信息高速流动的互联网时代，生硬的采用地点、时间来对定价采取差别化，不仅容易被消费者所察觉，而且会对企业的形象造成极大的损害。

案例：亚马逊差别定价

下面通过亚马逊实施差别化定价的一个失败的案例，对网上零售企业实施差别化定价的方式进行分析：

亚马逊在 2000 年 9 月曾对 60 多种 DVD 碟片进行差别定价，根据对客户的统计资料、在亚马逊的购物历史等信息确定某些 DVD 碟片的报价，如某款 DVD 对新顾客报价为 22.74 美元，而对老顾客的报价则为 26.24 美元。

通过这一定价策略，部分顾客付出了比其他顾客更高的价格，亚马逊也因此提高了销售的毛利率。但是亚马逊的这一差别定价很快被细心的顾客发现，并通过虚拟社区交流了这一信息。那些付出高价的顾客纷纷在网上以激烈的言词对亚马逊的做法进行指责，并质疑亚马逊对客户网络隐私的侵犯行为。尽管最后首席执行官贝索斯公开对顾客进行了道歉，这次失败的差别化定价还是使亚马逊在经济上和声誉上都受到了严重的影响。

亚马逊的这一次差别定价之所以会失败，首要原因是它并不符合实施差别化定价的 3 个条件：

1）亚马逊只是众多 DVD 经销商之一，而不是 DVD 价格的制定者，虽然 DVD 产品的需求弹性存在巨大的差别，亚马逊可以对顾客进行细分，但是亚马逊在细分时并没有考虑

防止套利这一重大因素，即这种定价方式无法防止老顾客通过重新注册伪装成新顾客而实现套利。

2)亚马逊的定价方案实际上是对老顾客的一种歧视定价,这与关系营销的理论相背离,因为企业的销量主要来自老顾客的重复购买，亚马逊这一做法伤害了对其利润贡献最大的老顾客的利益。

3）亚马逊忽视了互联网时代信息传递速度极快这一特点，消费者可以通过虚拟社区实现信息的交流,并且这种交流不管在速度上还是范围上都是以往任何一个时代所无法比拟的，亚马逊自认为很“隐秘”的差别定价策略也因此在第一时间暴露于众目睽睽之下。

由此可以看出，在信息时代的大背景下，顾客通过互联网的搜索功能和各种产品对比工具，可以很方便地获取和产品有关的信息，因此，传统的对完全一样的产品进行差别化定价不再现实，这就要求企业要谨慎地使用差别定价策略。

对于我国的网上零售企业，在实施差别化定价的过程中，除了要满足上例中的 3 个条件外，还必须对差别化定价的方式有所完善和创新：

① 通过服务实现产品差别化。服务可以使核心产品更具个性，同时服务这一元素的加入还可以有效地防止套利。如顾客在购物完毕时可以选择“特快专递”“平邮”“送货上门服务”等，以此支付不同的价格，就可有效地实现个性化和差别化。

② 采用捆绑定价。在捆绑定价中，单件产品标价不变，而企业通过对所提供的产品组合制定差别化的价格,可以转移顾客对不同价格的关注度并解释制定不同价格策略的原因,避免冲突。例如购买一瓶洗面奶需要支付 29 元，如果再购买一瓶价格为 25 元的爽肤水，则总共支付 50 元即可，这实质是一种根据顾客购买数量而采取的差别化定价策略，同时也可起到一定的促销效果。

③ 将产品分为不同的版本以实现差别化，对不同版本的产品进行差别定价可以弱化产品间的可比性，同时更为消费者所接受。例如网上销售江民 2013 版杀毒软件需支付 128 元，但如果已经安装了价值 90 元的江民 2012 版，则只需支付 68 元就可获得升级包，升级为江民 2013 版，由于可以对安装时间进行监控，所以避免了新顾客先买 2012 版再买升级包进行套利，同时又是对老顾客的一种优惠。

可见，差别化定价对于我国网络零售企业来说是把双刃剑，认识其实施条件，创新其实施形式，完善其实施方法，才能真正有利于整个网络营销定价策略的开展。

（3）动态定价策略

动态定价指企业根据单个交易水平的供求状况及时确定出售产品或服务的价格。动态定价是利用网络信息技术对差别定价的一种完善和升级,使其定价水平更适应市场的需求、顾客和竞争者的变化。对于顾客来说，随着可选商品和可选商家的增多，需求和口味处在“动态”的变化中，因此网络零售企业要针对消费者的口味变化对价格进行调整。对于网络零售企业来说，网络技术使获取市场和顾客需求变化信息的成本大大降低了，同时由于网络零售企业有较低的“菜单成本”(即调整价格时发生的贴标签、换标签等成本)，使其有能力根据市场和竞争者的变化“动态”地在价格上做出反应，从而提高企业的竞争力、减少过多存货的风险，并赢得更多顾客的青睐。

1）根据产品生命周期进行动态定价。产品在市场中通常会经历引入、成长、成熟和衰

退 4 个阶段，根据每个阶段产品所要完成的盈利目标和市场潜力的不同，网络零售企业应对其定价进行动态的调整，从而分别达到寻求投资回报、获取最大利润、保持市场占有率、最大限度获取眼前利润的目的。以期刊这种时效性很高的商品为例，一旦超过了销售期就应下调价格，例如 99 网上书城，刚刚上架时 20 元的期刊，当新的一期出版后，老的一期则以 8 元的打折价出售，一方面使价格反映了价值的动态变化，另一方面也便于企业消化库存，盘活资金。

2）根据顾客的需求进行动态定价。顾客的需求应该成为网络零售企业定价的“风向标”，企业应该适时观察和把握顾客需求的变化，并将这些信息动态地体现在价格的制定上。顾客在夏季对空调、风扇等制冷家电产品需求旺盛，而冬季则是这类产品的需求淡季，国美电器网上商城经常在冬季对空调、电扇进行打折促销，取得了良好的收益，通过价格的刺激，实现了“淡季热卖”，让利于顾客的同时，从整体上提升了商品的需求旺盛则形成销售旺季，反之则是该种商品的需求淡季。

3）根据竞争者的情况进行动态定价。由于顾客获取信息日益便利，使其有能力对不同的网络零售企业进行比较，从而选择其认为最“物美价廉”的。对于网络零售企业来说，要想在顾客的“比较”中脱颖而出，就要首先将自己与同类的购物网站进行比较，并以此为依据不断地进行价格的动态调整，以制定出有竞争力的价格。国外著名的 Book.com 网上图书中心利用其计算机系统将自己的图书价格与亚马逊及巴诺网上书店的同类图书进行比较，列出比较图，如果看到某项价格高于对手则会进行适当调价。我国一些大型网络零售企业目前也建立起了针对同类零售网站的“监控”系统，针对竞争者的价格变动、打折促销活动动态地调整自己的价格以适应激烈的市场竞争。

综上所述，折扣定价策略是网络零售企业吸引顾客、提升竞争力的有力手段；差别定价策略促使网络零售企业进行市场的细分，从而提高自己的盈利水平和销售额；动态定价策略使网络零售企业能对顾客需求、市场变化和竞争者的动向做出快速的应变。这些定价策略并不是彼此独立和分离的，而是一种融合关系，共同作用于我国网络零售企业的定价活动，使产品和服务更好地与其在顾客心目中的感知成本相符合，和本节的其他相关策略一起，实现顾客让渡价值的最大化，从而提升企业在顾客心目中的形象和地位。

6.2.3　网货定价技巧

（1）心理定价

包括尾数定价和整数定价两种方式。

1）尾数定价。

① 让买家感觉便宜，比如：吊坠　￥99 元。

② 体现精确，比如：丝巾　￥9.99 元。买家会觉得这个产品是精确确认的产品。

③ 数字吉利，比如：手机　￥888 元，追求吉利，是很多中国人的心理需求。

2）整数定价。

① 引导多买，比如：核桃　￥100 元 4 斤包邮。在北方的菜市场比较常见，比如苹果，十块钱三斤，买家会觉得这东西不是按斤卖的，而是按价钱卖的，会引导买家多买。

② 彰显尊贵，比如：衣服，量身定制 1 万元，尊贵的东西，体现身份，奢侈品常用。

（2）分割定价

包括价格分割、数量分割、明升暗降、化整为零等。

1）价格分割。主要让买家感觉便宜，容易接受。比如：黄金，都是按照克来报价的，不会按照公斤来。如买一条手链，标出 30 万元/公斤，会把买家吓跑的。用 300 元/克来进行定价效果就很好。

2）数量分割。比如浙江桐乡榨菜，传统的销售方式是一缸一缸地卖到杂货店，然后杂货店再一斤一斤卖，卖家买回去切成丝自己加工。后来香港的一些商家大批量采购后弄成小包装，再卖回大陆。二两一包，一小包对于吃泡面来说刚合适。这样把榨菜分成小包装来卖，几毛钱几块钱，比一缸缸卖，一斤斤卖利润翻了好多倍。淘宝卖特产商品的很多商家即采用这样的分割方式实行网络零售。

3）明降暗升，易忽视。比如成本涨价，货品也明着涨的话，买家很难接受，此时可以采用数量分割，比如：原来 1 包 500 克卖 9.2 元，现在可以 1 包 450 克卖 8.8 元，包装还是一样，就是量少了一点，买家不会注意少了 50 克这个问题。

4）化整为零，易接受。比如 1 箱 900 元，可以按照 1 袋 9.9 元来卖。

（3）引导性定价

包括会员身份引导、数量引导、换季促销引导等。

1）身份引导。会员身份引导的目的在于留住买家。买家级别设置，即只要买过东西的就是会员，以后再买就给优惠，定价有利润空间就可以利用这个方式留住买家。只要价格策略执行得好，就能够让买家感受到真实的优惠。比如：普通会员 9.8 折，高级会员 9.5 折，VIP 会员 9 折。

2）数量引导。其目的在于鼓励多买。比如满 200 元立减 20 元，满 88 元包邮。

3）换季促销。其引导的主要目的在于减轻库存。不建议直接把价格标底，可通过相关活动的方式进行，比如换季满 200 元送 200 元，比直接打五折的方式好。

（4）差别定价

差别定价包括产品、地点、时间等差别。

1）产品差别。最直接体现在产品的包装上，比如葡萄酒：裸装 36 元，简装 39 元，精装 58 元。

2）地点差别。在网货上体现最明显的就是运费，比如：运费模板，省内多少，江浙沪多少，外省多少，远一点的地方多少。

3）时间差别。换季的东西就要区别去卖。当季的就贵一点，反季的就便宜一点。比如塑身内衣，夏天买 300 元送 200 元。

（5）特价品定价

包括互补产品特价、部分产品特价等。

1）互补产品特价。即拿一部分产品区做特价。比如摄影灯设置为正常价格，而摄影棚设置为特低价。

2）部分产品特价。比如拿 3%产品免费、限时特价、秒杀、拍卖。

6.2.4 定价步骤示例

不同的定价策略有不同的步骤。下面以淘宝网店为例，对定价步骤进行展示。

（1）发布商品（见图 6-1）

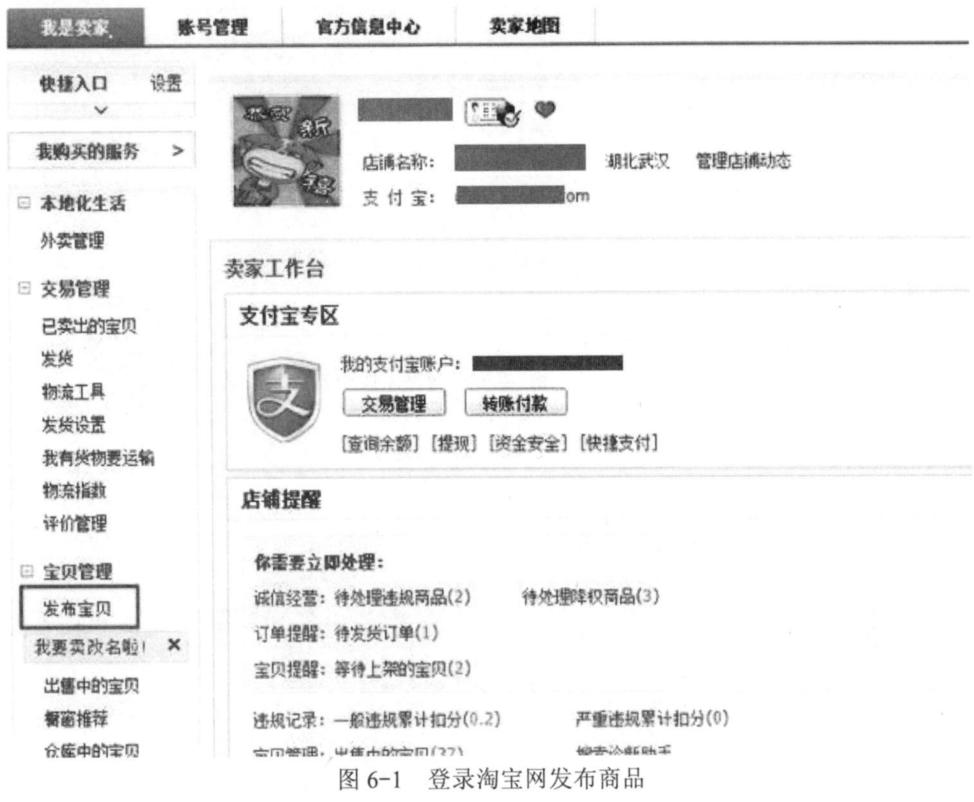

图 6-1　登录淘宝网发布商品

（2）选择定价方式（见图 6-2）

图 6-2　选择商品定价方式

（3）选择商品类目（见图 6-3）

图 6-3　选择对应的商品类目

（4）商品信息描述（见图 6-4）

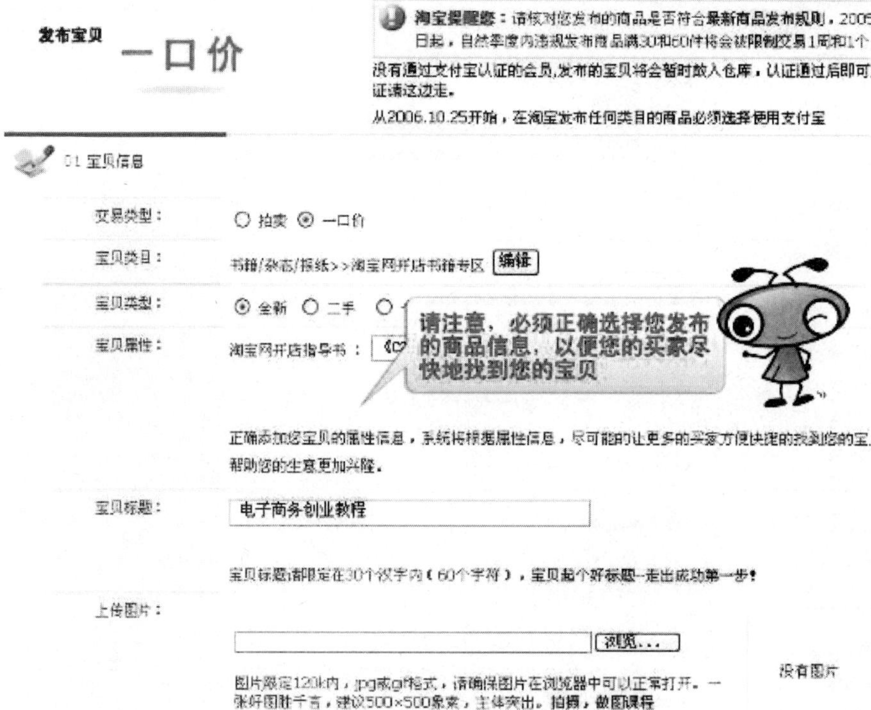

图 6-4　商品信息描述

（5）确定商品价格（见图 6-5）

图 6-5　确定商品价格

（6）确认商品定价（见图 6-6）

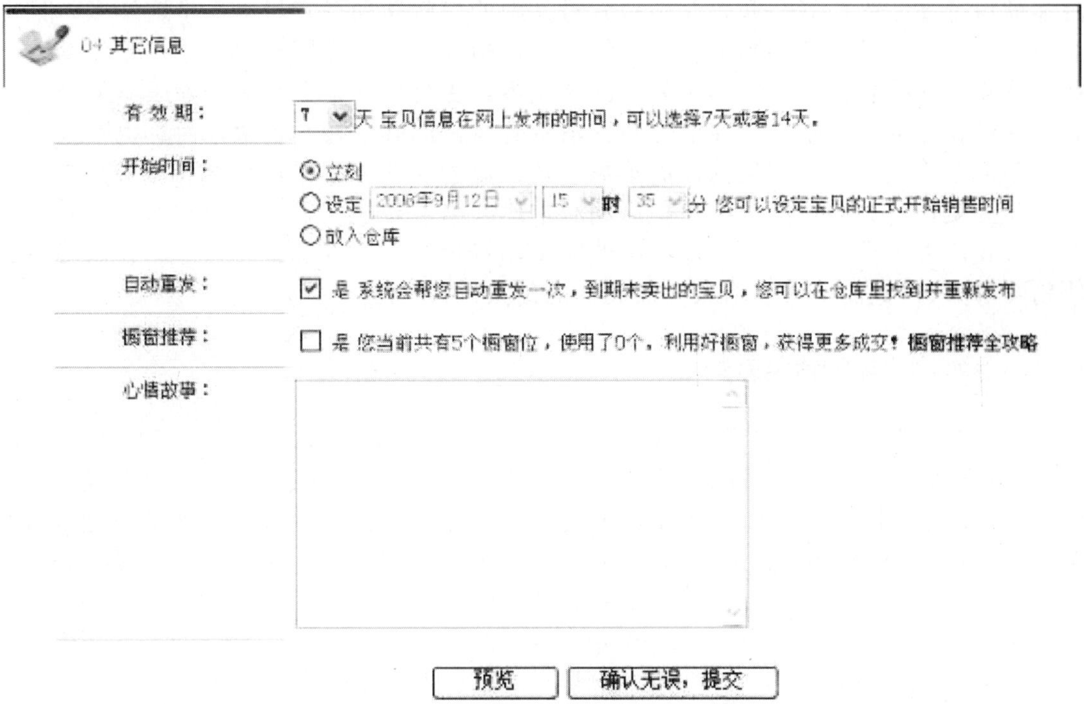

04 其它信息

有效期：7 天 宝贝信息在网上发布的时间，可以选择7天或者14天。

开始时间：立刻
设定 2008年9月12日 15 时 35 分 您可以设定宝贝的正式开始销售时间
放入仓库

自动重发：是 系统会帮您自动重发一次，到期未卖出的宝贝，您可以在仓库里找到并重新发布

橱窗推荐：是 您当前共有5个橱窗位，使用了0个，利用好橱窗，获得更多成交！橱窗推荐全攻略

心情故事：

预览　确认无误，提交

图 6-6　确认商品定价

6.3　促销策略

6.3.1　促销的实质

销售促进属于短期性的刺激工具，用以刺激消费者和贸易商较迅速或较大量地购买某一特定产品、服务。美国市场营销协会（AMA）对促销的定义是：人员推销、广告和公共关系之外的，具有增进消费者购买和交易效益的那些促销活动，诸如陈列、展览会、展示会等不规则的、非周期性发生的销售努力。

促销是一种短期行为，是一种战术手段，其目的是为长期的战略服务。在促销中，价格是最重要的武器，但降价并不是创造效益的唯一路径，还可以考虑走增加价值的路线。需要注意的是，促销有可能会对品牌造成伤害，但也可以在促进销售的同时，不伤害甚至增加品牌价值。促销并不仅仅是营销的一个组成部分，其本身也可以构成一个完整的系统，通过“整合促销”以实现许多原本达不到的功能。

促销可以创造顾客的经济利益和心理利益，从而带来“溢价收益”，这是促销的实质。以三星为例，据 IDC（Internet Data Center，互联网数据中心）公布的 2012 年第三季度全球智能手机市场数据显示，三星在当季的智能手机出货量高达 5 630 万部，全球市场份额达到 31.3%；而排名第二的苹果公司在同期的手机销量为 2 690 万部，

市场份额为 15%，不足三星的一半[⊖]。在整个 Android 智能手机市场，为什么只有三星能够保持高收入、高利润？是消费者对品牌的信赖帮助了三星。三星连续多年推出高质量产品，以及持续不断的高额营销推广，抬高了它的品牌形象；也正是借助这一品牌形象，三星各档位手机的销售都因此受惠。更重要的是，市场上除了苹果公司之外，还没有任何一家手机厂商能够建立消费者对其品牌的持续信赖，而这也在很大程度上帮助了三星。多年积累的品牌形象，使三星能够在高端手机市场保持溢价能力；这种品牌溢价能力，也成为三星拓展利润丰厚的高端智能手机市场的利器。而与之相对应，其他大多数手机厂商只能在中低端市场打价格战，或者在高端市场强调所谓的“物美价廉”，进而造成高增长、低利润的结果。

6.3.2 促销中媒体的特色差异

促销方式可分为人员推销、公共关系、营业推广及广告 4 种促销方式。现在流行的促销手段，例如面对消费者的折价、优惠券、免费样品、退款、兑换印花、事件行销、酬谢包装、奖品等都非常多。以前的促销工具是很单一的，随着技术的发展开始逐渐地丰富起来，新的促销工具不断被创造，原来的工具也借助技术不断扩展。例如，“优惠券”开始是企业自己印刷，然后是通过纸质媒体传播，现在可以通过网络下载。

要充分利用网络零售平台提供的营销工具。以淘宝网平台为例，淘宝网给店主们提供了淘宝客推广、辅助媒介推广（旺旺主题群、网络小团体）、博客推广（自己动手写博客、借力博客写手）、论坛推广（发帖、回帖）、微博、微信推广（创建公众平台、发微博、发广告）等。另外，还要积极参加平台举行的各种活动，利用各种平台许可的方式宣传店铺，如周末疯狂购、促销频道、淘金币等一些活动。

案例

网络的产生和发展使促销有了更大的发展空间，网上推销已经显示出许多优点，例如方便快捷、易于搜索信息、减少库存等。星巴克一直以来采用的都不是传统的营销方法，而是颇具创意的新媒体形式。星巴克和 ipart 爱情公寓的合作，在爱情公寓的虚拟店面进行的植入性营销，就很好地向我们展示了网络的力量。2009 年，星巴克与两岸三地唯一的一个以白领女性、女大学生为主设计的交友社区网站（Female Social Networking）——ipart 爱情公寓合作。把星巴克上海滨江店装到巨大礼盒中，并在爱情公寓网站上做成了颇有创意的“虚拟指路牌”，还以倒计时的方式勾起顾客的好奇心。并实行了线上线下活动结合的概念，虚拟的神秘礼包和实体店同时开张，加深了顾客的印象。虚拟的星巴克也延续了实体店的温馨舒适，以高品质的生活感来凸显品牌的层次。并结合爱情公寓内的产品来提升曝光度。还增加了见面礼、活动报道、咖啡小教室等板块提升了网友的参与度。星巴克滨江店的宣传从品牌形象到虚拟分店开幕、新产品推出再到线下赠送消费者优惠券等一系列活动都让消费者了解到了他们的态度，没有感觉到这是在做广告。维持并增强了星巴克在消费者心中的良好形象。

类似上述案例中的活动，如果没有网络的支持，是一个不可能完成的促销。网络为我

⊖ 为什么是三星，http://tech.163.com/12/1112/00/8G2O8OSD000915BE.html

们展开了新天地，过去由于网络不成熟，有些想法没有可能实施，但随着条件的日益成熟，网络媒体可以让促销模式越来越丰富。当然，网络的发展仅仅是技术的一种，还有许多可以利用的新科技，例如短信、彩信、电子邮件、服务软件等。

6.3.3　网上促销策略

同传统零售企业一样，网络营销中的促销对于提高网络零售企业的销售额也起着重要的作用，要求企业的营销人员根据网络零售企业的特点及网上购物消费者的特征制定相应的促销策略。网络零售企业的促销活动具有即时互动、形式多样及针对性强等特点，通常有以下几种促销形式：

（1）网络广告促销

广告是促销中一个永恒的主题，通过广告可以传播促销信息，刺激顾客的购买欲望。而互联网为广告加入了更多的元素，如多媒体、实时互动等，这使得网络广告成为大型网络零售企业促销的先锋，其形式层出不穷，不断翻新，比较有代表性的网络广告包括旗帜广告、按钮广告、弹出广告等。

旗帜广告是网页中最常见的也是最有效的广告形式，占所有互联网广告的 60%，通常放在网页的最上方或最下方，可以设计成静态、动态或 flash 形式。网络零售网站通常将一些热荐商品放入其中，由于其位置比较醒目，因此可以在众多的信息干扰中吸引浏览者的注意力，如图 6-7 所示。

图 6-7　旗帜广告

按钮广告一般表现为图标，通常是网络零售企业用来宣传其产品或专栏的特定标志，它的面积一般较小，可以放在相关栏目或内容旁边，当顾客单击该按钮时，则会被带入另一个网页，因此常被当作进入延伸界面的桥梁，如图 6-8 所示。

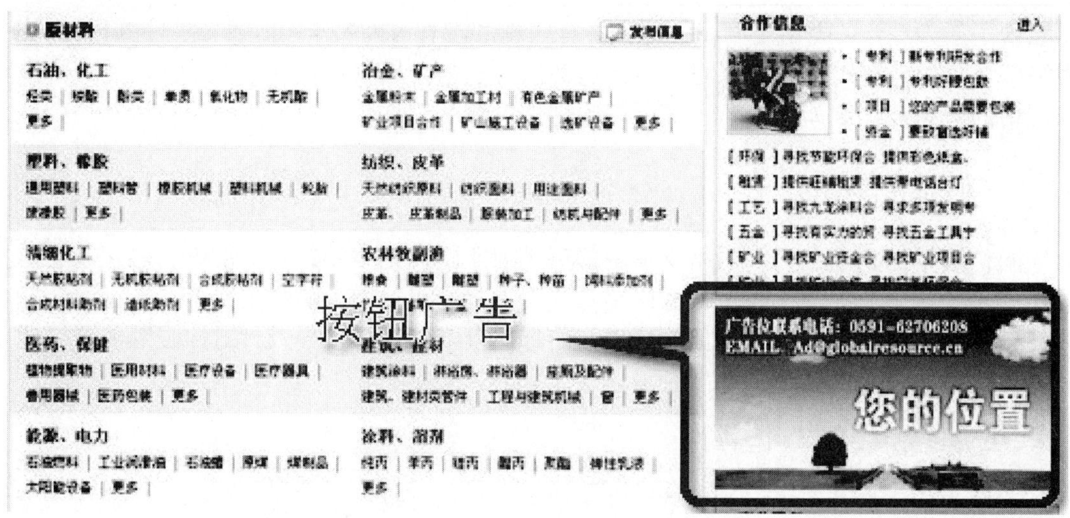

图 6-8 按钮广告

弹出广告，即当一个网站被打开时，在网页的一处弹出的广告，由于其“跳跃式”，比较容易吸引顾客的注意力。这些广告一般显示几秒钟即消失，顾客如果对其感兴趣点击即可，网络零售企业可用它公布一些即时的促销信息，如图 6-9 所示。

图 6-9 弹出广告

在线游戏广告，即利用小游戏作为广告的平台，是一种顾客参与性很强的网络广告形式。如某购物网站为南孚电池做的“足球射门”促销广告，南孚电池的品牌标志就出现在球门的背后和左右，顾客点击鼠标进行射门，每次射门失败之后就会出现“坚持就是胜利”的广告，能有效地引起顾客对产品的联想，从而潜移默化地加强品牌宣传效果。同时，这种游戏广告由于满足了顾客的娱乐体验，因此更能加深顾客对促销信息的印象和认同感。

网络“窄告”，即“窄而告之”“专而告之”，是针对性原则在网络广告中的体现，如图 6-10 所示。网络窄告一般由统一的广告代理商将企业的广告有选择地投放到不同的网站，可直接放置在与之内容相关的网络媒体的文章周围，还可以根据浏览者的偏好，使用习性、地理位置等，有针对性地将窄告投放到真正对产品和服务有兴趣的浏览者面前，例如在涉

及保健知识的网站为网络零售企业的蜂蜜、阿胶等产品发布促销广告，这样可以大大提高广告的有效性。同时，网络零售企业在对网络广告进行管理的过程中，要注意对其内容和形式进行不断地更新和完善，以增加其趣味性和新鲜感，从而更有利于广告信息被顾客所接受和记忆。

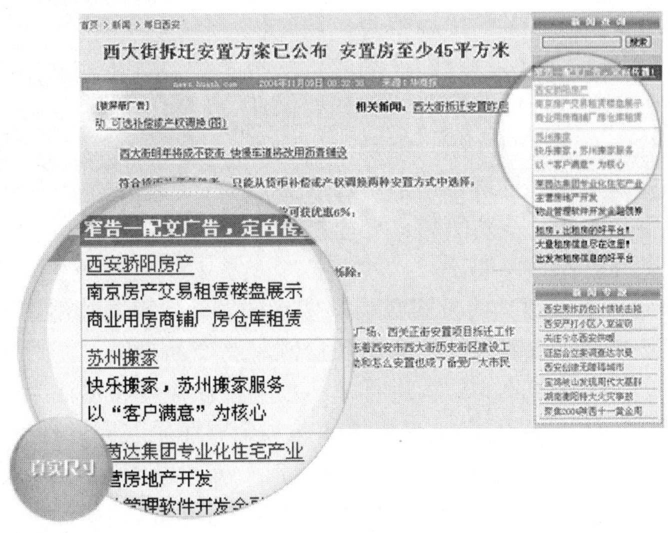

图 6-10　网络“窄告”

（2）网站营业推广

网站是网络零售企业的卖场，正如传统零售商每天进行各式各样的卖场促销活动一样，网络零售企业的网站销售促进就是在网站上对商品和服务进行“现场”促销，其形式也是丰富多彩、多种多样的。

1）网上折价促销，对产品进行打折，是网上零售企业最常用的一种网站销售促进形式。如图 6-11 所示，在当当网、卓越网的特价专区，一些商品甚至可以低至 2～3 折；折价的另一种形式是“加量不加价”，即在不提高价格的前提下，提高产品或服务的数量，如支付两箱方便面的钱现在可以买三箱方便面。

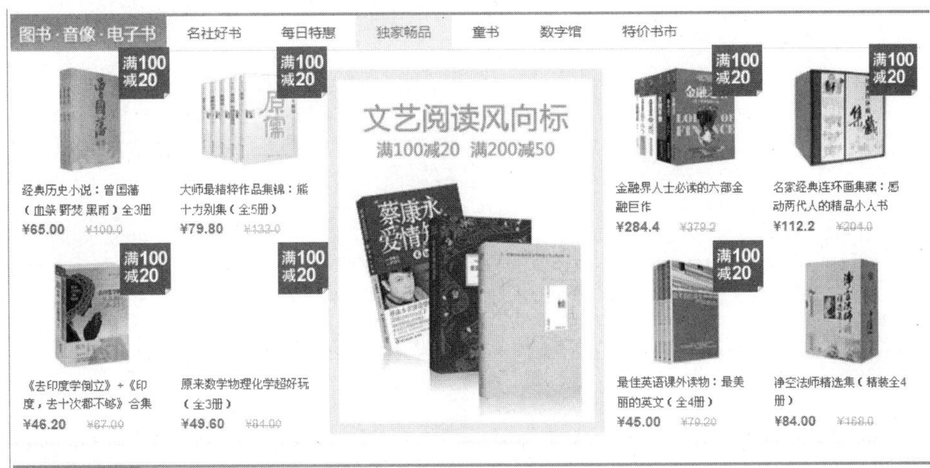

图 6-11　折扣促销

2）网上赠品促销，即对一些产品实施免费的赠送或试用，如图 6-12 所示。这种方法在新产品刚刚引入时、产品类型更新时、对抗竞争品牌时以及开辟新市场时使用，能取得比较好的促销效果，因为它能够促进顾客经常访问网站以获得更多的优惠信息，同时也可根据消费者对赠品索取的热情度判断产品的市场潜力。大型网上零售企业在实施该方法时，首先要保证赠品的质量，送出质量不过关的产品只能是“出力不讨好”；同时要考虑赠送的时机，最好是消费者收到后马上能用得上的产品，如夏季赠防晒霜，冬季赠护手霜，否则不容易引起消费者的兴趣。

图 6-12　赠品促销

3）网上抽奖促销，即以抽奖的方式吸引消费者的关注，激发其消费欲望。网上抽奖促销主要附加在市场调查、产品销售、扩大市场份额、新产品推广、企业庆典等活动之中，如购物网站对购买过某种新产品的顾客进行幸运抽奖，获奖者将退还当次购物金额等。

4）“满就送”促销，是针对顾客购买数量或购买金额而采取的一种网上销售促进形式，如图 6-13 所示。例如当顾客购买金额达到 100 元时，即可获赠 10 元的抵用券供顾客下次消费时使用，同时，也可以采取送“服务”的形式来进行促销，如当当网、卓越网都实行的“购物满 99 元，享受免费送货上门服务”的促销政策。

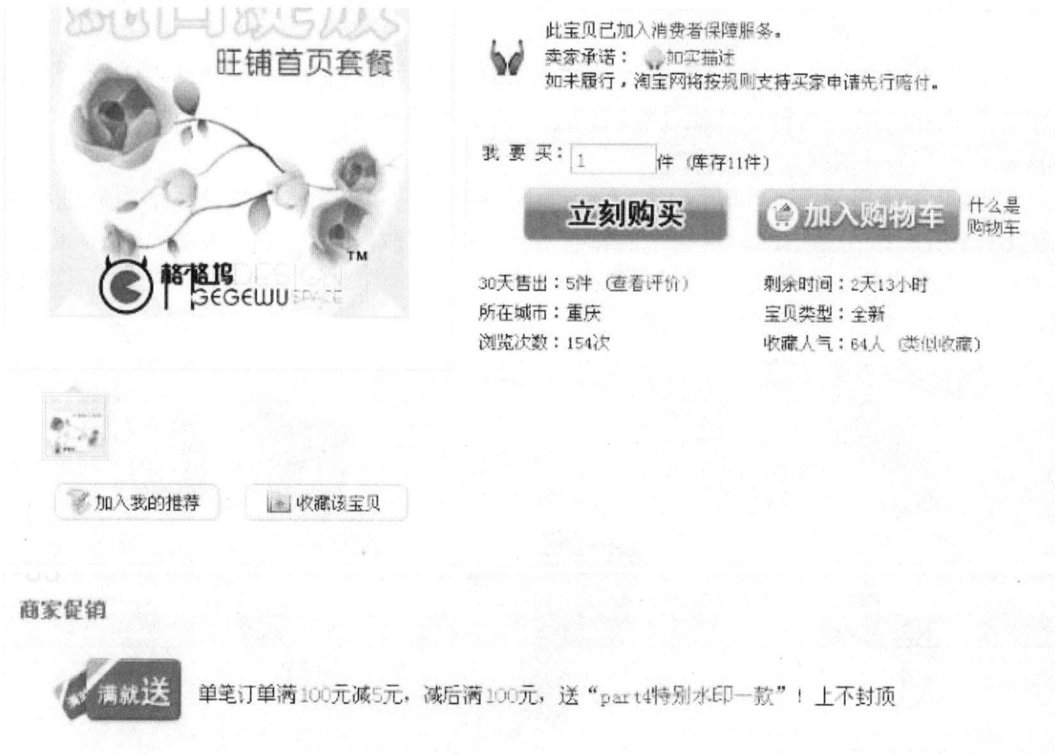

图 6-13　“满就送”促销

（3）网络公共关系

顾客选择某一个购物网站进行购物，一方面要考虑其产品和服务是否“物美价廉”，另一方面更注重该网站的信誉和企业形象，这就是为什么在网络的世界，企业更要“先做公关、再做广告”。网络公共关系是公共关系的一部分，包括开展在线活动、进行信息发布、完善危机预警机制等策略。

1）开展在线活动。网络零售企业可以通过互联网开展一些公益性的活动来树立企业形象。例如音像制品销售网站联合在网络上开展“打击盗版、维护正版”的活动，虽然没有取得直接的经济效益，但无形中树立起了其追求产品质量的企业形象。其实在互联网上，诸如此类的公益主题也很多，比如提倡健康上网、呼吁绿色上网环境等。网络零售企业的营销人员要注重“挖掘”这些主题的潜力，通过在线公益活动的形式为企业的形象加分。

2）进行信息发布。网络零售企业可以通过自己的网站或网络社区、论坛、微博等发布消息，其信息发布的目的是为了更好地为顾客、员工和社会进行服务。如莎啦啦鲜花礼品网为顾客提供一些关于鲜花保鲜、鲜花的花语、意义等相关常识，让顾客感到企业的人性化。企业也可以通过这个平台为员工提供培训资料，对员工的意见给以回应，拉近与员工的距离，不但有益于企业的良好运营，还是构成企业在顾客心目中形象的重要因素。这些信息看似与企业的盈利活动没有直接相关性，却能够吸引顾客对网站的关注，使网站不再仅仅是一个“商人”，更是一个富有亲和力的“良师益友”。

3）完善危机预警机制。网络在信息传播方面的优势对企业来说是把双刃剑，在方便网络零售企业进行宣传和推广的同时，也时时存在着“危机”，任何对企业不利的消息都可能在一个很短的时间内以极快的速度进行传播。因此，网络零售企业需要不断完善其危机预警机制，对一些主流的网络媒体及比较有影响力的搜索引擎、论坛、微博等进行实时“监控”，一旦发现有不利于企业的失实消息，要第一时间进行“辟谣”等相关处理。解决公关危机的首要原则就是快速及时，因此一个高灵敏度的危机预警机制及危机公关体系对于我国的网络零售企业的网络公关来说是必不可少的。

思考题

1. 试述网店运营与管理中商品应该如何选择。

2. 试将网店商品的几种定价策略进行分析比较，分析各自优势与劣势所在。

3. 小王准备开一家网上服装店，但是面对纷繁复杂的商品市场，他不知如何进行商品选择，请你帮助他描述下如何选择合适的商品，以及接下来如何根据所选商品在网店中进行定价。

4. 当商品上架以后，促销就变得尤为重要，请帮助小王选择有效的促销策略，以使他的商品被大家购买。

第7章

网络零售宣传与推广

小王组建的团队所开设的儿童服装网店已经成功运营，但是访问量和交易量增长缓慢，小王及其团队如何以最少的花销来赢得最大的推广效果呢？本章即为小王解决这样的疑惑。本章主要内容包括网络推广平台的分类与特点、商业应用方式、网络广告的发布方式以及效果评估。

7.1 网络推广平台

网络推广平台包括网络广告、搜索引擎、基于自媒体的意见领袖推广等。

7.1.1 网络广告

正如电视广告、报纸广告一样，网络广告也是广告形式的一种，它们的区别在于媒介的不同。一般来说，网络广告是基于网络媒体的一种电子广告形式。随着“三网合一”的不断发展，数字广播、信息家电的出现，广播、电视和互联网这些不同媒介的界限越来越模糊，所以很难从技术上明确区分各种网络，但从功能上看，只有基于计算机操作的国际互联网的广告能够体现现代意义上的网络广告和传统广告的差别。因此，这里认为的网络广告是指由广告主通过各种网络媒体付费发起的对商品、服务与创意进行的非人员展示与宣传。通俗地讲，网络广告即广告主通过对目标具有直接或间接影响的网站投放商业信息，并设置链接到广告主页面的过程。网络广告的传播范围广，不受时间和空间的限制；交互性强，网络受众对某一产品发生兴趣时，可以通过单击进入该产品的主页，详细了解产品信息；针对性明显，广告目标群体易于确定；实施灵活，网络广告能按照需要及时变更广告内容；受众数量可以准确统计，借助网络广告的流量统计系统，商家可以精准统计并评估广告效果。

近年来，各种网络广告形式也在不断变化发展衍化。根据美国互动广告署 IAB 所划分的网络广告形式，网络广告可以划分为陈列式广告、关键字广告、分类广告、多媒体广告、赞助式广告、E-mail 广告。此外，在不同的文化与背景下，网络广告也会产生部分创新形式。例如，文字链接广告、对联广告等。不同的广告形式具有不同的特点与成本，商家可以运用多种形式的网络广告开展店铺营销。由于网络广告在促进网络零售额方面发挥至关

重要的作用，因而在本章 7.3 节中将进一步详尽讨论网络广告。

7.1.2　搜索引擎

搜索引擎推广是指利用搜索引擎、分类目录等具有在线检索信息功能的网络工具进行网站推广的方法。由于搜索引擎的基本形式可以分为网络蜘蛛型搜索引擎（简称搜索引擎）和基于人工分类目录的搜索引擎（简称分类目录），因此搜索引擎推广的形式也相应地有基于搜索引擎的方法和基于分类目录的方法，前者包括搜索引擎优化、关键词广告、固定排名、基于内容定位的广告等多种形式，而后者则主要是在分类目录合适的类别中进行网站登录。随着搜索引擎形式的进一步发展变化，也出现了其他一些形式的搜索引擎，不过大多是以这两种形式为基础。

搜索引擎推广的方法常见的有：登录免费分类目录、登录付费分类目录、搜索引擎优化、关键词广告、关键词竞价排名、网页内容定位广告等。

从目前的发展趋势来看，搜索引擎在网络营销中的地位依然重要，并且受到越来越多企业的认可，搜索引擎营销的方式也在不断发展演变，因此应根据环境的变化选择搜索引擎营销的合适方式。

（1）搜索引擎竞价排名

竞价排名是把企业的产品、服务等通过以关键词的形式在搜索引擎平台上作推广，它是一种按效果付费的新型而成熟的搜索引擎服务。用少量的投入就可以给企业带来大量潜在客户，有效提升企业销售额。竞价排名是一种按效果付费的网络推广方式，企业在购买该项服务后，通过注册一定数量的关键词，其推广信息就会率先出现在网民相应的搜索结果中。如企业注册“电气设备”这个关键词，当消费者寻找“电气设备”的信息时，企业就会优先被找到，并且搜索引擎按照给企业带去的潜在客户访问数量进行收费。

（2）SEO（搜索引擎优化）

SEO（Search Engine Optimization，搜索引擎优化）是一种利用搜索引擎的搜索规则来提高目的网站在有关搜索引擎内的排名方式。主要目的是增加特定关键字的曝光率以增加网站的能见度。分为站外 SEO 和站内 SEO 两种。SEO 的主要工作是通过了解各类搜索引擎如何抓取互联网页面、如何进行索引以及如何确定其对某一特定关键词的搜索结果排名等技术，来对网页进行相关的优化，使其提高搜索引擎排名，从而提高网站访问量，最终提升网站的销售能力或宣传能力的技术。

1）站外 SEO。也可以说是脱离站点的搜索引擎技术，命名源自外部站点对网站在搜索引擎排名的影响，这些外部的因素是超出网站控制的。最有用、功能最强大的外部站点因素就是反向链接，即外部链接。毫无疑问，外部链接对于一个站点收录进搜索引擎结果页面起到了重要作用。

2）SEO 内部优化。网站想提高排名，苦练内力是必须的，因为 SEO 是个系统工程，不是一蹴而就的，需要大量的积累和尝试。网址内部优化主要有以下几个方面：

① 网站内部的链接结构。尽量改变原来的图像链接和 flash 链接，使用纯文本链接，并定义全局统一链接位置。

② 标题 title 的重新定位。标题中需要包含有优化关键字的内容，同时网站中的多个页面标题不能雷同，起码要能显示“关键字—网站首页—简单的含关键字的描述”类型。标

题一旦确定就不要再做修改。

每个页面包含有关键字并保持一定的频率。简单地做好内容结构的调整之后，立即到搜索引擎登录，希望能尽早收录新标题和新描述。

③ 网站结构做细节调整。假设因为原有网站为形象页面，使用了较多的 flash 和图像，这些网页元素不利于搜索引擎的收录，所以在该网页的下方加上三栏，分别是相关的公司简介、关键字产品新闻和公司的关键词产品列表，并对该三栏内容添加 URL（Uniform Resource Locator），统一资源定位器。

④ 使用新闻系统更新关键词产品新闻。可以做一个从首页链接跳转至一个单页面作为关键字的详细描述。该页面的描述内容包含了公司关键词产品列表链接。这些都是为了形成企业站点内的网状结构。

⑤ 资源应用。对网站结构大致调整好了以后，就可以利用一些资源扩展外部链接了。比如可以开通百度空间，空间域名就使用公司产品的关键字，同时进行公司原网站信息的转载，附带公司网址，让百度爬虫软件在第一时间访问本站点。其中还有一个技巧，使用该空间账户去随机访问百度空间内的其他用户，以获得回访，这样蜘蛛到达的效果会更好。同时在百度空间、贴吧和知道发表的时候记得要附带链接信息，方便互访，提高访问量。

7.1.3 意见领袖推广

社会媒体（social media）的出现是 Web2.0 时代的重要体现之一。网络社会媒体能够给予用户极大的参与空间，满足用户“被人发现”和“受到崇拜”的心理感受需求，能够满足用户“关系建立”和“发挥影响”的需求。社会媒体作为在线工具与平台使得商家与个人在协作内容、分享见解与用户体验过程中实现商业价值和在线愉悦。根据艾瑞咨询“2011-2012 年中国网络购物用户行为研究报告”发现，87.8%的中国网购用户愿意分享网上购物体验，而对于购物网站站内评论最受潜在网购用户信任，87.4%的用户表示信任。此外，根据美国 IPospect research 的研究发现，34%的网民利用用户生成内容的网站帮助购买决策。而社会媒体平台则是上述用户互动内容得以实现的重要载体。网络零售需要意识到用户评论在网络购物流程中的重要作用，特别注重诸如社会媒体平台的投入与构建，方便信息流动，汇集购买者“口碑效应”的网络人气。

社会媒体可根据不同的媒体特性进行分类：博客及微博；IM 即时通讯（MSN、QQ 等）；WIKI（国外 WIKI，国内百度百科、新浪爱问等）；播客及视频分享（国外 YouTube，国内土豆网、优酷网等）；论坛（百度贴吧、天涯等）；社交网络（国外 Facebook，国内的人人网、开心网等）；网络社区（国内猫扑、豆瓣等）。

意见领袖推广即主要以社会媒体为核心进行。网络“意见领袖”（opinion leader），也就是大家所熟知的“网络达人”或“网络舆论领袖”。具体定义是，在基于互联网的新兴人际关系传播网络中，经常为网民提供信息、观点或建议，并能对网民施加个人影响的人物。网络购物的意见领袖大多具有流行时尚和娱乐享受的购买倾向，对网络购物较为擅长。在网络零售的商业实践中，意见领袖能够更好地帮助商家完成工作，这是因为他们发布的信息点击率和回复率都非常高，容易制造并提高关注度。

意见领袖是信息传播的源头和推动者，意见领袖的建议与评价可以影响引导网购消费者购买决策。诸如社区、博客、微博等网络社会媒体都是意见领袖发表意见的平台。意见

领袖作为传播网络购物经验和信息的用户，他们常基于社交媒体平台以用户评论和社区讨论的方式进行传播，以获得互联网用户的共鸣。品牌如果想更加迅速，更加有效地推广产品，能不能成功地圈定重要的意见领袖，并引导意见领袖去讨论，传播产品是至关重要的一环。

（1）博客

随着索尼、亚马逊、耐克、通用电气、奥迪、IBM、太阳微系统等大公司利用博客与外界公众建立联系的风潮渐劲，博客营销的概念随之被广大企业所接受，并有愈演愈烈之势。经研究显示，多达 64%的广告主对在博客营销有兴趣，IBM 更是鼓励员工开设博客，公司还为此提出了 11 条简单的规则，供员工开通博客时参考。通过博客，企业可以和外界公众建立起一个双向沟通的桥梁，可以让企业及时了解公众对企业的看法，同时通过博客可以随时表达公司的想法展示企业文化，通过这种形式建立起的企业形象会更加丰满与人性化。

（2）微博

微博，即微型博客，是一种允许用户及时更新简短文本公开发布的博客形式。随着微博在中国的快速发展，作为一种重要的社交媒体，其网络营销功能逐渐受到企业的重视。探索微博营销的特点和功能对企业开展网络营销活动具有积极的意义和较高的应用价值。微博推广的特点如下：

1）多媒体。基于微博的营销活动可以借助先进多媒体技术手段，以文字、图片、视频等表现形式对产品、服务进行描述，图文并茂、动静结合、声情融会、视听并用，这种全面的信息表达为微博营销提供了逼真的表现效果，从而使潜在消费者更形象、更直接地接受企业的营销信息。

2）即时性。即时信息的发布与获取是微博的重要功能之一。一条关注度较高的微博在互联网及与之关联的手机与平板平台上发出后短时间内互动性转发就可以抵达微博世界的每一个角落，达到短时间内最多的目击人数。微博的发布过程相比电视、报纸等传统媒体大为简化，快速、直接的信息传播使其具备即时性特点，可以在第一时间将企业营销信息传递给目标消费者。

3）互动性。微博的互动性是传统媒体无法比拟的。电视和报纸等传统媒体，主要是一种“我说你看（听）”的传播形式，即使实行了反馈机制和问卷调查等形式，滞后也相当明显。但是微博一开始就是以互动的形式出现的，微博由此成为绝佳的互动营销平台。微博营销的互动性首先体现在其给消费者以发言的机会，其次是可以为特定的潜在目标消费者量身定做个性化的反馈信息，使得企业的网络营销活动更富有针对性和人情味。

4）低成本。相对于企业网站、网络广告等网络营销工具，微博营销具有更低的成本。微博营销无需企业投入大量资金进行网站开发和广告推广，甚至不需要专职人员进行管理和维护，兼职的营销人员即可完成微博营销的业务操作活动。较低的成本投入大幅降低了企业开展微博营销的门槛，使得各种类型的企业都可以借助微博实施网络营销活动。

5）便捷性。微博营销对技术性支持的要求相对较弱，具体表现为企业微博的注册、认证、信息发布和回复等功能使用已经接近“傻瓜化”的程度。微博可以由营销人员通过手机以及短信、彩信随时随地发布信息，便捷地实现“一对多”的信息传播，无论用户是在商场、饭店或者地铁站，都很容易通过手机方便地完成自己的微博。此外，较之于传统的广告行业，微博营销中发布信息的主体无需经过繁复的行政审批，从而节约了

大量的时间和成本。

6）成长性。微博作为快速发展的新兴网络应用，对互联网产业必将产生深远影响，以之为基础的微博营销因而具有鲜明的成长性特征，成为企业未来不可忽视的互联网互动营销平台。作为企业营销传播的工具，微博具备帮助企业实现品牌信息传递、品牌价值增值的功能，其形象也是企业品牌形象的重要组成部分。企业应力求在微博建设上体现自己的风格和品牌价值，强化与顾客之间的沟通，从而赢得顾客的好感和信任。同时，企业还应当以微博为平台全面推广品牌文化，让消费者深度认识和了解品牌的历史和文化，感受品牌文化氛围，并借助微博粉丝的口碑进行宣传。

在网络零售进行社会媒体推广时，要特别注意“内容为王”的理念。社交媒体中用户自发的传播，是基于用户发自内心的喜欢的内容，用户愿意转帖来和朋友们分享他们的感受，如视频、文章、图片等。在社交媒体的环境下营销人员必须原创出真正优秀的内容，真正引起消费者的共鸣，才能调动用户参与社交媒体活动的传播，深层次地走入用户的内心，积极促进品牌的影响力。

7.2 网络推广平台的商业应用方式

7.2.1 对网络店铺进行推广

应用不同推广平台对网络店铺进行推广的活动包括基于店铺的网络广告、销售促销以及公共关系建设等。

（1）基于店铺的网络广告

常规的网络广告形式，如关键字广告、陈列式广告、富媒体广告在网络店铺内通常无法实现，但是赞助式广告或者与其相似的友情链接则可以在店铺内得到实现。例如，“柠檬绿茶”淘宝店页面左侧赞助广告板块包括众多的赞助品牌，淘宝商城安都专卖店的友情链接分别为麦包包、谬诗等网商品牌。

（2）基于网络店铺的销售促销

网络店铺是商家实施销售促销的主要平台，商家可以使用绝大多数的销售促销工具，在自身店铺内展开营销活动。主要包括折扣、会员积分、免邮费、优惠券、赠品、抽奖等活动形式。

1）折扣。通常，网上销售的商品价格低于线下销售，消费者进行网络购物的驱动之一在于网购较高的性价比。所以，这符合消费者的预期并促使消费者进行网购决策。折扣是目前在线店铺最常用的一种促销方式。虽然折扣导致商品单件利润下降，但是销量却明显上升，总体销售收入仍然可观；同时还可以增加店内的人气，拥有更多的客户，对其他商品的销售也会起到带动作用。此外，对几件商品进行组合，最后再给予客户一定的折扣，也是一种折扣形式，如图 7-1 所示。

图 7-1 折扣

2）会员积分。会员不仅可以享受购物优惠，同时还可以累计积分，用积分免费兑换商品。会员积分的特点在于可以吸引买家再次来店购买，以及介绍新卖家来店购买，不仅巩固老顾客，使其得到更多的优惠，还可以拓展发掘潜在买家，如图 7-2 所示。

图 7-2　淘宝会员特权

3）免邮费。网络购物中间环节的邮费问题一直是买家关注的焦点之一，这会影响买家对于网购价格优惠的感知。店主可以根据买家所购买的商品的数量来相应地减免邮费，让消费者从心理上觉得就像在家门口买东西一样，不用支付任何其他费用，如图 7-3 所示。

图 7-3　免邮费

4）优惠券。优惠券可以一定程度上满足顾客希望买到物超所值商品的心理，增加客流量，促进商品的销售。由于优惠券具有使用时限，因此可以促进单位时间内的网店销量，如图 7-4 所示。

图 7-4　优惠券

5）赠品样品。赠品指在购买特定产品时免费提供的用于刺激购买的商品。赠品应用效果的好坏关键在于赠品的选择上，一个得当的赠品，会对产品销售起到积极的促进作用。相反，不适合的赠品将导致成本增加、利润降低，客户表现漠然甚至抵触。例如，服装店可以赠送一些配饰之类的小挂件，化妆品店可以赠送用于化妆的小工具等。与赠品相似的样品在网上的应用也较普遍，在新产品推出适用、产品更新、对抗竞争品牌、开辟新市场等情况下，利用样品进行销售促销也可以达到比较好的效果，如图 7-5 所示。

6）竞赛抽奖。竞赛是商家发起的鼓励消费者参与某项活动，然后由组织方选择表现好的参与者给予奖励。抽奖则是消费者参与博彩性质的游戏，抽奖可以迎合一些消费者的投机心理。如聚美优品上开设的抽奖活动，购买商品获取抽奖编号，可以促进一些持观望态度的消费者增强其购买的决心，使消费者积极参与到抽奖活动中去，进一步熟悉和了解聚美产品，起到很好的推广作用。店家选择竞赛与抽奖方式应注意以下几点：①奖品具备诱惑力，可考虑大额超值的产品吸引人们参加；②活动方式简洁清楚，避免复杂和琐碎，给客户造成不必要的参与障碍；③活动结果的公正性，由于网络的虚拟性和参与者广泛的地域性，活动结果的真实性要有一定的保证；④沟通的及时性，店家需要短信、E-mail、公告等形式向参与者通告活动的进程和结果，如图 7-6 所示。

图 7-5　精品适用

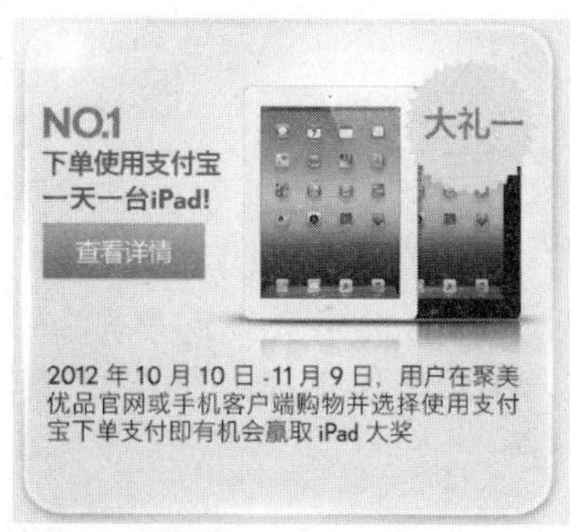

图 7-6　抽奖

7）秒杀。秒杀是网上竞拍的一种全新方式，以低廉的价格和快速的成交速度，吸引消费者。相对于拍卖，秒杀更为吸引眼球，秒杀作为抢购的在线表现形式，是由卖家发布超低价格的商品，在某一时间上架，所有买家在同一时间网上抢购的一种销售方式，如图 7-7 所示。

图 7-7　秒杀

8）搭配套餐

搭配套餐是将几种商品组合在一起设置成套餐来销售，通过促销套餐可以让买家一次性购买更多的商品。提升店铺销售业绩，提高店铺购买转化率，提升销售笔数，增加商品曝光力度，节约人力成本。如图 7-8 所示。

图 7-8　搭配套餐

（3）网络店铺实施公共关系营销

网络店铺可以利用网站与在线事件开展围绕企业产品与品牌的公共关系营销，商家可以自建独立站点宣传与传播涉及公司、产品与服务的信息，以此获取公众的反馈和潜在用户。以网络品牌“好乐买”为例，页面产品分类包括：女鞋、男鞋、运动、户外、儿童、服装、包、配件。论坛、博客等频道也在网站相应得以体现而进行互动宣传，商家的最新

动态包括“双 11 折扣继续——100 万商品联合专场”“国际大学生节特辑”“冬靴特卖 2.2 折”，并通过网站的软文与微博互动等方式向消费者传播最新活动信息，提高官方网站的访客量。如图 7-9、图 7-10 所示。

图 7-9　好乐买主页

图 7-10　好乐买促销新闻

7.2.2　基于网络零售平台的网络店铺营销

商家除了在自身的网络店铺内开展营销工作外，还需要选择网络零售平台实施进一步的营销推广工作。

（1）基于网络平台的网络广告

网络店铺可以运用多种网络广告形式在网络零售平台上投放在线广告。例如：赞助式广告、多媒体广告、通栏式广告、弹出式广告。样例如图 7-11～图 7-13 所示。

图 7-11　赞助式广告

图 7-12　通栏式广告

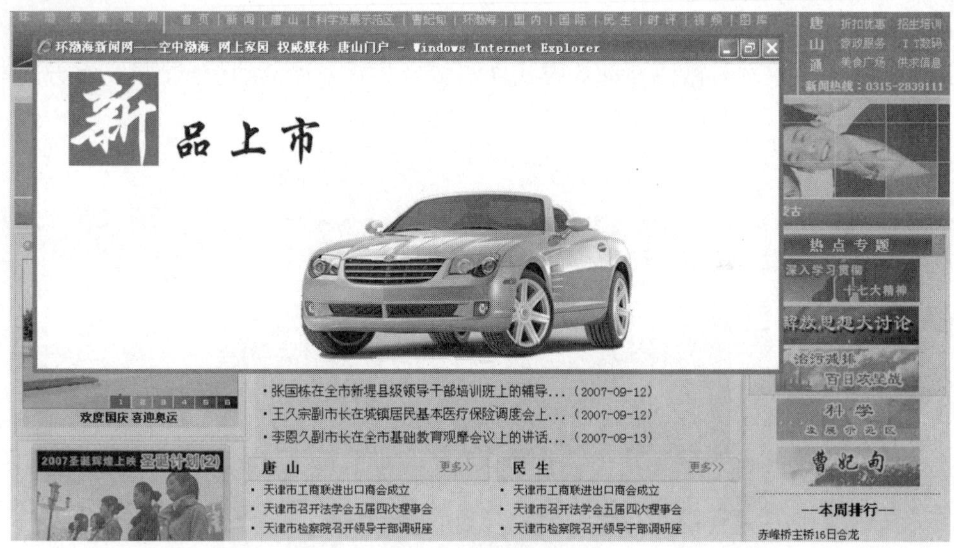

图 7-13　弹出式广告

（2）基于网络零售平台的销售促销

由不同的网店基于网络零售平台联合进行的促销活动称为促销联盟。促销联盟通过众多网站联合称为集群，达到共赢的目的；同时通过网店内促销联盟将这些竞争网站连接起来，网店相互之间共享客户，促进网店的商品信息交流，优势互补、互相提升自身价值，最后总体提高网店知名度与成交率，达到 1+1>2 的效果，如图 7-14 所示。

图 7-14　促销联盟

（3）基于网络零售平台的公共关系营销

如同自建网站一样，商家选择网络零售品平台建立在线店铺，如麦包包基于淘宝天猫商城平台建立的麦包包箱包官方旗舰店站点，包括热门分类、新人体验、周二上新、周末疯狂购、流行资讯、麦兜的后花园以及男包精选等，可以发挥网络营销公共关系的预期效果。并且，相对于商家自荐站点实时在线事件而言，基于网络零售平台运用在线事件的空间更加广泛，如图 7-15 所示。

图 7-15　麦包包淘宝天猫旗舰店

（4）基于网络零售平台的社会媒体营销

尽管零售平台的浏览量相对于其他大型社区较为有限，但是，网络零售平台的社区访问者，不是买家就是卖家，每个人都是网络购物的实践者，每个人都可能是商家的客户。所以，商家有必要根据自己所处的产业行业背景选择直接或相关的频道进行论坛推广。此外，商家也可以选择帮派，直接建立和发起与企业品牌与产品相关的论坛营销，如图 7-16 所示。

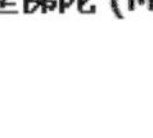

图 7-16　社会媒体推广

社区论坛发帖和回帖是论坛营销的主要表现形式。在淘宝社区论坛发布有吸引力的帖子是提高店铺知名度和人气的一种有效方法，即以作者的身份发帖子，阅读帖子的人越多，店铺被点击的机率就会越高。帖子的质量至关重要，如果质量很好，就有可能成为精华帖，并被论坛置顶，这样就能带来巨大的看帖量和回帖量，网店的头像和签名档就有更多的曝光机会，这就意味着会有更多的人去浏览店铺，自然促进浏览量与成交量的提高，如图 7-17 所示。

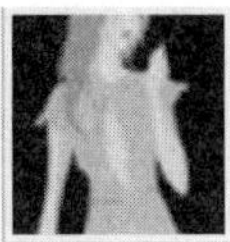

图 7-17　社区论坛发帖

（5）基于网络零售平台的意见领袖推广

用户评论和社区讨论等因素在网购决策过程中的作用明显，而意见领袖又在用户评论和社区讨论中发挥重要作用，如聚美优品的口碑报告，每个产品下都有口碑报告，在给该产品评分的同时分享使用心得。由于网站的一些刺激性鼓励措施，用户们积极参与撰写口碑报告并附上系列组图，在得到一定优惠的同时吸引了大量潜在用户，引起消费者对该产品的关注和购买。

（6）基于网络零售平台的搜索引擎推广

基于购物网站内部的搜索也是搜索引擎推广的重要环节，平台搜索推广可以引导消费者快捷准确地找到所需要的商品，有效激发消费者的购买意愿。如通用搜索与垂直搜索。零售平台搜索推广也可以分为自然搜索和付费搜索。在网络零售平台之内（以淘宝网为例），自然搜索主要表现在关键字优化和搜索引擎排序原理上；而付费搜索主要表现在关键字广告（如淘宝网上的直通车广告）。商家在站内能够通过关键字优化与关键字广告充分挖掘站内营销推广价值，有效提升商家的品牌知名度与销售量。

1）关键字优化与搜索引擎排序规则。对于关键字优化，关键字首先要设成买家搜索的常用字，要有吸引力。绝大多数买家都是通过关键字来搜索商品的，而且不同买家的搜索习惯不一样，所以商家需要尽可能全面地输入买家可能使用的关键字。其次，商家需要充分利用关键字的设置空间。淘宝网具有 30 个汉字的关键字设置空间，因此商家在发布信息时需要考虑在商品名称空间设计众多生动有效的关键字。例如：品牌+型号+商品关键字、促销+特性+形容词+商品关键字、地域特点+品牌+商品关键字、店铺名称+品牌型号+商品关键字、品牌+信用级别+好评率+商品关键字等组合方式。

2）关键字广告。以淘宝直通车广告为例，淘宝直通车是由阿里巴巴集团下的雅虎中国和淘宝网进行资源整合推出的一种全新的搜索竞价模式。它的竞价结果不仅可以在雅虎搜索引擎上显示，还可以在淘宝网上充分展示（以全新的图片+文字的形式显示）。卖家可以针对每个竞价词自由定价，并且可以看到雅虎和淘宝网上的排名位置，并按照实际被点击次数付费，如图 7-18 所示。

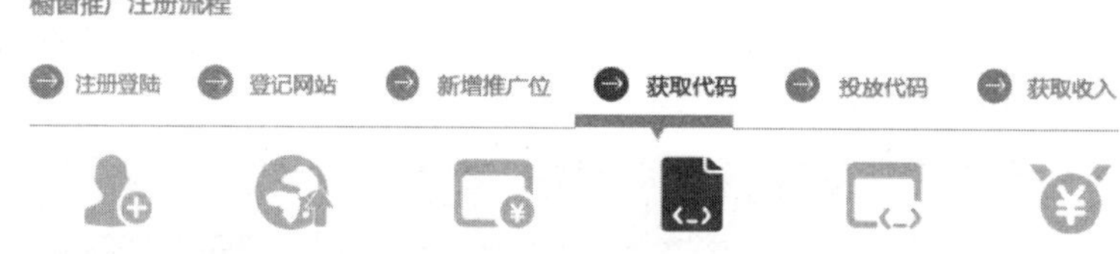

图 7-18　淘宝网橱窗推广流程

7.2.3　外部网络平台营销

商家不仅可以在网络店铺、网络零售平台实施网店营销和推广，还可以在外部网络站点实施营销推广。

（1）基于外部网络平台的广告

与网络店铺、网络零售平台一样，商家可以利用网络广告在网络零售平台外部进行多种多样的展示。诸如综合性门户网站、行业性或地方性门户网站以及社会媒体平台等都可以作为网络广告平台的实施平台。例如京东，如图 7-19 所示，在主要门户和专业网站，如新浪、雅虎、腾讯、凤凰网和迅雷等，都可以看到大量的广告投放和链接，这些广告引导消费者到京东的网上销售平台去，为打造京东的品牌、宣传京东的文化也起到举足轻重的作用。

此外，由于社会媒体的兴起，商家需要更多地对于这一平台的网络广告进行更多的关注。如向网络社会媒体平台的人人网、猫扑投放网络广告。

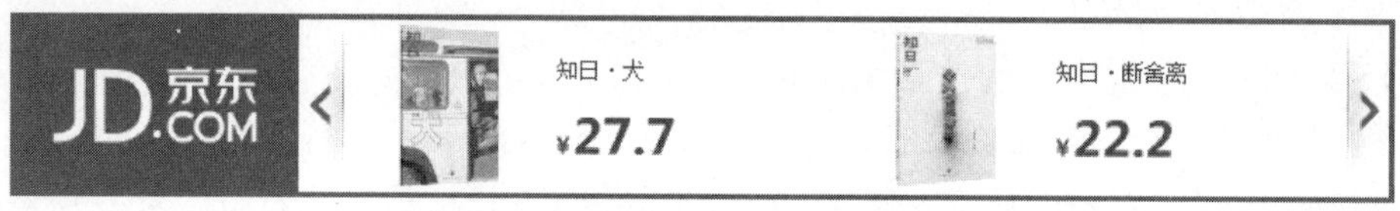

图 7-19　京东在搜狐门户网站上的广告

（2）基于外部网络平台的社会媒体营销

1）社区。社区是指包括 BBS/论坛、讨论组、聊天室、博客等形式的网上交流空间。同一主题的网络社区集中了具有共同兴趣的访问者。由于众多用户的参与，不仅具备交流功能，也成为一种营销场所。在线店铺可以自己创建社区或者选择能够与自己目标市场的受众相匹配的外部社区进行营销活动。围绕任意话题检测、参与甚至引导消费者讨论公司品牌、活动、产品与服务，从而让目标客户更加深刻地了解企业的产品和服务，最终达到企业宣传自己的品牌、加深市场认知度的目的。

2）百科。目前主流型的综合百科有维基百科、百度百科、爱问知识等。维基百科产生的历史最早，是一个允许用户协作创造、编辑、链接以及组织网站内容，通常用于参考资料的站点。百度百科同维基百科类似，百度百科旨在创造一个涵盖所有领域知识、服务所有互联网用户的中文知识性百科全书，为用户提供一个创造性网络平台，积极进行交流和分享，从不同的层次上满足用户对信息的需求。此外，百度知道以及百度贴吧也可以作为百科的延伸和补充。百科推广同样也是建立企业的品牌和知名度的网络推广方法。

在谷歌和百度等搜索引擎进行搜索时，各类百科词条无一例外排名都靠前，词条的高权重显而易见。因此，借助百度百科词条做些文章，通过编辑词条在页面加入对应到自己网站的链接，从而进行企业网络推广，这成为了当前企业网络营销推广的一种新方法。具体而言，百度百科具备以下优势：一是通过编辑关于网站推广有关的百度百科词条来增加企业网站的流量和潜在客户。二是利用网站 SEO 推广促进权重的提升。选择与网站推广关键字有关的词条进行编辑并加入反向链接，对于提升网站权重，进而帮助企业实现网络营销的效果具有重要意义。此外，与百度百科相关的百度知道与百度贴吧同样可以作为企业开展网络营销沟通的重要平台入口。

3）论坛。论坛的全称为电子公告板或 BBS（Bulletin Board System），是一种交互性强、内容丰富的即时电子信息服务系统，用户可以在 BBS 站点上发布信息，进行讨论、聊天等活动。利用论坛的超高人气，可以有效地为企业提供营销推广服务。而且，由于论坛话题的开放性，几乎企业所有的推广诉求都可以通过论坛传播得到有效实现。总的来说，论坛推广就是企业利用论坛这种网络交流平台，通过文字、图片、视频等方式发布企业的产品和服务信息，从而让目标客户更加深刻地了解企业的产品和服务，最终达到企业的品牌塑造、加深市场认知度的目的。重要的综合性论坛有天涯论坛、人民网论坛、凤凰网论坛、百度贴吧等。

4）博客与微博。博客推广是建立企业博客，用于企业与用户之间的互动交流以及企业文化的体现，商家的高管、员工、客户都可以参与其中，一般以诸如行业评论、工作感想、心情随笔和专业技术等作为企业博客内容，使用户更加信赖企业，深化品牌影响力。博客推广可以是企业自建博客或通过第三方 BSP（Board Support Package，板级支持包）来实现，企业通过博客来进行交流沟通，达到增进客户关系，改善商业活动的效果。企业博客营销推广相对于广告是一种间接的推广，虽然没有直接宣传产品，但让用户接近、倾听、交流的过程本身就是最好的营销手段。企业博客与企业网站的作用类似，但博客更大众一些，与网民的信息交互性更强。与博客相比，微博是一个基于用户关系的信息分享、传播以及获取的平台，用户可以通过 WEB、WAP 以及各种客户端组建个人社区，以 140 字左右的文字更新信息，并实现即时分享。企业 CEO 和员工可以通过微博及时发布各种信息，与用户产生良性互动。如聚美优品的 CEO 陈欧通过微博转发聚美制作的励志视频，得到广大粉丝的转发响应，在短时间内引起较大的传播，如图 7-20 所示。同时，在微博内上传照片也植入了隐性产品广告图，成本几乎为零但传播效果超乎想象。还可以在微博中展开市场调查，充分调动网友的热情和对企业的关注度，通过发布一些日常的琐碎事情、心情感悟等来拉近企业品牌与消费者的距离。

5）视频网站。视频网站是指在完善的技术平台支持下，让用户在线流畅发布、浏览、分享和评论视频作品的网站。在线店铺可以围绕企业、产品或服务制作上传视频，达到宣传企业文化或介绍产品的目的。例如聚美优品拍摄的励志视频放在优酷网上，经 CEO 陈欧个人微博的宣传（见图 7-21），得到了许多名人的转发与传播，如奥运冠军孙杨的转发与评论再次增加了这个视频的传播广度。此外，陈欧在微博上推出赠送 iPadMiNi 活动，也大大提高了视频的转发与传播。聚美励志视频的广泛传播证实了微博在企业营销推广中的重要作用，用小成本换来大效果。

图 7-20　聚美优品 CEO 陈欧微博主页

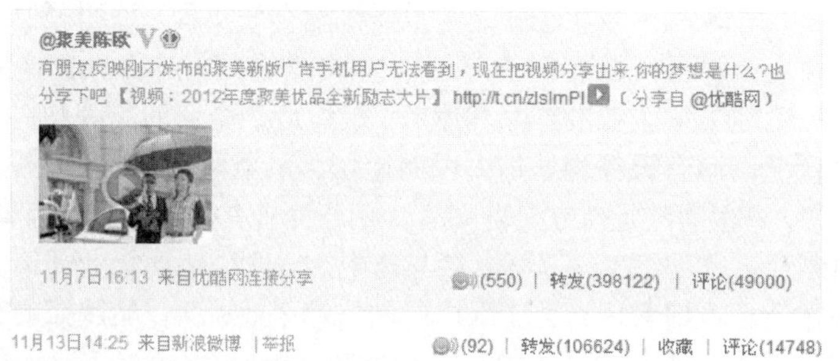

图 7-21　微博用户视频推广

7.2.4　案例：融合多种网络媒体进行网站线上综合推广

对于一个创立初期的公司，如何用最小的成本达到最大的传播推广效果呢？以聚美优品为例，由陈欧、戴雨森和刘辉创立于 2010 年 3 月，致力于创造简单、有趣、值得信赖的化妆品购物体验。聚美优品首创“化妆品团购”模式：每天在网站推荐十几款热门化妆品，并以吸引人的折扣低价限量出售；同时承诺“百分百正品”，以及“拆封 30 天无条件退货”。聚美优

品的企业愿景是让变美更简单，要将聚美优品的品牌文化与当前社会的主流热点相结合，喊出草根一族的心声，为社会注入新的正面能量，引起广大青年的共鸣。为此，聚优美品从多个渠道进行宣传与推广，包括报纸、QQ 群、博客、友情链接结合网站活动等提升聚优美品的注册量和网站流量从而提高其在线销售转化率。具体实施如下（见图 7-22）:

（1）网站优化

聚美优品的唯一载体即是其网站。如何通过网站与客户进行交流，如何通过网站的可视化将品牌的文化传递给消费者，如何在消费者心中建立信任感等都是问题，都需要网站的线上建设。线上建设包括网站色彩、布局、沟通，以及商品的定价、图片、说明等方面。聚美优品在网站设计上采用粉色系迎合广大女性消费者的喜好，页面布局简单大方，结构清晰；打出"正品保证，最值得信赖的化妆品商城，没有之一"的口号，并采用媒体报道（央视专题报道、《经济半小时》的推荐）、顶级品牌授权（比如与兰蔻合作）、权威信用证书（商务部 A 级信用证书等）、30 天拆封无条件退货、顶级采购团队和 100%实物拍摄等措施。这一系列举措大大增强了可信度，同时这些举措在主页上占据一定的位置，不断向消费者强调，也取得了消费者的信任；其网站设计注重用户感受，信息量大，各种信息一目了然。为了让用户能更好地了解产品和自己的需要，网站设立了口碑中心，排行榜，口碑达人。在这些服务中，用户可以交流沟通，交换彼此的意见，解开自己的疑惑，最终找到适合自己的产品。

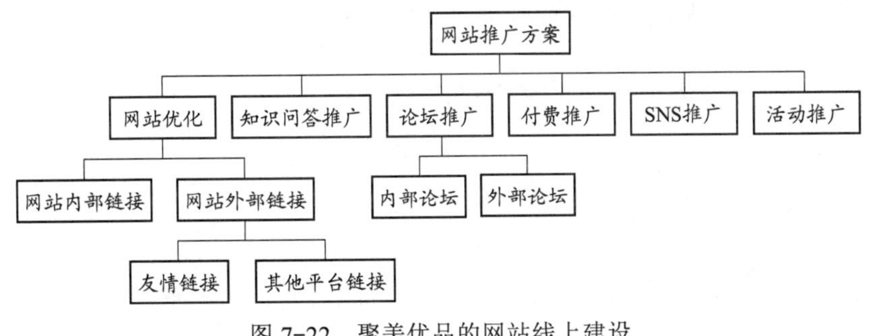

图 7-22　聚美优品的网站线上建设

聚美优品网站的内部链接即根据关键词列表，在网站文章中适当加入文本链接，作为关键字内链，提高关键字权重。

其网站外部链接，包括两个内容：友情链接和其他平台链接。一般而言，友情链接应以提升网站浏览为目的，链接网站标准一般包括网站的收录情况、更新情况、有无被惩罚过、内容质量、网站布局以及 PR（Page Rank，网页级别）等。同时，也与其他的同行网站或行业相关的网站进行链接交换，比如拉手网、当当网、卓越亚马逊等反应比较好的团购网。

其他平台链接主要表现为软文宣传，写一些高质量的软文发布到各大网站，在内容里面加入聚美优品网站的文字连接。如果大家认可，会有无数的网站转载，这样可以获得很多好的外链。尤其是发布到权重较高的网站、博客、论坛等，如天涯、搜搜、猫扑等。

（2）知识问答推广

一般知识问答网站权重比较高，在搜索引擎中可以获得很好的排名。聚美优品在百度知道、新浪爱问、QQ 问问、天涯问答、奇虎、搜狐问答、雅虎知识堂、站长之家等都有相关知识问答类的相关关键字，并回答相关的问题，同时留下网站网址。这样，一方面不仅宣传了聚美优品网站，又通过这类网站留下链接，提高了聚美优品网站的权重。

（3）**论坛推广**

包括内部论坛和外部论坛。在网站内开设论坛，根据客户和网站的需要来设立论坛的板块，以方便双方进行交流，也可以在其论坛上宣传自己的产品。比如利用论坛定期举行系列活动，像小型的市场调查、赠送小礼品、化妆品效果评比活动、销量评比活动等。一方面可以活跃论坛气氛，丰富网站内容，另一方面可以以论坛为载体向顾客宣传本网站的产品达到宣传推广的目的。

去多个人气较旺的相关主题网站论坛有计划地发布帖子，比如美容化妆品论坛、开心520化妆品论坛、pclady女性网论坛等人气旺、知名度高的论坛。发布的帖子模式灵活，没有固定模式，但要位置显眼、引人注意，比如发表网站优惠活动信息。

（4）**付费推广**

利用已开通竞价服务的百度、谷歌账号，对参与竞价的关键词、标题、表述、指向页面进行调整完善，专人负责，收集潜在客户资料，整理归档，便于后期的二次开发利用。

（5）**SNS媒体推广**

在微博、微信等人气较高的社交网络设置广告链接，提高产品曝光度和对企业的关注度。

（6）**活动推广**

利用节日如中秋、国庆、元旦、春节等制作宣传创意单页面进行线上推广。聘请化妆品专家开展每月一次的在线问答，为进入该网站的客户关于化妆品相关方面的问题进行解答，同时也可以向客户推荐本网站的产品，一举两得。

7.2.5 案例：为一个线下企业设计网络推广方案

（1）**任务情境**

设计帝豪汽车EPR网络推广方案。

（2）**必备知识**

各种网络广告、网络推广知识。即在论坛、新闻门户、问答平台、社交媒体等利用图片、文字、视频等形式，以网民化的语言来吸引网民注意，达到宣传和推广的目的。

（3）**任务分析**

帝豪品牌是吉利汽车旗下的高端子品牌，作为吉利企业战略转型时期的多品牌运营的主角，承担着重塑和提升吉利品牌价值与形象的重任。品牌口号是：“开创新格局”。开创，凸显帝豪品牌“在激情中创造一切，在沉默里超越一切”的智慧与能量，也体现帝豪人秉持“团队、学习、创新、拼搏、实事求是、精益求精”的精神和昂扬向上的干劲与誓要“入主高端汽车品牌领域”的自信。新格局，体现帝豪品牌不仅要摆脱吉利原有框架，更要开创整个汽车产业全新格局，以达成“开拓广阔、稳定的全新市场空间”的目标和使命。

通过分析帝豪的品牌故事和架构，从创立者的形象来看，是汽车民族应用的形象；从企业的角度来看，是中国汽车产业的英雄；从帝豪品牌自身来看，用来开创行业新局面。

（4）**任务实施**

1）品牌分析

分别从品牌的意义、品牌主张、品牌支撑来对帝豪品牌做深度分析。

2）品牌定位

卓越——博观、从容、信念：为卓越成功人士设计，展现他们的远见、信念和从容不

凡的气度。

稳健——豪华、品质、舒适：以豪华大气、掌控自如、品质可靠来满足舒适的生活追求，展现其稳健的个性。

尊崇——实力、责任、地位：展现超群的领导力、影响力，具有社会责任，并获得身份象征和社会尊重。

3）目标受众分析

根据帝豪的形象及定位可知，帝豪的消费群体应是社会的中坚力量，是家庭的中流砥柱，他们积极上进内心充满激情，走在通往成功的路上，希望经过自己奋斗，成就一番事业，在周围人眼中他们是有能力的强者。帝豪品牌目标受众分析图如图 7-23 所示。帝豪品牌目标受众分析表见表 7-1。

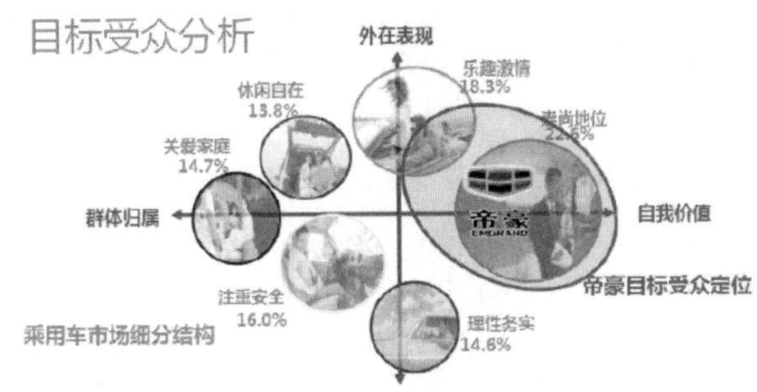

图 7-23　帝豪品牌目标受众分析图

表 7-1　帝豪品牌目标受众分析表

	派别	年龄	生活态度	价值观	购车动机	情感需求	理性需求
主要人群	崇尚地位	30～35	追求成功，自我，对时尚敏感	自信、独立、热衷社交	工作/业务发展；有闲钱	体现地位；得到认同与尊重	注重车型设计；外观豪华；内饰时尚
次要人群	乐趣激情	25～30	张扬，有责任感	外向，消费冲动	休闲，喜好	带来乐趣与活力	注重外观设计和驾驶性能

4）汽车行业互联网营销发展分析

对互联网营销的优点，费用比传统推广低，并且实际成本与效果挂钩，随着社会信息化的进一步发展，网络在人们生活中的地位越来越高，并逐渐影响消费者的购买行为。通过对以往汽车行业网络推广的效果进行评价分析，可以得出结论：网络推广能够成功地促进销量。

5）竞争分析

对帝豪品牌的竞争品牌进行分析，具体如图 7-24 所示。

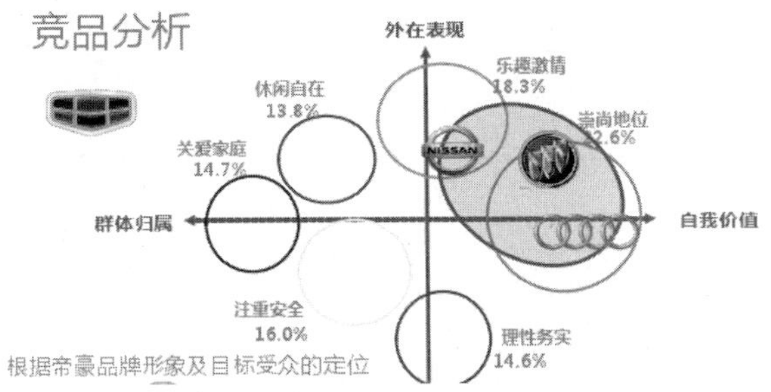

图 7-24　帝豪品牌的竞争品牌分析

6）现状分析

通过对奥迪、别克进行搜索得出帝豪的搜索结果最少，在百度百科中，帝豪的正面口碑力量较小，并且奥迪与帝豪官方微博的粉丝量差距悬殊，这说明帝豪品牌已有一定知名度和曝光度，但相对于其他竞争者而言，稍显不足。想要与竞争品牌持平甚至超越，帝豪的网络口碑亟待提高。

7）推广任务的思考

① 增加帝豪的曝光度与提升品牌口碑。通过知识普及和市场教育，集中宣传品牌，短时间集中曝光品牌，让消费者清楚帝豪的品牌特点，了解帝豪的定位及价值，推送帝豪产品是中高档汽车的定位。

② 以帝豪带动整个吉利品牌的形象提升。帝豪的内涵体现，是企业努力突破精神的烘托，提升吉利企业的定位。作为吉利旗下突破低端形象的战略转型品牌，帝豪不单只是自我知名度的提升，更要带动整个吉利品牌的形象提升。

8）推广策略

① 重视意见领袖的标杆作用。意见领袖的自身形象有效带动品牌形象的提升，通过汽车行业达人、汽车专家、明星、名人为背景的意见领袖在推广阶段推送品牌信息，增加品牌的可信度，高粉丝量增加曝光普及度。

② 多渠道整合营销，从单一推送变为与网友互动。网络软文基本要求为力求内容曝光广；内容集中并深化；关联渠道带动网络热议环境。在不同网络平台上的主要推广建议，详细内容如图 7-25 所示。

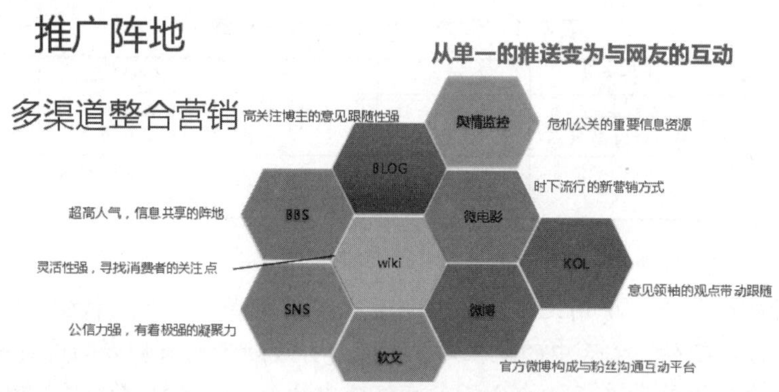

图 7-25　多网络平台整合推广

微博等社交媒体：建立并优化微博品牌板块，以树立品牌形象；根据活动、热点及时更新发布微博内容、资料活体变更；与粉丝积极互动，增加粉丝粘度；在微博黄金时段及时发布信息，以增加品牌的曝光；与汽车行业大人、生活等话题任务相结合，做效果扩张；举办互动活动，以扩散传播品牌知名度。

论坛：针对大型论坛及汽车论坛正面传递信息，根据产品或品牌诉求，原创一定量的文章和帖子，以较多 ID 身份发布，应保持一定的密度；邀请版主、使用者等参加组织一些体验、参观活动，向其约稿、鼓励发布并安排转载；创建互动话题内容，吸引互动参与；配合专题活动，及时发布活动信息、活动体验等。

网络百科：在及时维护的同时主动发布帝豪品牌及产品信息的问题。及时回复相关信息，并对百科中已经得出最佳答案的问题进行有效梳理，将正面信息作为百科发布参考，

对负面信息进行分析，有针对性地重新发布正面信息，来引导问题。

微电影：这是新兴的推广方式，以视频内容吸引关注度，再由关注者转变为传播分享者，传播给那些同样感兴趣的人，使传播面积迅速增大。与简单的文字、图片相比，微电影更具有娱乐性，是视听的双重享受。在影片中根据剧情发展，软性植入品牌信息，广告成分减弱，更容易被消费者接受。脚本构思：选择时下与品牌相关的关注热点进行改造，将品牌信息合情合理地融合进剧情的发展中，并选择大视频网站进行投放。

7.3　网络广告

网络广告是以互联网为媒体发布和传播的商业广告，是确定广告主以付费的方式运用互联网媒体对公众进行劝说的一种信息传播活动。在一定意义上，网络广告是新媒体广告的代表，在广告互动传播中起着核心的作用。

越来越多的企业认识到了网络广告的价值，并投身其中。根据艾瑞咨询发布的 2013 年度中国网络广告核心数据，2013 年国内网络广告市场规模达到 1 100 亿元。网络广告对于用户消费有重要决策价值，50%的受访用户认为网络广告提供的信息对其进行选择有很大参考作用，24%的用户更是表示网络广告经常能直接影响其消费决策。同时，网络广告更具互动性与精准性，能将广告更多地投向相关用户并产生良好互动。而购物类网站和搜索引擎实质上都能与用户进行信息互动，所以用户对这两类服务上的广告态度更为积极。

艾瑞咨询认为，网络广告对于用户的消费决策有着重要价值。首先，互联网在产品信息量、产品比较以及购买后评价方面的优势明显大于其他类型媒体。其次，一些社交网站上投放的广告能快速传播产品口碑，进而影响网民的消费决策。最后，网络广告的精准性和用户匹配性更高，能将用户希望看到的信息推送至用户。如图 7-26 所示，2011 年网络广告调研受访用户中，认为能从互联网广告获取有用信息的比例最高，为 47.2%。用户对于各类媒体广告的态度差异并不太大，分别有 35.8%和 34.1%的用户认为购物类网站和搜索引擎上的广告很多是有用的和其感兴趣的，高于其他类型网络服务的比例。

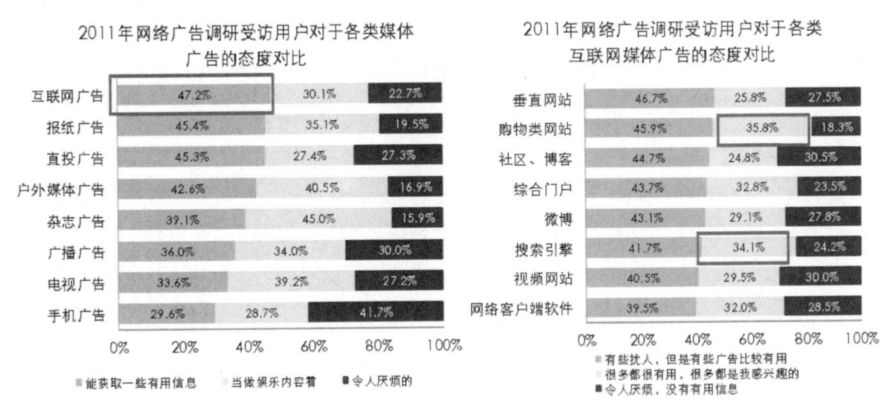

图 7-26　2011～2012 年网络广告调研用户行为

网络广告自出现以来，便以其显著的特点和独到的优势受到业界瞩目。它的主要特点大致如下。

1）广泛性：互联网覆盖范围广，不受时间和空间限制。网络广告可以在任何时间到达互联网所覆盖的150多个国家和地区的所有网络用户。互联网用户也可以随时随地看到广告。网络广告强大的覆盖范围以及信息发布和更新速度是其余任何一种广告形式都无可比拟的。

2）丰富性：信息量巨大，表现形式丰富多样。广告主可以把自己的公告及产品的所有说明利用链接等技术用包括文字、图像、表格、声音、动画、三维视觉在内的任何一种方式呈现给消费者，而且在极低的广告成本基础上对广告信息进行修改和更新。网络广告不受版面与表现方式的约束，满足了互联网用户和广告主大容量、多元化的信息交换。

3）交互性：交互性是网络广告的最大优势，网络广告一改传统广告单向传播的模式，实现了厂商信息实时发布和用户及时回馈，从而使用户与厂商实现及时双向沟通。这样广告主可以随时更新广告信息和根据消费者反映调整广告内容，网络用户也可以即时做出浏览、购买或拒绝等反应。

4）针对性：很多网站建立有包括年龄、性别、爱好及购物经历等所有信息的用户数据库，这极大地方便了厂商有针对性、有选择性地向目标市场投放广告。

5）统计性：广告主可以通过服务器端的访问记录查询统计访问人数、访问过程、主要浏览信息及其反馈，这样广告主就能更有效地随时检测和评估广告效果，从而更科学、更理性地调整营销策略。

6）经济性：网络广告利用数字技术制作广告，制作简便、易于修改，且成本更低。广告通过网络发布，定价形式灵活，修改更新简单，针对性也更强。以此要获得同等广告效应，网络广告成本远远小于传统媒介。网络广告平均成本大约只有传统广告的3%～5%。网络广告充分利用了先进的技术和自己独到的优势，已经在广告领域占有了一定的份额。尽管目前网络广告还存在不足与缺点，但随着信息技术的发展，网络广告一定会有更大的发展空间。

7.3.1 网络广告及其发布方式

网络广告作为一种新型的广告形式，有着与其他广告形式不同的自身特点。网络广告采用数字视频、音频、图片、动画、文字等数字信息技术，通过计算机显示屏（或其他电子显示设备）播放。网络广告作为信息社会的产物，其数字化特征是与生俱来的。当然，网络广告从设计制作到发布，整个过程基本上是通过联网的计算机完成的。

（1）网络广告的类型

1）旗帜广告（Banner）：又名横幅式广告、标题广告。这种广告多在页面上方或栏目转换的重要位置，是网络广告的重要形式，以GIF、JPG、SWF格式建立图像或动画文件，定位在网页中，大多用来表现广告内容。浏览者只要点击它，就能进一步看到更详尽的信息。Banner最常用的广告尺寸是486×60像素，又称全尺寸Banner，大小≤15KB。还有根据客户要求以及具体页面布局而产生的一些变形，如392×72像素全尺寸带导航条的Banner，234×60像素的半尺寸Banner以及120×240像素垂直Banner等。它使用静态、动态和交互式，包括有普通网幅广告、鼠标响应网页网幅广告、全屏式广告、插播式网幅广告、伸缩网幅广告和对联广告等，是目前网上最常见的广告形式。

2）按钮广告（Button）：也称图标广告，从Banner演变而来，是图形更小、放置更灵活的一种广告形式。按钮广告同Banner一样可使用Java等语言使其产生交互性，包括鼠

标响应、页面悬浮等形式。

3）主页型广告（Homepage）：是指国内外知名企业或高科技、电子商务企业在互联网上设立自己的网站来宣传的广告形式。主页广告的特点在于能全面、深入，而且无时段限制，可以全面地展示商品、介绍企业和树立企业形象。

4）插播广告（Interstitial Ads）：是指在两个网页互换时出现在空隙时间的网页广告，主要有弹出式广告（pop-up），过渡插入式（Inline Interstitials）和智能插播广告（Unicast Superstitial）等形式。该形式有一定的强迫性，较容易引起用户反感。

5）分类广告（Classified Ads）：是指充分利用计算机网络的优势，对大规模的生活实用信息，按主题进行科学分类，并提供快速检索的一种广告形式。

6）特殊动态广告（Special Dynamic Ads）：是当用户打开页面后，在页面停留一段时间然后消失或缩到原有网幅广告的广告形式。

7）定向广告（Targeting Ads）：是指网络服务商利用网络搜集用户以前的信息，按照性别、年龄、职业、收入等基本情况分类整理并记录他们的 IP 地址，然后根据商家要求向不同用户发送不同广告信息的宣传形式。

8）电子邮件广告：是指在用户许可条件下收集用户电子邮件地址，向用户发送广告。电子邮件广告可分为邮件列表广告、电子邮件式广告和电子邮件服务网站显示在邮箱主页上的广告。

9）电子公告牌（BBS）广告：是指在网络社区的电子公告牌上发布广告。BBS 最大的优势是它提供的与他人交流的方式，即参与者既可以提出疑难问题或其他需要了解的任何问题请求他人帮助解答，也可以向他人提供自己知道的任何信息。

10）赞助式广告（Sponsorships）：是指广告主以品牌宣传为目的对网站内容、板块或节目进行赞助的推广形式，包括内容赞助、节目赞助和节日赞助。

11）文字链接广告：是通过网络技术将标题置于网页，当用户点击该标题即出现详细广告内容的形式。

12）关键词搜索广告（AdWords）：或简称关键词广告，是指用户在检索关键词时，显示在搜索结果页面右侧的网站链接广告。

13）富媒体广告（Rich Media）：是指能达到 2D 及 3D 的 Video、Audio、Java 等具有复杂视觉效果和交互功能效果的网络广告形式。它常用在线视频播放、网页、图片、超链接等具有极强表现力的展示方式。

14）墙纸广告（Wallpaper）：是指把广告主所要表现的广告内容体现在墙纸上，并安排放在具有墙纸内容的网站上，以供感兴趣的人进行下载。

15）互动游戏广告（Interactive Games）：是指在网页游戏的某处出现商品广告或贯穿整个游戏的广告形式。互动游戏广告形式多样，且具有较高的趣味性和互动性。

16）竞赛式广告（Contests&Promotions）：是指网站与广告主在网上联合举办用户感兴趣的竞赛活动，以起到宣传推广作用的广告形式。

（2）目前可供选择的网络广告的渠道和方式

1）主页形式。建立自己的主页，对于企业来说，是一种必然的趋势。它不但是企业形象的树立，也是宣传产品的良好工具。在互联网上做广告的很多形式都只是提供了一种快速链接公司主页的途径，所以，建立公司的 Web 主页是最根本的。从今后的发展看，公司的主页地址也会像公司的地址、名称、电话一样，是独有的，是公司的标识，将成为公司的无形资产。

2）网络内容服务商（ICP）。如新浪、搜狐、网易等，它们提供了大量的互联网用户感兴趣并需要的免费信息服务，包括新闻、评论、生活、财经等内容，因此，这些网站的访问量非常大，是网上最引人注目的站点。目前，这样的网站是网络广告发布的主要阵地，但在这些网站上发布广告的主要形式是旗帜广告。

3）专类销售网。这是一种专业类产品直接在互联网上进行销售的方式。走入这样的网站，消费者只要在一张表中填上自己所需商品的类型、型号、制造商、价位等信息，然后按一下搜索键，就可以得到所需要商品的各种细节资料。

4）企业名录。这是由一些互联网服务商或政府机构将一部分企业信息融入他们的主页中的广告形式。如香港商业发展委员会的主页中就包括汽车代理商、汽车配件商的名录，只要用户感兴趣，就可以通过链接进入选中企业的主页。

5）免费电子邮件服务。在互联网上有许多服务商提供免费电子邮件服务，很多上网者都喜欢使用。利用这一优势，能够帮助企业将广告主动送至使用免费电子邮件服务的用户手中。

6）黄页形式。在互联网上有一些专门用以查询检索服务的网站，如 Yahoo!、Infoseek、Excite 等。这些站点就如同电话黄页一样，按类别划分，便于用户进行站点的查询。采用这种方法的好处，一是针对性强，查询过程都以关键字区分；二是醒目，处于页面的明显处，易于被查询者注意，是用户浏览的首选。

7）网络报纸或网络杂志。随着互联网的发展，国内外一些著名的报纸和杂志纷纷在互联网上建立了自己的主页；更有一些新兴的报纸或杂志，放弃了传统的“纸”媒体，完完全全地成为一种“网络报纸”或“网络杂志”。其影响非常大，访问的人数不断上升。对于注重广告宣传的企业来说，在这些网络报纸或杂志上做广告，也是一个较好的传播渠道。

8）新闻组。新闻组是人人都可以订阅的一种互联网服务形式，阅读者可成为新闻组的一员。成员可以在新闻组上阅读大量的公告，也可以发表自己的公告，或者回复他人的公告。新闻组是一种很好的讨论和分享信息的方式。广告主可以选择与本企业产品相关的新闻组发布公告，这将是一种非常有效的网络广告传播渠道。

7.3.2 网络广告策划

网络媒体的特点决定了网络广告策划的特定要求。如网络的高度互动性使网络广告不再只是单纯的创意表现与信息发布，广告主对广告回应度的要求会更高；网络的时效性非常重要，网络广告的制作时间短，上线时间快，受众的回应也是即时的，广告效果的评估与广告策略的调整也都必须是即时的。因此，传统广告的策划步骤运用在网络广告上会有很大区别，网络广告有自己的策划过程，具体如下：

（1）确定网络广告的目标

广告目标的作用是通过信息沟通使消费者产生对品牌的认识、情感、态度和行为的变化，从而实现企业的营销目标。在公司的不同发展时期有不同的广告目标，比如说是形象广告还是产品广告，对于产品广告在产品的不同发展阶段广告的目标可分为提供信息、说服购买和提醒使用等。AIDA 法则是网络广告在确定广告目标过程中的规律。

第一个字母 A 是“注意”（Attention）。在网络广告中意味着消费者在计算机屏幕上通

过对广告的阅读，逐渐对广告主的产品或品牌产生认识和了解。

第二个字母 I 是“兴趣”（Interest）。网络广告受众注意到广告主所传达的信息之后，对产品或品牌发生了兴趣，想要进一步了解广告信息，可以点击广告，进入广告主放置在网上的营销站点或网页中。

第三个字母 D 是“欲望”（Desire）。感兴趣的广告浏览者对广告主通过商品或服务提供的利益产生“占为己有”的企图，他们必定会仔细阅读广告主的网页内容，这时就会在广告主的服务器上留下网页阅读的记录。

第四个字母 A 是“行动”（Action）。最后，广告受众把浏览网页的动作转换为符合广告目标的行动，可能是在线注册、填写问卷参加抽奖或者是在线购买等。

（2）确定网络广告的目标群体

简单来说就是确定网络广告希望让哪些人来看，确定他们是哪个群体、哪个阶层、哪个区域。只有让适合的用户来参与广告信息活动，才能使广告有效地实现其目标。

（3）进行网络广告创意及策略选择

1）要有明确有力的标题。广告标题是一句吸引消费者的带有概括性、观念性和主导性的语言。

2）广告信息要简洁明确。广告内容要简洁明了，能让消费者学习记忆。

3）发展互动性。如在网络广告上增加游戏功能，提高访问者对广告的兴趣。

4)合理安排网络广告发布的时间因素。网络广告的时间策划是其策略决策的重要方面。它包括对网络广告时限、频率、时序及发布时间的考虑。时限是广告从开始到结束的时间长度，即企业的广告打算持续多久，这是广告稳定性和新颖性的综合反映。频率即在一定时间内广告的播放次数，网络广告的频率主要用在电子邮件广告形式上。时序是指各种广告形式在投放顺序上的安排。发布时间是指广告发布是在产品投放市场之前还是之后。根据调查，消费者上网活动的时间多在晚上和节假日。

5）正确确定网络广告费用预算。公司首先要确定整体促销预算，再确定用于网络广告的预算。整体促销预算可以运用量力而行法、销售百分比法、竞争对等法或目标任务法来确定。而用于网络广告的预算则可依据目标群体情况及企业所要达到的广告目标来确定，既要有足够的力度，也要以够用为度。量力而行法即企业确定广告预算的依据是他们所能拿得出的资金数额。销售百分比法即企业按照销售额（销售实绩或预计销售额）或单位产品售价的一定百分比来计算和决定广告开支。竞争对等法是指企业比照竞争者的广告开支来决定本企业广告开支的多少，以保持竞争上的优势。目标任务法即首先确定广告目标，再决定为达到目标而必须执行的工作任务，估算执行这种工作任务所需的各种费用，费用总和就是计划广告预算。

6）设计网络广告的测试方案。测试的内容主要包括对技术的测试和广告内容的检测。技术测试主要是检查广告能否在网络传输技术和接受技术上通行。有时一则 Web 广告在设计者的计算机上能很好地显示，但通过传输后，在客户终端却显示不出来，因此要对客户终端机的显示效果进行检测。对技术的测试还包括对服务器的检测，以避免 Web 广告设计所用的语言、格式在服务器上不能得到正常的处理，以致影响最后的广告效果。测试网络传输技术就是对网络的传输速度的检测，防止因为你的广告信息存量太大而影响传输广告效果。

对内容的测试是检测 Web 广告内容与站点是否匹配、与法律是否冲突。如果广告内容是关于食品类产品的，但站点却选择了一个机械工程技术类的专业网站，这就是内容与网站的不匹配。内容的法律问题就是检察广告内容是否在法律的规定范围之内，如香烟、色情广告就是违法的。对内容的测试还包括比较所设计的几个不同 Web 广告式样，以便选择其中最好的一个。

因此，在 Web 广告策划中，设计一个能全面检测的测试方案对广告最后效果的发挥起到确保作用。这个策划环节的工作就是要根据本次广告策划中所规划的广告形式、广告内容、广告表现、广告创意及具体网站、受众终端机等方面来设计一个全方位的测试方案。

（4）选择网络广告发布渠道及方式

网上发布广告的渠道和形式众多，各有长短，企业应根据自身情况及网络广告的目标，选择网络广告发布渠道及方式。网络广告具体流程图如图 7-27 所示。

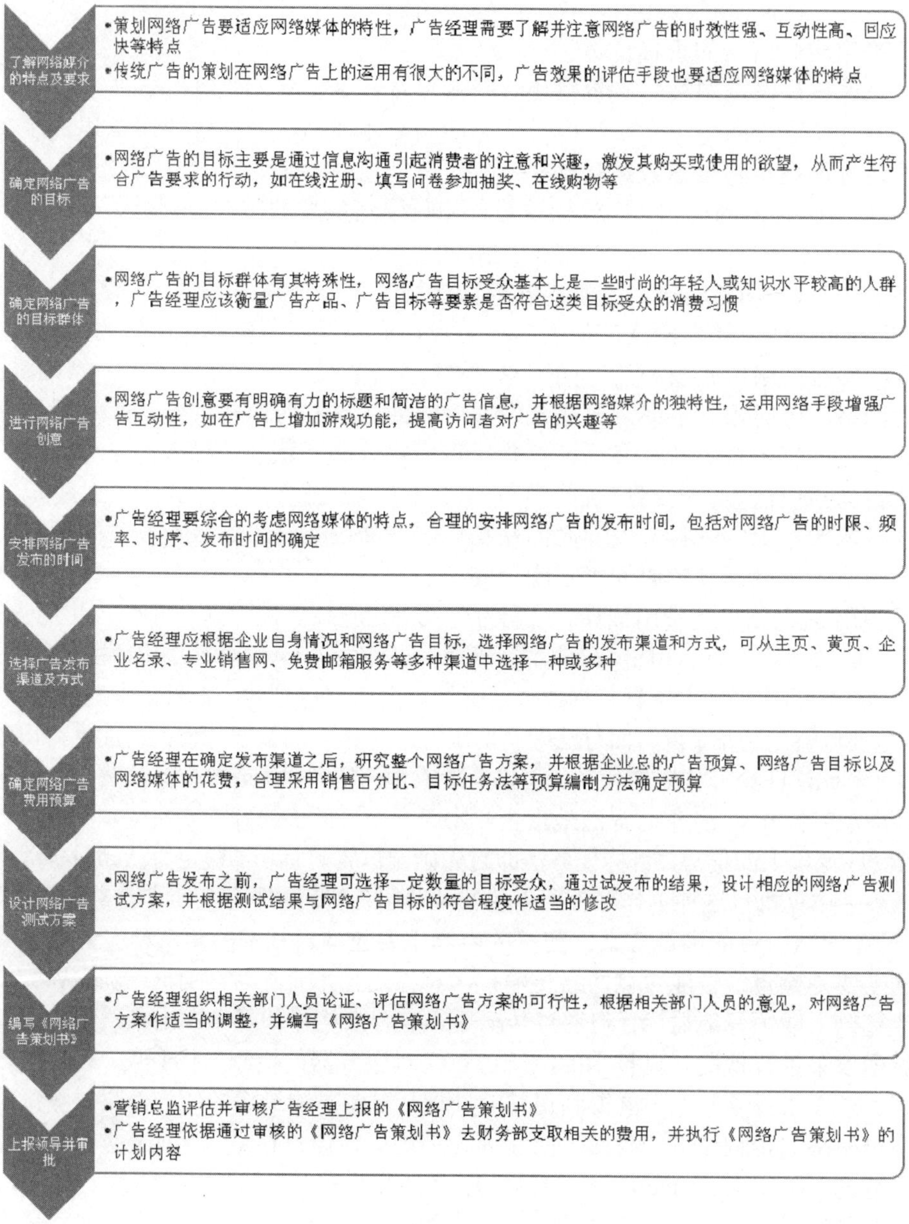

了解网络媒介的特点及要求	•策划网络广告要适应网络媒体的特性，广告经理需要了解并注意网络广告的时效性强、互动性高、回应快等特点 •传统广告的策划在网络广告上的运用有很大的不同，广告效果的评估手段也要适应网络媒体的特点
确定网络广告的目标	•网络广告的目标主要是通过信息沟通引起消费者的注意和兴趣，激发其购买或使用的欲望，从而产生符合广告要求的行动，如在线注册、填写问卷参加抽奖、在线购物等
确定网络广告的目标群体	•网络广告的目标群体有其特殊性，网络广告目标受众基本上是一些时尚的年轻人或知识水平较高的人群，广告经理应该衡量广告产品、广告目标等要素是否符合这类目标受众的消费习惯
进行网络广告创意	•网络广告创意要有明确有力的标题和简洁的广告信息，并根据网络媒介的独特性，运用网络手段增强广告互动性，如在广告上增加游戏功能，提高访问者对广告的兴趣等
安排网络广告发布的时间	•广告经理要综合的考虑网络媒体的特点，合理的安排网络广告的发布时间，包括对网络广告的时限、频率、时序、发布时间的确定
选择广告发布渠道及方式	•广告经理应根据企业自身情况和网络广告目标，选择网络广告的发布渠道和方式，可从主页、黄页、企业名录、专业销售网、免费邮箱服务等多种渠道中选择一种或多种
确定网络广告费用预算	•广告经理在确定发布渠道之后，研究整个网络广告方案，并根据企业总的广告预算、网络广告目标以及网络媒体的花费，合理采用销售百分比、目标任务法等预算编制方法确定预算
设计网络广告测试方案	•网络广告发布之前，广告经理可选择一定数量的目标受众，通过试发布的结果，设计相应的网络广告测试方案，并根据测试结果与网络广告目标的符合程度作适当的修改
编写《网络广告策划书》	•广告经理组织相关部门人员论证、评估网络广告方案的可行性，根据相关部门人员的意见，对网络广告方案作适当的调整，并编写《网络广告策划书》
上报领导并审批	•营销总监评估并审核广告经理上报的《网络广告策划书》 •广告经理依据通过审核的《网络广告策划书》去财务部支取相关的费用，并执行《网络广告策划书》的计划内容

图 7-27　网络广告流程图

7.3.3　网络广告的调研和效果评估

广告市场调研也称广告调查，是指运用科学的方法，系统地、有目的地收集分析和研究与广告活动有关的市场信息，给出分析的结论和建议，作为广告决策依据的活动。网络广告调查是从事网络广告活动的机构在网络广告活动中，为了解市场信息、制订网络广告方案、掌握网络广告设计资料和检验网络广告效果而对市场、消费者、商品、竞争者等有关资料进行系统的收集、整理、分析和说明。网络广告调查是开展网络广告活动的基础，是有效地进行网络广告策划的必要条件。当然，首先要了解网络广告的构成要素。

（1）网络广告设计制作的前期调研

网络广告设计制作前期调研包括网络广告受众调查、同类产品与企业调查等。

每一种商品一般都有自己特定的消费对象。广告活动应针对所宣传产品的消费对象。确定广告对象是广告活动策划最重要的一个环节。因为只有确定好广告活动对象，才能够解决好如下问题：采用什么媒体？广告应以哪个方面加以诉求？采用什么类型的产品介绍人？

在确定广告对象时，一般要从下列 5 个方面着手：

1）受众人口统计学特征。包括性别、年龄、教育程度、经济地位、婚姻状况、家庭人口数等。对于网络广告而言，则要了解目标市场的网民情况，这些资料可以帮助确立网络广告的诉求对象和诉求重点。

2）受众态度。消费者关于广告商品类型的看法、评价意见等。

3）受众性格特征。如内向还是外向，孤独还是合群，文静还是活泼等。

4）受众生理特征。如头发是干性还是油性等。

5）受众行为特征。即关于产品的消费行为特点，如某食品是正餐食用还是作点心食用。当然，个体消费者的购买行为特点更趋复杂，有习惯型、理智型、价格型、冲动型、感情型、疑虑型和随意型等多种表现。

在广告活动中，所谓知己知彼，方能百战百胜。所以对同类产品与企业的横向调查显得尤为重要。在网络广告调研中，在网上直接搜集对手资料，进行研究分析是一个大学问。一般可以通过以下方法进行：

1）通过搜索引擎，找寻同类产品及企业。在网上找寻同类产品及企业的最好办法是通过一些知名的大型搜索引擎站点去检索。

2）找出业务相近的竞争企业。通过输入关键词检索的方式，找出业务相近的竞争企业，然后筛选出最有可能的竞争对手。

3）研究竞争企业的网站内容。确定了竞争企业后，去他们的站点找寻相关内容，如其市场分布、用户情况、产品情况等，整理出横向对比数据。

4）通过主要网上媒体，查找同类产品及企业的广告。通过一些主要的网络媒体，查找同类产品及企业的广告，下载并研究他们的设计水准、链接情况。此外，整理出广告分布和收视情况，作为本企业广告制作与发布的参照依据。

（2）网络广告的调查方式

调查方式可以通过电子邮件、论坛、主页浏览访问、网络座谈会，以及委托网络公司调查等方式进行。

1）电子邮件方式。采用电子邮件调查方法是用电子邮件地址作为样本框，以随机抽样的方式发放电子邮件问卷。采用这种方法，要求电子邮件样本框较为全面。由于电子邮件在我国网民中使用十分普遍，因此，采用电子邮件调查方法在我国具有优越性。

2）论坛调查方式。这是指在论坛发布消息，搜集网民的意见。但是，论坛的信息量小，适合针对性强、行业性突出的企业。

3）主页浏览访问方式。这是指在访问量大的网页上设置调查专项，访问者按照个人兴趣，选择是否访问有关主题。

4）网络座谈会方式。这是指直接在网民中征集与会者，并在约定时间举办网上座谈会。这种方法适用于需要进行探索性研究或深度研究的主题。

5）委托网络公司调查方式。这是指通过专业公司高效、迅捷地提供丰富的媒体数据监测等广告相关信息资源。

此外，企业自身利用网络媒体进行公关传播活动也是进行网络广告调查研究评估的好方法。可以通过以下形式进行：吸引注册会员、建立网络社区；赠送免费电子邮箱，发送免费邮件；举办网上活动——专题研讨、教育培训、有奖征文、有奖竞赛、有奖评选、新闻发布会、网上年会、网上直播现场活动等。

（3）网络广告的媒介策略

网络广告媒体就是指网络广告媒介。从经营角度说，网络广告媒体就是指有网络广告发布权的网站。前面我们提到，随着互联网的发展普及，网络已成为继广播、电视、报刊之后的第四大媒体，具备了大众传媒的特征。那么，网络作为广告媒体，具有什么样的特征？

概括起来，合理地选择广告媒介需要从考察广告媒体的媒介价值入手。媒介价值则主要从该媒介的广告覆盖域、广告到达率、权威性、时效性这些方面去衡量。

1）广告覆盖域。覆盖域是在制定媒体战略、具体选择媒体时的一个重要指标。一般来说，目标市场的消费者在地域分布上是相对集中的，而广告媒体的传播对象也有一定的确定性。如果其覆盖域与目标市场消费者的分布范围完全不吻合，那选择的媒体就不适用。如果所选择的媒体覆盖区域根本不覆盖或者只覆盖一小部分或者大大超过目标消费者所在区域，那么媒介策略就都不适用。只有当媒体的覆盖域基本覆盖目标消费者所在区域或与目标消费者所在区域完全吻合时，媒体的选择才是最合适的。

网络媒体的广告覆盖域是指网站的网民访问量和分布。互联网的传播范围是全球性的，但不同类型、地域的网站，用哪些语种与可选语种，这些都影响其广告覆盖域。全球知名的大型网站，特别是一些搜索引擎网站的广告覆盖域广，被一些跨国经营的大公司所青睐；全国知名的一些综合型网站如新浪门户网站，点击率高，网民构成复杂，具有较高的广告媒介价值；此外，一些倍受欢迎的特色网站，提供某一门类的内容及服务，广告覆盖域集中，广告针对性强。

2）广告到达率。广告到达率是指广告发布后在特定时间内接受广告信息的人数占特定消费群体总人数的比率。到达率是衡量一种媒体的广告效果的重要指标之一。在消费群体总人数一定的情况下，接触广告信息的人数越多，广告到达率就越高。

网络媒体的广告到达率是指网站上某个广告的浏览人数或点击人数。通过网站浏览（点击）计数器可以即时准确地知道广告到达率，而传统媒体则需要通过抽样调查和统计，耗费时间和金钱。提高网上广告的注意率和并读性（并读性是指同一媒体被更多的人阅读、收看或收听，如电视、广播、报纸都是并读性较高的媒体。）能有效地提高广告到达率。注意率即广告被注意的程度。设计新颖、构思独特、视觉冲击力强的广告其注

意率高，这就需要在网络广告的设计形式上下功夫。因此，网络广告的并读性是指在同一时间浏览人数的多少。提高网站带宽，避免网络塞车是提高网络广告的并读性的重要保障。此外，网络广告发布的媒介组合运用，以及结合关键营销手段，都可以有效地提高网络广告到达率。

3）权威性。媒体的权威性对广告效果有很大影响，即“光环效应”。在对媒体的选择应注意人们对媒体的认可度。不同的媒体因其级别、受众群体、性质、传播内容等的不同而具有不同的权威性；从媒体本身看，也会因空间和时间的不同而使其权威性有所差异，如电视媒体，中央电视台与地方电视台的广告相比，前者比后者具有更明显的权威性，广播、报纸同样如此。不同的网络媒体其权威性也不同。网络媒体权威性取决于网站规模、背景以及知名度，并受专业领域、地区等各种因素的影响。

4）时效性。网络广告可以实时发布，具有很强的时效性。虽然电视和广告也具有很强的时效性，但其广告具有易逝性特点，广告信息转瞬即逝，不易保存，因而需要重复播出，资金投入巨大。网络广告既可以实时更新，又可以让用户随时下载保存，具有持久性，阅读性强。

网络媒体具有随时更改信息的功能，广告主可以根据需要随时进行广告信息的改动，可以 24 小时调整产品价格、商品信息，可以即时将最新的产品信息传播给消费者。而且网络媒体可以长久保存广告信息。广告主建立起有关产品的网站，可以一直保留，随时等待消费者查询，从而实现了实时性与持久性的统一。

5）寻找广告诉求点。这实质上是确定广告该讲什么的问题。广告诉求点从消费者的角度来说，就是找到消费者心理防御的弱点，即产品消费的内在动机；从产品的角度来说，就是品牌足以说服消费者购买的优点。通过调研，找到网络广告与消费者沟通的最佳结合点，即广告究竟应该告诉消费者什么，什么最能打动消费者。

（4）网络广告的效果评估

广告效果就是广告发布后的作用和影响。这种影响不仅是广告带来的直接经济效益，还有企业形象价值、品牌效应的提升以及广告的社会意义。广告效果是衡量广告活动成功与否的标尺，所以广告效果测定是广告活动的重要后期环节，是广告市场调研的一个重要领域。网络广告的效果评估是指网络广告作品通过网络媒体刊登后所产生的作用和影响，或者说目标受众对广告传播的结果性反应。网络广告效果同传统广告效果一样具有复合性，包括传播效果、经济效果、社会效果。而网络广告效果的评估就是利用一定的指标、方法和技术对网络广告效果进行综合衡量和评定的活动。相应地，网络广告效果的评估也应该包括传播效果评估、经济效果评估和社会效果评估。

1）传播效果测定。传播效果测定实际上是检查广告对受众所产生的影响，包括对受众的认知、兴趣、偏好、欲望、行为等各心理层面的影响。传播效果的好坏，并不一定直接决定着产品的市场销量，但对产品的销售必然会产生某种程度的影响。换言之，达到良好的传播效果是达到理想销售效果的必要条件，但不是充分条件。尽管如此，对广告传播效果的测定仍然十分重要，因为直接的销售效果测定并不能对广告策划或广告创作的问题作详细的诊断，而传播效果测定能对广告策略的修订、广告作品的修改、更换和选择提供重要的参考依据。

2）销售效果测定。销售效果测定是以销售情况来衡量广告的效果。广告宣传的最终目的是促进产品销售，所以直接用销售量来衡量广告的效果是自然而然的。但是必须认识到一点，这种测定是间接的，因为销售效果的好坏并不完全取决于广告活动，其他市场因素也可能产生重要的作用，销售效果测定也只能作为广告效果评价的一个侧面。

由于网络广告是建立在计算机、通信等多种网络技术和媒体技术之上的，所以在效果评估方面显示了传统广告所无法比拟的优势和特点如下：

① 网络媒体的交互性使得网络受众在观看完广告后可以直接提交个人意见，广告主可以在很短的时间内受到反馈信息，然后迅速地对广告效果进行评估。

② 广告主可以利用网络上的统计软件方便准确地统计出具体数据，而且网络广告受众在回答问题时可以不受调查人员的主观影响，这样网络广告效果评估结果的客观性与准确性会大大提高。

③ 互联网是一个全天候开放的全球化网络系统，网络广告的受众数量是无限庞大的，因此网络广告效果调查能在网上大范围内展开，参与调查的目标群体的样本数量能够得到保证。

④ 网络广告效果评估在很大程度上依靠技术手段，与传统广告评估相比，耗费的人力、物力比较少，相应地广告成本就比较低。

网络广告效果测定在技术和方法上都有其独特性。在实际操作中，在线媒体具有其独特的特点，能够实时测量它的受众。在评估受众时，这些数据通常很有价值。但是，为了公正起见，测量应该用行业广泛应用的通用标准及定义来分析并解释这些数据，更进一步说，数据应该定期接受身份合格的第三方的审计。网络广告效果的最直接评价标准是显示次数和点击率，即有多少人看到了该广告，并且有多少人对此广告感兴趣并点击了该广告。可能大多数广告主比较看重点击率，但对网上广告显示时所带来的品牌传播作用的定量测定并不容易，广告媒体与广告主之间就这一点一直存在着争论。

（5）网络广告效果测评的方式

1）通过服务器端的访问统计软件随时进行监测。

使用一些专门的软件对广告进行分析，生成详细的报表。通过这些报表，广告主可以随时了解在什么时间、有多少人访问过载有该广告的页面，有多少人通过广告直接进入到广告主自己的网址等。不同的程序有大量不同的显示数据的选项，包括图表。以下是比较常用的程序。

Stat Bot　　　　　下载网址：http://www.xmission.com

Web Trends　　　　下载网址：http://www.webtrends.com

Access Watch　　　下载网址：http://netpressence.com

下载这些程序当中的一个，安装上它们，就能够立即浏览自己的访问记录了。

2）通过查看客户反馈量。一般来说，如果广告投放后的受众反应比较强烈，信息反馈量大量增加，则说明所投放的广告比较成功；反之，则说明所投放的广告不太成功。如可以通过具有用户针对性的电子邮件在广告投放后是否大量增加，来判断广告投放的效果。

3）通过第三方广告测评机构。从原则上说，为保证公正，在线媒体的测量单位应该与被测量的媒体没有利害关系。第三方及介入的好处很多，比如保证客观公正，具有标准的报告时间进度与格式，并能保证数据有可比性。这是广告主普遍支持的做法。传统媒体广告在这方面已经形成一套行之有效的审计认证制度，并且有专门的机构来从事这一工作，如美国的盖洛普、中国的央视-索福瑞等。由于第三方独立于 ISP 或 ICP 之外，因此在客观程度上有所提高，减少了作弊的可能，使统计数据的可信度增强。

7.4　网络推广效果监测与评价

广告界有一个著名的说法，广告商都知道有 50%的广告预算是浪费了，但是却不知道浪费在哪里。进入网络营销领域，广告商可以在很大程度上精确测量投入以及产出。用户怎样进入网站？什么时候进入网站？在网站上浏览了哪些页面？在页面上停留时间多久？到最后购买了哪些产品？购买的金额是多少？这些其实都可以清楚准确地进行统计。

7.4.1　四步评测法

网络营销效果评测通常分为 4 步：确定营销目标；计算网站目标的价值；记录网站目标达成次数；计算网站目标达成的成本。

（1）确定营销目标

如果是直接销售产品的电子商务网站，网站目标就是产生销售。但网站的类型多种多样，很多网站并不直接销售产品，网站运营者就需要根据情况制订出可测量的网站目标。如果网站是吸引用户订阅电子杂志，然后进行后续销售，那么用户留下电子邮件地址，订阅电子杂志，就是网站的目标。网站目标也可能是吸引用户填写联系表格，或者打电话给网站运营者，也可能是以某种形式索要免费样品，也可能是下载白皮书或产品目录。

这些网站目标都应该在网站页面上有一个明确的目标达成标志，也就是说用户一旦访问到某个页面，说明已经完成一次网站目标。对电子商务网站来说，目标达成页面就是付款完成后所显示的感谢页面。电子杂志注册系统目标达成页面就是用户填写姓名及电子邮件，提交表格后所看到的确认页面或表示感谢的页面。如果是填写在线联系表格，和订阅电子杂志类似，完成目标页面也是提交表格后的确认页面。如果是下载产品目录或白皮书，文件被下载则标志着完成一次目标。

（2）计算网站目标的价值

如果是电子商务网站，计算非常简单，目标价值也就是每一次销售产品所产生的利润。其他情况可能需要站长下一番功夫才能确定。

如果网站目标是吸引用户订阅电子杂志，那么站长就要根据以往统计数字计算出电子杂志订阅者。有多大比例会成为付费用户？这些用户平均带来的利润是多少？假设每 100 个电子杂志用户中有 5 个会成为付费用户，平均每个付费用户会带来 100 元利润，那么这 100 个电子杂志用户将产生 500 元利润，也就是说每获得一个电子杂志订阅者的价值是 5 元。

类似的，如果网站目标是促使用户打电话直接联系企业或站长，营销人员就要统计有多少电话会最终转化为销售，平均销售利润又是多少，从而计算出平均每次电话的相应价值。

（3）记录网站目标达成次数

这个部分就是网站流量统计分析软件发挥功能的地方。沿用上面的例子，一个电子商务网站，每当有用户来到订单确认完成网页，流量分析系统都会记录网站目标达成一次。有用户访问到电子杂志订阅确认页面或感谢页面，流量系统也会相应记录网站目标达成一次。有用户打电话联系客服人员，客服人员也应该询问用户是怎样知道电话号码的，如果是来自网站，也应该作相应记录。

网站流量分析系统更重要的是不仅能记录下网站目标达成的次数，还能记录这些达成网站目标的用户是怎样来到网站的，是来自于哪个搜索引擎，搜索的关键词是什么；还是来自于其他网站的链接，来自于哪个网站，或者来自于搜索竞价排名。这些数据都会被网站流量分析系统所记录，并且与产生的相应网站目标相连接。

（4）计算网站目标达成的成本

计算网站目标达成的成本，最容易是在使用竞价排名的情况下。这时候每个点击的价格，某一段时间的点击费用总额，点击次数等数据，都在竞价排名后台有显示，成本非常容易计算。

对其他网络营销手段，则需要按经验进行一定的估算。有的时候比较简单，有的时候则相当复杂。如果网站流量是来自于搜索引擎优化（SEO），那么需要计算出外部 SEO 顾问或服务费用，以及内部配合人员的工资成本。如果是进行论坛营销，则需要计算花费的人力、时间及工资，换算出所花费的费用。

有了上面 4 项数据，就可以比较清楚地计算网络营销的投资回报率。假设网站竞价排名在一天内花费 100 元，网站目标是直接销售。一天内销售额达到 1 000 元，扣除成本 500 元，毛利为 500 元，那么竞价排名推广的投入产出比就是 5。

7.4.2 网络营销效果评测

网站需要密切监测营销效果，是为了选择最有效的网络营销方式。线下广告往往不知道广告预算浪费在什么地方。而网络营销则可以通过效果监测知道哪个营销活动是亏本的、哪个是盈利的。

网络营销中，最重要的不在于成本高低，而在于投入产出比。最典型的例子就是竞价排名。每次用户点击，都是实打实的花出现金。但是如果有足够高的投入产出比，网站就可以放心投入广告预算。这也就是为什么有的网站甚至有竞价排名预算也花不出去。因为他们经过监测和计算，知道哪些关键词必然带来效益，但是这些关键词被搜索的次数却是有限的，并不能无限扩张。留下效果好的词，并停止使用赔本的关键词。

网络营销方法及目标千变万化，有时候网络营销活动的终极目标与销售没有直接关系，也就无法以销售金额作为衡量指标。在评测网络营销效果的第二步，确定网站目标价值时，也就无法以具体金额数字为依据。

比如说，有时企业的网络营销目标就是建立和推广品牌，使更多用户注意到品牌名称，目的就达到了。这时网络营销效果测量很可能无法以网站流量和销售数字为依据，则可以采用下面的统计数据。

1）网络广告浏览率。网络广告效率越来越低，因为网民都已经习惯和忽略了网络广告，尤其是旗帜类广告。但在塑造品牌时，以每千次显示为计费基础的网络显示广告还是一种不错的方式。虽然不一定能达成点击和销售，但至少可以把信息传达给网民，起到推广和强化品牌的作用。

2）文章或新闻被转载率。有时企业通过发布新闻或文章营销达到推广品牌的作用。高质量的文章以及有卖点的新闻经常都可以被多次转载。所以在新闻发布或文章发布之后几个月内，通过搜索引擎搜索文章被转载的次数也可以作为衡量网络营销效果的依据之一。

3）博客订阅或微博粉丝与转发数。博客和微博营销越来越受到重视，营销效果在某些情况下也很好。博客和微博营销的本质在于获得话语权，建立权威地位，而不是直接促成

销售，博客和微博营销的效果是潜移默化和长期的。博客本身的阅览次数及订阅博客种子的人数和微博的粉丝数和转发数可以成为社会媒体营销效果评测的依据之一。

4）用户在线参与次数。有的时候企业营销活动以聚集用户数、鼓励网民参与某项活动为目标。或更简单的是某个网页的浏览次数就是目标。用户浏览某网页内容，或看某段视频，或在线玩某个游戏，在这些活动过程中，就可以把企业的营销信息传达给用户。典型例子是新电影推出时，电影公司都会建立电影的官方网站。通常在电影上映之前就推出网站，吸引用户到网站上玩游戏、猜题、下载壁纸和观看介绍短片等。这些活动参与的人数，就是网络营销效果评测的依据。

上面所说的这几种情况，都难以用具体销售金额来计算营销效果，但是都可以有某种形式的数字作为评估依据。营销人员可以把这些数字当作一个分值，虽然并不是一个金额，但通过这个分值也可以评价网络营销的效果。比如每次一个用户观看宣传短片计为 5 分，一个人下载壁纸计为 3 分。

在这些不能以销售金额为依据的情况下，重要的是相对的数字统计结果反映的趋势。只要营销人员在确定了评价依据后就要保持一贯性。在一段时间内，以分值或浏览量等数字评价网络营销效果，一样具有相同的参考价值。

7.4.3　销售数字监控

除了网站流量监控及分析之外，对电子商务网站更重要的当然是销售数字的监控。网络营销者应该通过销售后台统计每天的订单数、每单平均交易金额、各产品各品牌或按类别显示销售订单数及金额。以时间为横轴，显示销售订单数、总金额、每单平均金额以及各品牌、各产品销售随时间的变化等。

对销售数字的监控，一方面可以体现网络营销活动的总体效果，另一方面也可以提供给财务部门进行公司财务核算。

（1）客户的终身价值

一般在讨论网站转化率、投资回报率及营销效果时，都是以用户来到网站后直接产生的销售来计算的。但现实情况是，有很多网站可以从用户身上多次产生销售及利润。用户对网站的价值，绝不仅仅是一次销售。在估算可以投入的营销成本时，用户的终身价值在很多时候才是更准确的数字。在进行网络营销效果评价时，营销者要考虑清楚，用户对网站来说是否有更高的终身价值。以下是最典型的用户终身价值远高于一次销售价值的几种情况。

1）长期性的服务或产品。比如收费会员制网站、虚拟主机服务、域名服务和需要经常更换和添加的产品，比如打印机油墨、纸张、化妆品等。这些产品或服务，一旦用户开始使用，通常需要连续消费，每次使用都要付费。

2）网站后续销售。如果网站本身的产品或服务并不能连续消费，但是网站可以通过联署计划或与其他网站合作等方式，了解到自己的用户还有可能购买其他产品和服务，向用户推荐这些产品并获取佣金。这些后续销售的次数和销售额，并不局限于网站自身的能力，所以可能性和潜力是近乎无穷的。

3）普通网站的忠实客户。有的网站虽然产品并不明显需要续费，但忠实的客户会愿意到同一个网站购买更多相关产品，这种可能性和可选择的范围也非常广。比如网上书店，用户知道了当当网或京东网，第一次可能只买几本书。而一旦记住这个网站，以后再有需要时，自然还会来网站重复购买。同样，其他卖服装、儿童用品、化妆品和药品等的网站，都有可能产生重复消费。

所以网站运行者在评价网络营销效果时，就要考虑到用户平均会消费几次、每次消费的金额平均是多少、利润是多少以及用户在网站上消费的时间跨度是多长等。只有考虑到这些因素，计算出用户的终身价值，才能更准确地看出网络营销的效果。

举个最简单的例子：虚拟主机服务是需要连续消费的，假设某主机类型月费用是 10 元，网站的转化率是 1%。如果使用竞价排名推广网站，最高竞价金额只能是 1 毛钱。10 元竞价排名费用可以带来 100 个浏览者，转化 1%，也就是 1 个付费用户，直接产生 10 元销售额，刚好抵消竞价费用。但是对现有客户的统计发现，客户平均会使用主机服务 3 年，一个客户带给网站的终身价值就是 360 元。按同样的转化率计算，竞价金额可以出到 3.6 元。

从表面的数字看，或者从通常使用的流量和销售统计计算，网站似乎不能承担比较高的竞价价格。但实际上出价比较低，反倒会造成网站没有赚到该赚的钱。这同样也适用于其他营销手段，比如联署计划、网络广告等。

当然这是一个极为简化了的计算。实际网站运营中存在很多不确定因素，以及无法准确统计的数字。所以得出的用户终身价值往往不是一个固定数目，而是某一个范围。不过作为营销者，了解对用户终身价值的计算是很有必要的，会对网络营销效果评测以及策略的制订产生重大的影响。

（2）对原始日志文件分析

网络营销人员重要的工作之一就是分析用户行为。买了产品，为什么买？没买，又是什么原因？分析网站流量是分析用户行为的最基本方式。一部分网站流量统计分析软件是以服务器日记文件为基础的。网站服务器会把每一个访客来访时的信息自动记录下来，存放在服务器原始日志文件中。一般主机提供商会在控制版面提供日志文件给用户下载。

（3）跟踪用户轨迹

这是很多网站运行时需要研究的地方。从日志文件中剔除对图片的访问，剔除中间插进来的其他浏览者的信息，只把来自某一特定 IP 地址的用户在一段时间内所看的网页列出来，就能看到这个用户在网站上都做过哪些行为？看了哪些网页，这些用户行为将给网站运行提供很大的帮助。

7.4.4　流量统计软件

除了要查看非常细微的东西，一般情况下网络营销人员并不会去看原始日志文件。即使剔除了中间穿插的大量无关数据，还是有大长串的数据，实在是很难人工辨认分析。

通常网站流量分析要借助软件。流量统计分析软件一般分为以下 2 种：

1）软件运行在统计服务商的服务器端。用户在需要跟踪分析的所有网页中（通常是整个网站所有页面）插进一段统计代码，一般是 JavaScript 代码，这段代码会自动检测访问信息，并把信息写入服务商数据库中。用户在服务商提供的界面查看网站流量统计和分析。

属于这类流量统计的软件最值得推荐的就是 Google Analytics（谷歌分析，缩写 GA），后面的讨论也主要以 Google Analytics 为例。Google Analytics 原名是 Urchin，以前是要付费的统计服务，2005 年 4 月 Urchin 公司被 Google 收购，然后 Google 基于自己一贯的做法，

将 Urchin 改名为 Google Analytics，免费提供给站长使用。与一些这类免费服务不同的是，使用 Google Analytics 不需要在网页上显示 Google 的任何标记。Google Analytics 注册地址是：http://www.google.com/analytics/zh-CN/，它以统计代码为基础的流量分析软件或服务的优势是简单易用，站长无需安装运行任何软件。而且功能强大，软件升级维护方便，新功能开发都无需站长操心。

2）用软件直接对原始日志文件进行分析。这种软件把日志文件输入，直接统计信息。这种统计软件既有装在服务器上的，也有运行在自己计算机上的。

可以运行在自己计算机桌面的如 Azure Web Log analyzer（一种常用的流量分析工具），其官方网址是 http:/www.azuredesktop.com/logdoc.html。

直接分析日志文件的统计软件优势是数据非常准确，因为网站上的任何文件访问都会在日志中有记录。

网络营销主要还是以网站为基础。网站流量、销售和转化率的变化，最集中表现出网络营销活动的效果。在第 7.1 节讨论的网络营销效果评测可以说是一个终极指标。

很多网络营销活动的细节却不能从单一的终极效果指标来判断。对营销者来说，不仅需要统计跟踪网络营销效果，更重要的是看到成绩或不足时，需要知道为什么。这就需要仔细研究网站流量以及用户在网站上的活动。通过对流量的仔细分析才能发现网络营销活动是怎样在网站的各个细节上对用户起作用，最终达到网络营销的总体效果。

网络营销活动不成功，要知道为什么，也需要研究和分析流量，找出是哪一个环节做的不对。

可以说网站流量分析是个宝藏，它不仅能告诉营销者结果是什么，还能展示出原因在哪里。网站流量分析有很多指标及术语，本节以 Google Analytics 为统计工具，介绍最常见的流量分析指标，以及对网络营销的意义。

（1）访问量（Visits）

访问量是指某一段时间内网站被访问的总人次。这无疑是网站流量最重要的指标之一，它体现了网站推广的总体效果。流量分析软件都可以按时间，比如每天或每星期，显示出访问数。很多软件还可以以图形方式显示，就更加直观。

在进行了某项特定营销活动后，检验效果如何的第一个指标当然就是看所带来的访问数。比如网站的文章被社会化网络大量转载，都经常会带来访问数的急剧提高。但通常在一两天内又会下降到和以前差不多的访问数。所以通过访问数的变化及趋势，就可以看出营销活动的大致效果。

（2）绝对唯一访问者数

绝对唯一访问者数（Absolute Unique Visitors）是指在某一段时间内访问网站的来自不同 IP 地址的人数。每一个 IP 地址通常对应的就是一个独特的用户。这个数字通常都低于访问数，因为有一些人会多次访问同一个网站，虽然访问数可能是每天两三次，但还是一个绝对唯一访问者。绝对唯一访问者数与访问数类似，在一定程度上显示出网站推广的整体效果。

（3）页面访问数

页面访问数（Pageviews）是指在某一段时间内被访问或者说被打开的页面总数。这就是站长统计中经常见到的 PV（page view，页面浏览量）。PV 是网站销售网络显示广告时的重要依据。通常用户访问网站时，会访问不止一个页面，所以页面访问数要高。页面访问数的变化趋势一般与访问数相同。

（4）平均页面访问数

平均页面访问数（Average Pageviews）就是页面访问数除以访问数（Pageviews/Visits），也就是说平均页面访问数就是用户每次访问网站时平均看了多少个网页。平均页面访问数代表了网站的粘度，粘度越高，用户看的网页就越多，平均页面访问数也就越高。像在前面介绍过的，改善网站易用性，撰写吸引目光符合用户心理的网站文案，善于引导用户完成销售流程良好的导航系统，这些都有助于提高网站的粘度，改善用户体验，也就提高了页面平均访问数。或者从反面来说，如果网站平均访问数非常少，恐怕网站易用性设计方面就有比较严重的问题。

平均页面访问数也和网站类型直接相关。最典型的情况是，论坛通常粘度很高，平均页面访问率也比较高，常常达到十几页以上，所以在通过平均页面访问数考察网站易用性时，也要考虑网站自身的特点。

（5）网站停留时间

网站停留时间（Time on Site）是指用户每次访问网站所花的时间，与平均页面访问数类似，网站停留时间也代表了网站的粘度，网站易用性越高，内容越吸引人，用户自然停留的时间就越长，打开的页面也越多。

（6）文件访问数

文件访问数（Hits）是指在一段时间内所有调用文件的次数。这些文件包括了网页文件、图像、JS 和 Flash 等文件，需要在网页上添加统计代码的流量统计软件，比如 Google Analytics，并不能统计到文件访问数，因为如图像文件等并不能加统计代码，只有分析服务起源是日志文件的流量分析软件才显示文件访问数。

用户打开一个网页，通常浏览器都会访问多个文件，包括 HTML 和图像文件，所以文件访问数通常要远大于页面访问数。如果文件访问数过大，说明网站页面构成太复杂，每打开一个网页，都要调用很多文件，站在营销的角度考虑，应当尝试尽量减少需要访问文件的数目，降低页面打开时间。

（7）弹出率

弹出率（Bounce Rate）是指浏览者来到网站，只看了一个网页就离开的比例。弹出率是网站是否满足用户需求的重要指标。如果用户来到网站，大部分用户只打开第一个页面，再也没有点击其他链接就离开，这说明用户没有在网页上能够找到他所需要的信息，或者网站的易用性很差，或者是内容不相关，总之，不能引起用户继续看其他页面的意愿。如果一个网络零售网站弹出率达到 60%左右，则是一个非常值得注意的警讯。

（8）访问深度

访问深度（Depth of Visit）是指用户在网站访问了多少个页面，访问页面越多，深度越高。Google Analytics 以图表形式列出访问深度不同的用户各占百分比是多少。

（9）用户浏览器及计算机信息

这包括了浏览器类型、版本、用户计算机操作系统、显示其分辨率以及是否支持 JAVA 等。这些信息都显示出网站用户使用什么计算机以及什么浏览器访问网站，网站运营者可以依据这些数据调整网站设计时应该以哪些目标市场为主要对象。

（10）用户地理位置

网站流量分析软件也可以根据用户访问时的 IP 地址判断出用户地理位置（Network

Location）。像 GA 这样的软件，能够直观以地图的方式显示，显示用户主要来自哪些大洲或国家。若网站具有地域性，比如只提供产品给某些省份的用户，这部分流量统计会说明目标市场与真正流量来源是否吻合。也可以反过来思考，如果发现某些地区有很多流量，是不是有可能把这个地区纳入目标市场。

（11）流量来源

所有流量分析软件都会清楚显示 3 种主要的流量来源（Traffic Sources）所占比例，各自的流量情况以及随时间的变化趋势。这 3 种主要流量来源是：直接流量、点击流量和搜索流量。

1）直接流量（Direct Traffic）。是指用户通过存在浏览器的书签，或直接在浏览器地址框输入网页地址来到网站。直接流量在一定程度上代表了网站有多少忠诚用户，因为只有用户觉得网站对他有帮助，才有可能存入书签或记住域名。

2）来自其他网站的点击流量（Referring Sites）。也就是说用户通过点击出现在其他网站的网站链接进入到主页。点击流量可能是其他网站、博客、微博、论坛等提到网站，也可能是站长自己在其他网站购买的网络广告。

3）搜索流量（Search Engine Traffic）。也就是用户在百度、谷歌等搜索引擎搜索关键词后看到的网站，点击搜索结果后来到该网站。搜索流量高低代表了网站在搜索引擎中的排名情况。

思 考 题

请阅读背景资料，并回答下面的相关问题：

贵阳南明老干妈风味食品有限责任公司（http://www.laoganma.com.cn）位于贵阳市龙洞堡见龙路 138 号，成立于 1996 年。企业现拥有一栋 4 层的多功能办公大楼及 4 个生产基地，占地 20 000 多平方米，员工 2 000 余人，管理、技术人员 246 人。

该企业在创始人陶华碧女士的带领下，全体员工秉承“诚信为本，务实进取”的企业精神，通过 9 年的艰苦创业，已经发展成为全国知名企业、国家级农业产业化经营重点龙头企业。目前老干妈公司已形成日产量 120 万瓶辣椒制品的生产能力，主要生产风味豆豉、油辣椒、鲜牛肉末、水豆豉、风味腐乳等 20 余个系列产品，是目前国内生产及销售量最大的辣椒制品生产企业。

几年来，由于该企业质量管理体系的建立和质量管理工作有效地实施，使历年来产品的各项指标都达到国家卫生、质量标准，产品出厂合格率始终都位于同行业榜首，先后被授予“全国食品行业质量效益型先进企业”“检验合格企业”“全国乡镇企业质量管理先进单位”“国家级农业产业化经营重点龙头企业”称号，并顺利通过了 ISO 9001：2000 质量体系、ISO14001：1996 环境管理体系，HACCP 认证，产品“油辣椒”通过了“绿色食品”认证，“油制辣椒”系列食品获得“中国名牌”称号，并由该企业为主要起草单位发布了国内首个“油制辣椒”国家标准。2006 年实现产值 12.8 亿元，上缴税金 1.6 亿元，产品荣获“中国名牌产品”称号。

1．搜索引擎推广

1）将老干妈公司网址提交到搜索引擎。为了利用搜索引擎进行推广，必须首先将公司网址（http://www.laoganma.com.cn）提交给各大搜索引擎。请将公司地址提交到百度、谷歌中，并将提交成功的返回结果截图填写在表 7-2、表 7-3 中。

表 7-2　把目标地址推荐给搜索引擎过程记录表

各大搜索引擎免费登录入口地址	
Baidu 网址提交入口截图	
Google 网址提交入口截图	

表 7-3　目标地址提交到 Baidu & Google 的成功结果截图

提交到 Baidu 成功界面截图	
提交到 Google 成功界面截图	

2）公司网站目前被搜索引擎收录基本情况调查。为了了解公司网站目前在各大搜索引擎中的搜录情况，便于今后进行网站推广，请完成表 7-4，并根据表 7-4，将操作的步骤进行截图，填写到表 7-5 中。

表 7-4　网站的收录情况、反向链接数、PR 值、Alexa 排名结果

网站名称	Google（收录情况）	Baidu（收录情况）	Yahoo（反向链接数）	PR 值	Alexa 排名
老干妈公司网站					

表 7-5　查询结果过程记录表

公司网站被 Google Baidu 和 Yahoo 的收录情况截图	
PR 值截图	
Alexa 排名截图	

3）SEO（搜索引擎优化）。为了让公司网站在搜索引擎中的排名靠前，公司打算进行 SEO。请了解该网站首页的搜索引擎优化情况，并对不妥的地方加以改进，请填写表 7-6。

表 7-6　老干妈首页搜索引擎优化情况评价

编　号	项 目 名 称	老干妈公司网站网页情况	是否需改进	改　进　后
1	Title（标题）			
2	Keyword（关键词）			
3	Description（描述）			
4	关键词密度基本情况			
5	网页用户体验整体评价（从网页打开速度、导航栏是否清晰、是否有网站地图、内容更新是否及时等）			

4）关键词的设计。根据上表中公司关键词在各大搜索引擎中的表现，你认为公司是否需要参与关键词竞价？为了打开湖南市场，特别是长株潭市场，请根据这些地区方言特点、产品特点、用户搜索习惯设计 6 个关键词，并说明理由。

A 公司是否需要参与关键词竞价：____________________

B 设计公司关键词以及理由：____________________

2．网络公关

网络公关是指组织或个人基于开放便捷的互联网络，对产品、服务所做的一系列经营活

动，从而达到满足组织或个人需求的全过程。请根据“老干妈”的案例背景，为“老干妈”做一次网络公关活动。提升“老干妈”的知名度和“老干妈”的网站访问量，完成表 7-7。

表 7-7 “老干妈”网络公关策划活动

网络公关的创意	
网络公关的主题	
选择网络公关的平台及地址	
网络公关的实施简述	
网络公关效果预测	

3．QQ 群推广

QQ 是国内最常用的网络通信工具，使用用户数以亿计，且 QQ 支持无线手机上网，手机上网用户目前已达 3 亿多，因此 QQ 推广也是各种推广方法中比较常用的一种方法之一。QQ 群主要用途就是聊天，在聊天中推广，是最直接、最有效、最容易产生效益的方法；QQ 群还有群邮件、群论坛、群共享等功能，这些都可以称为推广的手段。

“老干妈”网站推广员小张想利用 QQ 进行推广，请帮助他完成如下操作：

1）加入一个湖南、四川、贵州等喜欢吃辣椒等的 QQ 群，加入成功后截图。

加入的 QQ 群号和名称：________________

加入成功后请截图，并将图插到下面。要求图中需要出现自己的 QQ 名称或者昵称。

2）在群发布一则消息。推广“老干妈”的相关产品；提升“老干妈”的企业形象，欢迎新老客户订购。

要求：不能直接发广告，否则帖子会被删除；不能违反网络功德，否则会被群主踢出群；字数在 300 字以内，注意网络礼貌，语言要有亲和力。

____

____

____

____

3）小王自己还建立了一个名称为“老干妈”的 QQ 群。你觉得他如何利用 QQ 群的其他功能进行网络推广。请将推广思路填写到表 7-8。

表 7-8 QQ 群推广思路

QQ 群功能	推广方法思路
A 群邮件	
B 群论坛	
C 群共享	

第 8 章

网络零售的物流

经过一系列网络经营活动，终于有订单了！此时小王面临的问题即如何把货物发给顾客并使货物最终到达顾客手中。本章主要介绍物流的基础知识，网络零售物流的一般流程，贴标与分拣的相关知识以及物流配送中需求计划的制订、各种策略的选择和第三方物流配送企业的服务模式。

8.1 网络零售物流基础知识

8.1.1 物流配送概述

（1）概念

简单地讲，物流就是物的流动。这里的“物”指实物资料，“流”指实物资料在空间的流动。物流（physical distribution，PD）这个词最早出现在美国，中文意思是“实物配送”。目前，对物流的概念存在许多不同的理解和认识，主要有以下几种，见表 8-1。

表 8-1　物流定义

给出定义的组织	定　义
美国物流管理协会	物流是对来源地与消费地之间的货物、服务及相关信息正向和反向有效率、有效益的流动与储存进行计划、执行与控制，以满足顾客需要的过程
联合国物流委员会	物流是为了满足消费者需要而进行的从起点到终点的原材料、中间过程库存、最终产品和相关信息有效流动和存储计划、实现和控制管理的过程
日本工业标准	物流是将实物从供应者物理性移动到用户的这一过程的活动，一般包括输送、保管、装卸以及与其有关的情报等各种活动
中国国家科委、国家技术监督局、中国物资流通协会，国家标准《物流术语》	物品从供应地向接受地的实体流动过程。根据实际需要，将运输、储存、装卸、搬运、包装、流通加工、配送、信息处理等基本功能实施有机结合

综上所述，物流是指利用现代信息技术和设备，将运输、仓储、装卸、搬运、包装、流通加工、配送、信息处理、需求预测、为用户服务等活动有机结合起来，经济有效地将原材料、半成品及产品由生产地送到消费地的所有流通活动。

网络零售以 B2C，C2C 为主，是电子商务的组成部分，网络零售物流即电子商务物流，

指在电子商务的条件下，依靠计算机技术、互联网技术、电子商务技术以及信息技术等所进行的物流（活动）。与传统物流相比，它具有信息化、自动化、网络化、智能化、标准化以及柔性化等特点。

（2）分类

根据不同的标准，物流可分为不同的种类：

1）按照物流涉及的领域划分有宏观物流和微观物流，宏观物流又称社会物流，是指社会再生产总体的物流活动，是从社会再生产总体的角度来认识和研究物流活动。微观物流又称企业物流，是指消费者、生产企业所从事的物流活动。

2）按照物流活动覆盖的范围划分有国际物流、国内物流和区域物流。国际物流是指不同国家之间的物流。国内物流是指为国家的整体利益服务在国家自己的领地范围内开展的物流活动。区域物流则指某一行政区域或经济区域的内部物流。

3）按照物流系统性质划分有社会物流、行业物流和企业物流。社会物流是指以整个社会为范畴、面向广大用户的超越一家一户的物流。行业物流则指在一个行业内部发生的物流活动。企业物流是指在企业经营范围内由生产或服务活动所形成的物流系统。

4）按照物流在供应链中的作用划分有供应物流、生产物流、销售物流、回收物流和废弃物物流。供应物流是指为生产企业、流通企业或消费者购入原材料、零部件或商品的过程，也就是商品生产者、持有者和使用者之间的物流。生产物流是指从工厂的原材料购进入库起，直到工厂产品库的产品发送为止，这一全过程的物流称为生产物流。销售物流是指生产企业或流通企业售出产品或商品的物流过程。回收物流是指对物资的回收和再加工过程所形成的物流。废弃物物流则指对废弃物回收所形成的物流。

5）按照物流主体方目的的不同划分，有第一、二、三、四方物流之说。第一方物流是指供应商（生产厂家或原材料供应商）提供运输、仓储等单一或某种物流服务的物流业务。如供应商送货上门。第二方物流是指需求方（生产企业或流通企业）为满足自己企业在物流方面的需求，由自己完成或运作的物流业务。如赴产地采购、自行运回商品。第三方物流是指由物流的供方和需方之外的第三方所进行的物流。第四方物流是指提供各种物流信息咨询、物流人才培训服务的企业。

6）其他物流种类，包括绿色物流、冷链物流、定制物流等。绿色物流是近年发展起来的新概念，是指在物流过程中抑制物流对环境造成危害的同时，实现对物流环境的净化，使物流资源得到充分合理的利用。冷链物流是指为保持新鲜食品及冷冻食品等品质，使其在从生产到消费的过程中，始终处于低温状态的配有专门设备的物流网络。冷链物流对于农产品电子商务至关重要。定制物流是根据用户特定要求专门设计的物流服务模式。

目前网络零售物流主要涉及第三方物流、自建物流、绿色物流、冷链物流和定制物流等方式和模式。

（3）功能

物流的功能包括物流的基本功能和增值功能两大类。

物流基本功能如下：

1）运输。运输是利用交通工具（汽车、火车、飞机、轮船等）实现货物的转移。运输的主要任务是实现货物的空间转移，解决货物在空间上存在的供需矛盾。就物流本身而言，运输是实现货物使用价值的一个重要环节，是物流的一个重要组成部分。运输过程既不改变货物的实物形态，也不增加货物的数量。

2）仓储。仓储就是指保护、管理、贮藏物品。在社会再生产过程中，它可以解决商品生产与消费在时间上存在的矛盾。对储存活动的管理要求准确确定库存数量，确定合理的保管制度和流程。一般认为储存是物流的中心。

3）包装。包装是指为在流通过程中保护产品、方便运输、促进销售，按一定技术方法而采用的容器、材料及辅助物等的总称，也指为了达到上述目的而采用容器、材料及辅助物的过程中施加一定技术方法等操作活动。简而言之，商品包装就是包装物和包装操作的总称。商品包装的目的是为了保护商品、促进销售、方便物流等。在物流活动中，科学合理的商品包装对于提高物流效率、降低物流费用有着非常重要的作用。一般认为包装是物流的起点。

4）装卸搬运。装卸是指物品在指定地点以人力或机械装入运输设备或卸下，搬运就是指在同一场所内，对物品进行水平移动为主的物流作业。装卸搬运是随着运输、保管等其他物流活动所进行的运动，是物流过程中必备的一个环节。在整个物流活动中，装卸与搬运活动发生的频率最高，因而也是造成产品损坏的重要原因。对装卸搬运活动的管理，主要是确定最恰当的装卸搬运方式，力求减少装卸搬运次数，合理配置及使用装卸搬运的机械工具，以达到节能省力、高速高效、低损耗的经济效果。一般认为装卸搬运是协调物流其他作业环节的重要中介，也可以把装卸搬运称为物流的接点。

5）流通加工。流通加工是流通部门为了弥补生产过程中加工程度的不足，更有效地满足用户或企业需求，更好地衔接供需所做的辅助加工活动。从物流角度看，合理的流通加工可以有效地降低物流成本，提高物流的效率。

6）配送。配送是指按照用户的订单要求，在配送中心或其他物流据点进行货物配备，并以最合理的方式送交用户。配送作为连接下游客户的“最后一公里”直接面向客户提供物流服务，其服务的效率高低与质量优劣将直接影响到下游客户对上游物流服务提供方的最终评价。因此，配送活动不仅影响着物流的经济效益与社会效益，甚至可以说物流成果主要是通过配送来实现的，它是将事物的物质特性转换为经济价值的过程。

7）信息服务功能。信息服务包括进行与上述各项活动有关的计划和预测，以及对物流动态信息（运量、收、发、存数）及其有关的费用、生产、市场信息的收集、加工、整理和提炼等活动。物流信息是连接各环节的纽带，没有各物流环节信息的通畅和及时供给，就没有物流活动的时间效率和管理效率，也就失去了物流的整体效率。物流信息功能是物流活动顺畅进行的保障，是企业管理和经营决策的依据。充分掌握物流信息，能使企业减少浪费、节约费用、降低成本和提高服务质量。

物流的增值功能主要包括增加便利性服务、加快反应速度的服务、降低成本的服务、延伸服务等。

（4）作用

物流的作用主要表现在宏观和微观两个方面。宏观方面，物流在国民经济中占有重要地位，支撑着国民经济活动特别是物质资料运动的运行。从社会再生产过程来看，它不仅支撑着人类社会的生产，而且也支撑着人类社会的消费，并与商品交易特别是有形商品的交易活动息息相关。物流效率的高低和成本的大小，也直接影响着其他经济活动（生产、消费、流通）的效率与成本，影响着其他经济活动（生产、消费、交易）的实现程度。微观方面，物流的作用主要体现在企业的生产经营过程中。物流是企业生产经营连续进行的前提，是保障商流顺利进行、实现商品价值和使用价值的基础，是提高企业核心竞争力的重要因素。

物流在营销中发挥着重要的作用，具体表现如下：

1）物流是实现产品价值、发挥营销基本功能的必要条件。产品由生产到消费，不仅要完成所有权的让渡，还必须有实体的转移，才能实现其价值。只有合理组织实体分配过程，创造产品的时间效用和空间效用，才能发挥营销的应有功能。

2）加强物流管理，有利于企业提高服务质量，扩大产品销量，增强竞争能力。如果企业不能及时供应商品，顾客就可能转购其他企业的商品，从而失去应有的市场份额。此外，及时交货，随时满足顾客需要也是体现企业信誉的一个重要方面，若因物流管理不善而延误交货时间，顾客会失去对企业的信任。因此，合理的物流管理不仅能增加顾客满意度，还有助于企业扩大产品销售，维护企业形象，提高市场竞争力。

3）合理安排物流工作可以加快商品流通，节约流通费用，降低产品成本，从而有助于企业提高整体经营效益。西方许多营销专家认为，物流是创造营销优势的重要来源，一个良好的物流计划，可以降低不必要的流通成本，节约企业费用开支，由此直接增加单位销售利润。正因为如此，西方发达国家非常重视物流管理和物流技术的研究，并把降低物流成本视作“第三利润源”。

（5）流程

简单来讲，传统物流配送流程主要包括备货、储存、分拣及配货、配装、配送运输、送达服务及流通加工等环节。网络零售环境下，配送对象以中、小件货物为主，配送形式以快递为主。因此，网络零售物流配送流程与传统意义上的物流配送存在一定的差异。一般而言，网络零售环境下物流配送的一般流程主要包括进货、存储、商品分拣、包装、贴标、出货、快递分拣、配货、配装与送达等环节，如图 8-1 所示。

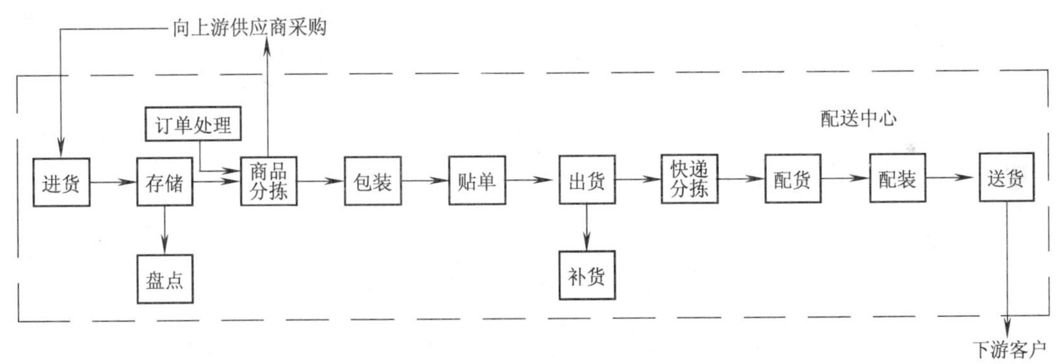

图 8-1　网络零售物流流程图

1）进货。进货也称备货，是配送的准备工作或基础工作，包括筹集货源、订货或购货、集货及相关的质量检验，结算、交接等。备货是决定配送成败的前期工作，如果备货成本过高，会大大降低配送的效率。进货作业的具体流程，如图 8-2 所示。

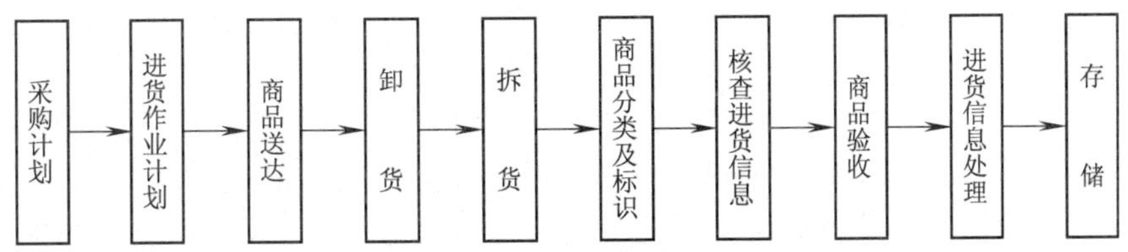

图 8-2　进货作业图

2）存储。货物在配送中心进行不同程度的停留，包括储备及暂存两种形态。配送储备是按一定时期的配送经营要求，形成对配送的资源保障。网络零售企业可根据销售情况、货源及到货情况，有计划地确定周转储备及安全储备的结构和数量。暂存是执行配送时，按分拣配货要求，在理货场地进行少量存储、分拣、配货等作业完成后立即转入待发运状态，因此暂存的时间不会太长。

3）分拣。商品分拣指依据顾客的订单要求或配送计划将商品从其储位或其他区位拣取出来的过程。

4）包装。包装有不同的形式，可根据配送商品的不同而进行选择。

5）贴单。贴单指在包装好的商品上贴上快递面单。

6）出货。出货指网络零售企业将快递商品移交快递公司的过程。

7）快递分拣与配货。快递分拣及配货是完善送货、支持送货的准备性工作，是不同配送企业在送货时进行竞争和提高自身经济效益的必然延伸。现在物流配送中的分拣及配货多采用自动化、机械化的方式操作。

8）配装。在单个配送数量达不到车辆的有效运载负荷时，就存在如何集中不同用户的配送货物，进行搭配装载以充分利用运能（指在单位时间内投入一定的运力而使货物或人员位移的能量大小）、运力（指从事运输的机械设备和人员调配）的问题，这就需要配装。

9）送货。在进行送货作业时，选择合理的运输方式以及运输工具对于提高送货的服务质量和作业成本至关重要。此外，配好的货物运输到目的地还不算配送工作的完结，送达货物和用户接货也很重要，它直接面向终端用户，在很大程度上影响着用户满意度。

除以上一般性作业外，还包括：流通加工作业，这是提高设备设施利用效率、增加客户满意度的重要措施；物流信息处理作业，对上下游客户传递过来的信息进行分类、整理、挖掘后，再分别向上下游客户输出；退货处理作业，对于客户的退货进行相关处理作业，如重新发运、拆装、销毁、更换破损等。

8.1.2 物流配送与网络零售

（1）物流配送对网络零售业的影响

与传统零售业不同，网络零售是将传统的零售业模式以虚拟的方式在网络上进行运作。所有的产品宣传、客户联系、客户跟踪、购买支付等，都是通过网络完成。与电子商务的其他形式不同，网络零售商品种类繁多，市场空间区域广，顾客群大且分散，顾客购买批量小、频次高且对配送时间要求严格，这就决定了网络零售对物流配送的特殊要求。

网络零售物流配送要求达到 7R 目标：准确的产品（Right Product）、正当的质量（Right Quantity）、正确的条件（Right Condition）、准确的地点（Right Place）、准确的时间（Right Time）、准确的客户（Right Customer）、正确的成本（Right Cost）。即“在恰当的时间、地点和恰当的条件下，将恰当的产品以恰当方式和恰当的成本提供给恰当的消费者”。

物流配送对网络零售业的影响可以归纳为如下几个方面：

1）物流配送是网络零售的关键环节。网上信息传递、网上交易、网上结算与配送，在网络零售的各环节中，物流配送是最后一个环节，也是不可或缺的关键一环。之前的一切交易行为都是在网络上发生的，只有配送才是唯一的实体行为。作为网上交易的最后一步，它的目的是将产品送到顾客的手中。物流配送的好与坏，直接影响到公司的运作效率、公

司的信誉、客户的满意度。

2）物流配送是网上零售的主要成本支出。成本低廉是网络零售业的一大竞争优势。无店铺销售再加上低廉的网络费用，使得网络零售的交易流程和成本都相对较低，而物流配送要进行实物的移动，它的费用是脱离于网络的。它将已经购买的产品，通过包装、装卸、运输最终送到顾客手里，中间所发生的一切费用，是网络零售成本的一项主要开支。

3）物流配送直接影响网上零售的库存管理。一个好的物流配送体系，从接到定单时起，就开始了采购、配送和分拨物流的同步流程。每一步都在最大程度上以最合理的时间、分配和路线来构建从而减少产品的积压和库存开支。若因物流配送系统不完善，而需要长期的提前备货，库存管理费用就会大大增加，所以说物流配送直接影响着网络零售的库存管理。

（2）网络零售对物流配送的要求

网络零售在极大地提高了物流地位的同时，也大大提高了对物流的要求。在网上交易过程中，由于电子工具和网络通信技术的应用，使交易各方的时空距离几乎为零，信息流、商流、资金流可以瞬间实现；而物流由于其实物的特点，在流动上很难与以上“三流”同步。因此，为使网络零售真正实现跨地域和跨时空的特点，传统物流应完成以下转化：

1）信息化。现代物流的信息化表现为物流信息的商品化、物流信息收集的数据化和代码化、物流信息处理的电子化和计算机化、物流信息传递的标准化和实时化，以及物流信息存储的数字化等。数据库技术、电子订货系统（EOS）、电子数据交换（EDI）、快速反应（QR）、有效的客户反应（ECR）等技术与观念在未来的物流管理中将得到普遍采用。

2）自动化。在信息化基础上，自动化的核心是机电一体化。自动化的外在表现是无人化，其效果是省力化。目前，在发达国家已普遍使用的物流自动化设施有很多，如条码/语音/射频自动识别系统、自动分拣系统、自动存取系统、自动导向车，以及货物自动跟踪系统等。

3）网络化。在信息化基础上，现代物流的网络化有两种趋势：一是物流配送系统的计算机通信网络化，其中包括配送中心与供应商、制造商之间的联网，配送中心与下游顾客之间的联网。订货过程将会是用计算机通信方式，借助于增值网（VAN）上的 EOS 和 EDI 来自动实现。二是物流组织网络化，即在全球范围内将各种制造资源、需求资源、供应资源和人力资源组织起来，使其得到充分的利用。

4）智能化。由于物流作业过程所涉及的自动分拣机的运行、物流配送中心经营管理的决策支持等问题都需要借助大量的知识才能解决，所以，在物流自动化过程中，物流的智能化具有重要作用。随着专家系统、机器人等相关技术在国际上的推广普及，智能化必将是现代物流的一种发展趋势。

5）柔性化。20 世纪 90 年代，生产制造模式开始广泛应用柔性制造系统（FMS）、计算机集成制造系统（CIMS）、制造资源系统（MPR Ⅱ）以及供应链管理模式和技术。这些模式和技术实质是要将生产、流通进行集成，根据需求端的需求组织生产、安排物流活动。因此，现代物流的柔性化正是适应生产、流通与消费的需求而表现出来的一种发展趋势。这就要求物流配送中心要根据网络零售消费需求“多品种、小批量、多批次、短周期”的特色，灵活组织和实施物流作业。

8.2 产品的贴单与分拣

8.2.1 贴单

贴单指在包装好的商品上贴上快递面单。通常情况下，网上卖家在接到订单后，需要自己在快递单上打印好收发货等信息并将商品包装好、贴上快递单，等待快递员上门取件。然后，再由快递公司对快件进行称重、配送等工作。

（1）快递面单

快递面单是指快递行业在运送货物的过程中用以记录发件人、收件人以及产品重量、价格等相关信息的单据，如图 8-3 所示。目前快递行业多用条码快递单，以保证快递行业的连续数据输出，便于管理。

目前快递面单所用纸张多为无碳纸、自写纸等，加工工艺中主要用到连码、跳码、可变码的印刷。快递面单多为 2 联以上，特别是 EMS 等用的快递单多为 5 联、6 联，一般包括名址联、结账联、发件联、备用联等。

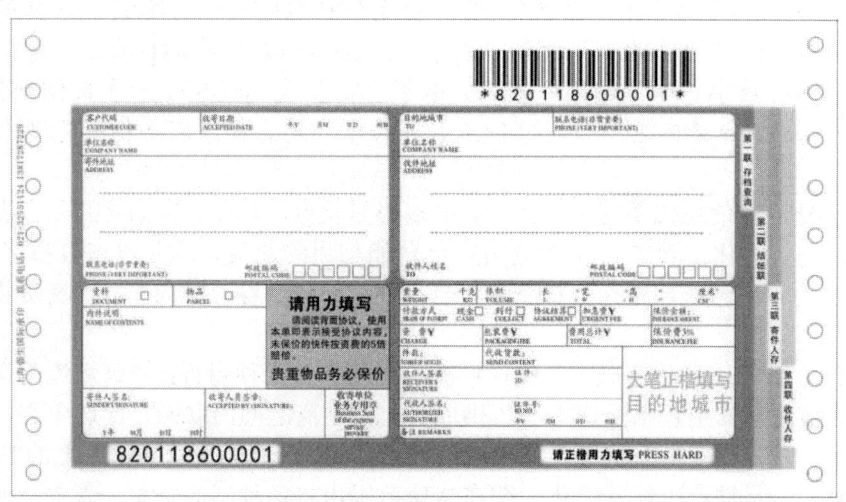

图 8-3　快递面单

（2）快递单号

快递单号包含了快件的详细信息，通常由数字和字母组成，是快递包裹的唯一标识代码。快递单号方便快递公司、发件人以及收件人实时跟踪快件信息。图 8-3 中的 820118600001 就是快递单号。

1）快递单号的常见格式。不同快递公司的快递单号有所不同，但每家快递公司都有章可循，人们可以从快递单号中大致判断出是由哪家快递公司发出的。如：

EMS 单号 13 位字母和数字组成，前后各两位英文，固定第一位是 E，最后是 CS。

圆通单号 10 位字母数字组成，目前常见以 1**、2**、8**或 D**等开头。

申通单号 12 位数字组成，目前常见以 268**、368**、468**等开头。

顺丰单号 12 位数字组成，目前常见以电话区号后 3 位开头。

韵达单号 13 位都是数字。

2）快递单号查询方式。网上下单后，买家通常都很关心快递现在何处，几时能到达的问题。伴随着买家的需求，逐渐地产生了快递查询服务，即根据快递单号查询相应的物流情况。现在，快递单号的查询方式主要有以下几种：

① 官网查询方式。通过相应的快递公司的官网对快件进行跟踪，相关信息可以直接通过快递回执上的条形码进行查询，即可在相应公司的网页上输入查询码并获取快递单的相关信息。

② 综合查询平台查询方式。是指通过集成了多种快递公司快递跟踪查询服务的网站。主要是提供一个统一的查询入口，然后在输入相关查询码之后，在后台调用相关快递公司的查询功能并给用户返回结果。

③ 移动客户端查询方式。利用移动客户端查询，只要在相应的查询框内输入快件单号就能知道物品所在位置，让客户及时对物品进行跟踪了解。同时，客户也可以通过客户端进行计费查询，包括首重费用、续重费用，以及从出发地到目的地的价格等多种费用的查询。价格公开、透明，在计费版块中一目了然。服务范围版块中详细标明快递公司的服务派送范围，方便查询。客户也可以在客户服务中给出建议，如果对服务有不满意的地方可以在投诉栏中直接对其进行投诉。

④ 手机短信订阅方式。手机短信订阅跟踪已成为一种新兴的快递查询方式，并且由于它的随时随地、贴心提前提醒收货等特点，受到大众的喜爱。

（3）如何正确填单

为了快件的安全、准确、及时到达，需要正确填写快递面单。下面以圆通快递单为例说明填写方法，如图 8-4 所示。

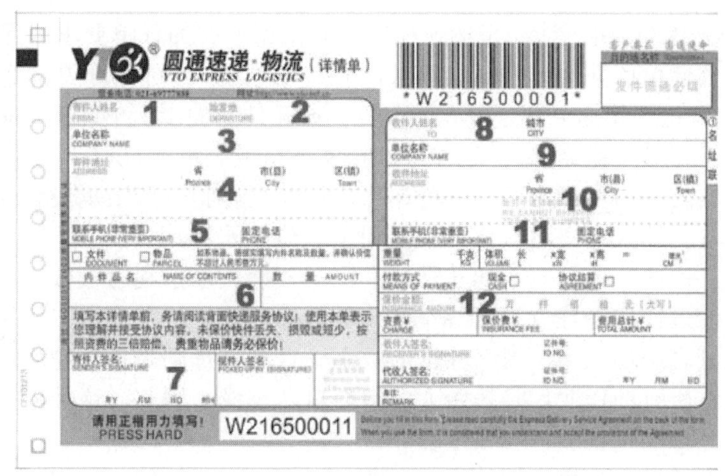

YTO 圆通速递·物流（详情单）
YTO EXPRESS LOGISTICS

W216500001

寄件人姓名 1　始发地 2

单位名称 COMPANY NAME 3

寄件地址 ADDRESS　省 Province　4　市(县) City　区(镇) Town

联系手机(非常重要) MOBILE PHONE (VERY IMPORTANT) 5　固定电话 PHONE

□ 文件 DOCUMENT　□ 物品 PARCEL

内件品名 NAME OF CONTENTS　数量 AMOUNT

6

填写本详情单前，务请阅读背面快递服务协议！使用本单表示您理解并接受协议内容，未保价快件丢失、损毁或短少，按照资费的三倍赔偿，贵重物品请务必保价！

寄件人签名 SENDER'S SIGNATURE 7　收件人签名 PICKED UP BY (SIGNATURE)

收件人姓名 TO 8　城市 CITY

单位名称 COMPANY NAME 9

收件地址 ADDRESS　省 Province　10　市(县) City　区(镇) Town

联系手机(非常重要) MOBILE PHONE (VERY IMPORTANT) 11　固定电话 PHONE

重量 WEIGHT　千克 KG　体积 VOLUME　长 L　×宽 W　×高 H　= CM³

付款方式 MEANS OF PAYMENT　现金 CASH □　协议结算 AGREEMENT □

保价金额 INSURANCE AMOUNT 12　万　仟　佰　拾　元（大写）

资费 ¥ CHARGE　保价费 ¥ INSURANCE FEE　费用总计 ¥ TOTAL AMOUNT

收件人签名 RECEIVER'S SIGNATURE　证件号 ID NO.

代收人签名 AUTHORIZED SIGNATURE　证件号 ID NO.　年Y　月M　日D

备注 REMARK

请用正楷用力填写！PRESS HARD　W216500011

图 8-4　快递面单

1：填写发件人姓名

2：填写始发地址

3：填写发件人所在单位

4：填写发件人详细地址

5：填写发件人联系方式

6：填写件内说明以及数量

7：填写发件人签名以及时间

8：填写收件人姓名

9：填写收件人所在单位

10：填写收件人详细地址

11：填写收件人联系方式

12：如需保价填写保价金额

货物保价是客户根据自身货物的价值，按国家规定的 3%～7%的费率标准进行投保的一种方法。

8.2.2 分拣

分拣是网络零售物流配送中的重要一环。一般而言：拣货作业所需人力占物流中心人力资源的 50%以上；拣货作业所需时间占物流中心作业时间的 40%；拣货作业的成本占物流中心总成本的 15%～20%。从各国的物流实践来看，网络零售配送的主要对象是中、小件的货物，即分拣多为多品种、小体积、小批量的物流作业。这就使得分拣作业的工艺特别复杂，特别是对于客户多、货物品种多、需求批量小、需求频次高、送达时间要求准的配送服务，分拣作业的速度和质量直接影响到整个配送中心的信誉的生存。

（1）分拣作业的分类

一般而言，分拣是指为进行输送、配送，把很多货物按不同品种、不同地点和单位分配到所设置的场所的作业。在网络零售物物流过程中分拣包括物品配送分拣和物品寄递分拣两大类。

1）物品配送分拣即商品分拣，指物流配送中心依据顾客的订单要求或配送计划，迅速、准确地将商品从其储位或其他区位拣取出来，并按一定的方式进行分类、集中的作业过程。

2）物品寄递分拣即快递分拣，指分拣人员根据邮件封面上所书写的地址，按本企业内部自我编列的分拣路由（即路向），逐件分入相关格口或码堆的过程。

按照分拣手段的不同可分为人工分拣、机械分拣（又称电子辅助分拣）、自动分拣三大类。人工分拣基本上靠人力搬运，或者可以利用最简单的器具和手推车等，这种分拣方式劳动强度非常大，但是分拣的效率却非常低。机械分拣大多指利用机械（如输送机）为主要的输送工具，通过在各分拣位置配备作业人员进行分拣。这种分拣方式投资不多，也可以在一定程度上减轻劳动强度，提高分拣的效率。自动分拣则是指货物从进入分拣系统到指定的位置为止，所有的作业均是按照人的指令自动完成。因此，这种分拣方式的分拣处理能力相当强，分拣的货物品种和数量也非常大。

在出货频率不是很高且货物的体积小、批量少、搬运的重量在人力范围所及的情况下，可采用人工拣取方式或电子辅助分拣；对于体积、重量也大的货物可以利用叉车等搬运机械辅助作业。

（2）分拣作业过程

分拣作业就是根据顾客的要求，迅速、准确地将货物从其储位拣取出来，并按照一定的方式进行分类、集中，等待配装送货的作业过程。

分拣信息是对用户的订单要求进行加工后产生的。

1）分拣信息订单包括以下几点。

① 基本部分：每种货物的品名、规格、数量；订单要求的货物总量；货物发送单元要求。

② 主要部分：货物储位、拣货集中地、储备货物的补货量、储备货物的储存、补货登记。

③ 附加部分：货物的价格、代码和标签、货物的包装、货物发送单元的可靠性要求、发送货物单元的代码和标签。

2）分拣信息的载体有以下 3 类：

① 传票。这是直接利用订单或公司的交货单来作为拣货指示。

② 拣货单。这是把原始的用户订单输入计算机进行拣货信息处理后，打印出来的方式。这种方式的优点是避免传票在拣货过程中受污损，并能把产品储位编号显示在拣货单上。

③ 条形码。条形码经过扫面被计算机解码，把线条符号转变成数字号码。

分拣过程作业由订单下达、储位识别、拣取搬运货物、核对数量、汇总等一系列环节组成。

3）分拣作业所消耗的时间主要包括以下 4 个方面：

① 形成拣货指令的订单信息处理过程所需时间。

② 行走或货物运动时间。

③ 准确找到储位并确认所拣货物及其数量所需时间。

④ 拣取完毕，将货物分类集中的时间。

4）分拣作业需要依据一些合理化的原则，如：

① 存放时应考虑易于出库和拣选。

② 提高保管效率，充分利用存储空间。

③ 减少拣选错误。

④ 作业应力求平衡化，避免忙闲不均的现象。

⑤ 事务处理合作各环节要协调配合。

⑥ 分拣作业的安排应与配送路线的顺序一致。

⑦ 缩短配送车辆的滞留时间。

（3）分拣方法与分拣策略

1）分拣方法包括以下 6 种：

①“人到货”分拣方法。分拣货架不动，即货物不运动，通过人力拣取货物。在这种情况下，分拣货物是静止的，而分拣人员带着流动的集货货架或容器到分拣货架，即拣货区拣货，然后将货物送到静止的集货点。这种作业系统构成简单，柔性化程度高，可以不用机械设备和计算机支持。但所需要的作业面积较大、补货困难、劳动强度高。

② 分布式“人到货”分拣方法。分拣货架静止不动，但分拣作业区被输送机分开，这种分拣方法也简称为“货到皮带”法。因有输送机的帮助，分拣人员的行走距离短，劳动强度低，拣货效率高，每小时每人可拣 1 000 件货物。但输送机将拣货作业区分成两个部分，在分拣任务不是均匀分布在两边的货架时，不能调节两旁分拣人员的工作节奏，同时也造成系统的柔性差、补货困难、所需的作业面积变大等现象的发生。

③“货到人”分拣方法。人不动，托盘（或分拣货架）带着货物来到分拣人员面前，再由不同的分检人员拣选，拣出的货物集中在集货点的托盘上，然后由搬运车辆送走。

这种方法，分拣人员不用行走，分拣效率高、工作面积紧凑、补货容易，空箱和空托盘的清理也容易进行，也可以优化分拣人员的工作条件与环境。不足之处在于投资大，分拣周期长。

④ 闭环“货到人”分拣方法。载货托盘（即集货点）总是有序地放在地上或搁架上，处在固定位置。输送机分拣货架（或头盘）送到集货区，拣货人员根据拣货单拣选货架中的货物，放到载货托盘上，然后移动分拣货架，再由其他的分拣人员拣选，最后通过另一条输送机，将拣空后的分拣货架（拣选货架）送回。此种方法的优点在于拣选路径短、拣选效率高、系统柔性好、空箱和无货托盘的清理容易、所需作业面积小、劳动组织简单。缺点是为了解决分拣的出货和返回问题，仓库、输送机和控制系统的投资大，因顺序作业，造成作业时间长等。

⑤ 活动的“人到货”分拣方法。分拣人员（或分拣机器人、高架堆垛机）带着集货器（集货点）在搬运机械的帮助下，按照订货单的要求，到分拣货架拣货，当集货容器装满后，到集货点卸下所拣货物。

此方法中一般由机器人拣货。但机器人取物装置的柔性较差，不能同时满足箱状货物，球状货物、柱状货物的拣取，这也就限制了它的应用，这种系统一般用在出库频率很高且货种单一的场合。

⑥ 分拣货架与集货点合一的分拣方法。这是一种分拣货架与集货货架一起运动，来到分拣人员（或分拣机）前，进行分拣的方式。这种方法仅是一种基于理论的构想，因控制和输送技术上的原因，目前尚未实行。

2）分拣策略是影响分拣作业效率的重要因素，对不同的订单需求应采取不同的分拣策略。分区、订单分割、订单分批及分类是决定拣货策略的主要因素，由以下 4 个因素产生多个拣货策略。

① 分区策略。分区作业就是将拣取作业的场地作区域划分，每一个拣货员负责拣取固定区域内的物品。具体分区方式如下：

按货物特性分区。根据货物原有的性质，将需要特别储存搬运或者分离储存的货物进行分区，以保证货物的品质在储存期间保持一致。

按分拣单位分区。按需求的拣货单位（托盘或箱）来分区。比如，自动立体仓库和托盘货架都是以托盘为储存单位的，而自动仓储以托盘作为取出单位，托盘货架以箱为拣货单位。

按分拣方式分区。在同一拣货单位分区内，若想采取不同方式及设备的拣取，则需作拣货方式的分区考虑。

② 订单分割策略。订单分割策略指将订单切分成若干子订单，交由不同的拣货人员同时进行拣货作业，以加速拣货的完成。第一步就是按区域进行订单分割，各个分拣区根据分割后的子订单进行分拣作业，各分拣区子订单分拣完成后，再进行订单的汇总。

③ 订单分批策略。订单分批是为了提高拣货作业效率而把多张订单集合成一批，进行批次拣取作业，目的在于缩短拣取时平均行走搬运的距离及时间。具体又包括：

按总和计量分批。将进行拣货作业前所有累积订单中的物品按品项合计总量，再根据这一总量进行拣取的方式。该方式适合固定点间的周期性配送。优点是一次拣出商品总量，可使平均拣货距离最短。缺点是有较强的分类系统，订单数不可过多。

时窗分批。当订单到达至出货所需时间非常紧迫时，可以利用此策略开启短暂时窗，

例如 5 分钟或者 10 分钟，再将此时窗中所到达的订单作为一批，进行拣取。该方式适合密集频繁的订单，以及紧急插单。

固定订单量分批。订单分批按先进先出的原则，当累计订单数到达设定的固定量后，再开始进行拣货作业。优点是维持稳定的拣货效率，使自动化的拣货、分类设备发挥最大功效。缺点是订单的商品总量变化不宜太大，否则造成分类作业不经济。

智能型分批。订单在汇集后，必须经过较复杂的电脑计算程序，将拣取路线相近的订单集中处理，求得最佳的订单分批，可缩短拣货行走搬运距离。

④ 分类。分类指在拣取时进行分类。即在拣取的同时将物品分类到各订单中。

（4）自动分拣技术及设备

自动分拣技术主要包括条码技术、电子标签技术。

在物流分拣作业中，尤其是在配送中心，条码技术发挥着重要作用。条形码简称条码，是由一组黑白相间、粗细不同的条状符号组成，条码隐含数字信息、字母信息、标志信息、符号信息，主要用以表示商品的名称、产地、价格、种类等，是全世界通用的商品代码的表示方法。条码技术是为实现对信息的自动扫描而设计的一种基于计算机的自动识别技术。它是现代物流系统中非常重要的大量、快速采集信息的技术，它能适应物流大量化和高速化的要求，大幅度提高物流效率。

总部或者配送中心接受客户的订单后将订单汇总，并分批发出印有条码的拣货标签，这种条码包含有这件商品要发往的目的地信息。分拣人员根据计算机打印出来的拣货单，在仓库中进行拣货，并在商品上贴上拣货标签。将已经拣出来的商品运到自动分类机，激光扫描器对商品上的两个条码进行自动识别，检验无误后，商品即分别流入按分店分类的滑槽中。然后将不同分店的商品装入不同的货箱，并在货箱上贴上印有条码的送货地址卡，这种条码包含商品到达区域的信息。

条码技术大大提高了信息传递的速度和数据的准确性，提高了拣货的效率，从而可以实时跟踪整个配送中心的运营情况。

电子标签是一种电脑辅助的无纸化的拣货系统，其原理是在每一个货位上安装数字显示器，利用电脑的控制将订单信息传输到数字显示器上，拣货人员根据数字显示器所显示的数字拣货，拣货后按确认按钮即完成拣货工作，这种方式也叫电子标签拣货。

电子标签与单纯的条码标签的最大不同是，条码必须单个地识别，而电子标签却可以批量地被识别。

自动分拣设备主要包括自动分拣机、自动分拣输送系统等。

自动分拣机一般由输送机械部分、电器自动控制部分和计算机信息系统联网组合而成。

它可以根据用户的要求、场地情况，对条烟、整箱烟、药品、货物、物料等按用户、按地名、按品名进行自动分拣、装箱、封箱连续作业。机械输送设备根据输送物品的形态、体积、重量而设计定制。

分拣输送机是工厂自动化立体仓库及物流配送中心对物流进行分类、整理的关键设备之一，通过应用分拣系统可实现物流中心准确、快捷的工作。

拣货作业系统的规划是整个分拣物流配送中心规划的重中之重，可以说拣货作业系统是物流配送中心的“心脏”。一个成功的拣货作业系统往往决定了一个物流配送中心效率的高低，尤其是商品呈现多品项、多批次的情况下，拣货作业的困难度随之升高。

分拣输送系统是将随机的、不同类别、不同去向的物品，按其要求进行分类（按产品类别或产品目的地不同分）的一种物料搬运系统，如图 8-5 所示。

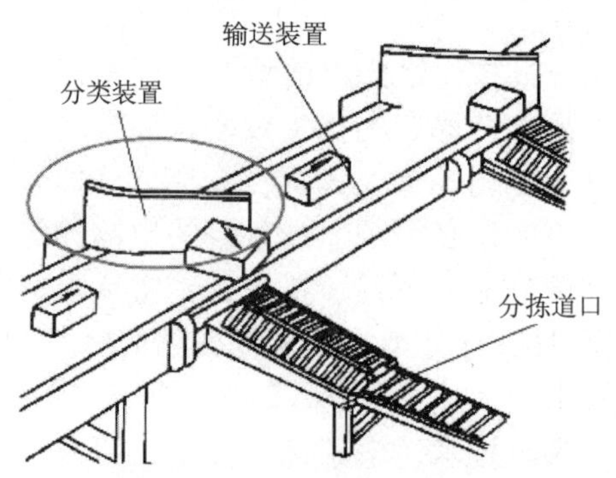

图 8-5　自动分拣输送系统

随着社会生产力的提高，商品品种的日益丰富，在生产和流通领域中的物品分拣作业，已成为耗时、耗力、占地大、差错率高、管理复杂的部门，为此，物品分拣输送系统已经成为物料搬运系统的一个重要分支，广泛应用于邮电、航空、食品、医药等行业以及流通中心和配送中心。

（5）自动分拣作业方式

自动分拣作业方式有多种，主要形式如下：

1）摘果式拣货（DPS）。摘果式拣选是针对每一份订单（即每个客户）进行拣选，拣选人员或设备巡回于各个货物储位，将所需的货物取出，形似摘果。摘果式拣选的特点是每人每次只处理一份订单或一个客户，简单操作。当拆零拣选的品种数小，而订单客户数量巨大时（超过 1 000 个），非常适合使用摘果式分拣，如图 8-6 所示。

摘果式拣货的优点是：作业方法单纯，订单处理前置时间短，导入容易且弹性大，作业员责任明确，派工容易且公平，拣货后不必再进行分类作业，适用于多拣货单、少品项的拣货作业处理。但也存在一些缺点：商品品项多时，拣货行走路径加长，拣取效率降低；拣取区域大时，搬运系统设计困难；少量多次拣取时，造成拣货路径重复费时，效率降低。

图 8-6　摘果式作业图

2）播种式拣货（DAS）。播种式拣货是把多份订单（多个客户的要货需求）集合成一批，先把其中每种商品的数量分别汇总，再逐个品种对所有客户进行分货，形似播种，因此称其为“商品分别汇总分播”更为恰当，如图 8-7 所示。播种式拣货的特点是每次处理多份订单或多个客户；操作复杂、难度系数大。适合订单品种和数量都比较多的大规模拆零拣选。

图 8-7　播种式作业图

播种式拣货优点是适合订单数量庞大而商品品项数少的系统，可以缩短拣取时行走搬运的距离，货品要求少量、配送次数多，批量拣取就愈有效。缺点是：对订单的到来无法作及时的反应，必须等订单达一定数量时才做一次处理，因此会有停滞时间。

（6）自动分拣系统

自动分拣系统是先进配送中心所必需的设施条件之一。它具有很高的分拣效率，通常每小时可分拣商品 6 000～12 000 箱。可以说，自动分拣机是提高物流配送效率的一项关键因素。

物流中心每天接收成百上千家供应商或货主通过各种运输工具送来的成千上万种商品，在最短的时间内将这些商品卸下并按商品品种、货主、储位或发送地点进行快速准确的分类，将这些商品运送到指定地点（如指定的货架、加工区域、出货站台等），同时，当供应商或货主通知物流中心按配送指示发货时，自动分拣系统在最短的时间内从庞大的高层货存架存储系统中准确找到要出库的商品所在位置，并按所需数量出库，将从不同储位上取出的不同数量的商品按不同的配送地点运送到不同的理货区域或配送站台集中，以便装车配送。自动分拣系统具有如下特点：

1）能连续、大批量地分拣货物。由于采用大生产中使用的流水线自动作业方式，自动分拣系统不受气候、时间、人的体力等限制，可以连续运行，同时由于自动分拣系统单位时间分拣件数多，因此自动分拣系统的分拣能力可以连续运行 100 个小时以上，每小时可分拣 7 000 件包装商品，而人工则每小时只能分拣 150 件左右，同时分拣人员也不能在这种劳动强度下连续工作 8 小时。

2）分拣误差率极低。自动分拣系统的分拣误差率大小主要取决于所输入分拣信息的准确性大小，这又取决于分拣信息的输入机制，如果采用人工键盘或语音识别方式输入，则误差率在 3%以上，如采用条形码扫描输入，除非条形码的印刷本身有差错，否则不会出错。因此，目前自动分拣系统主要采用条形码技术来识别货物。

3)分拣作业基本实现无人化。建立自动分拣系统的目的之一就是为了减少人员的使用，减轻员工的劳动强度，提高人员的使用效率，因此自动分拣系统能最大限度地减少人员的使用，基本做到无人化。

一个高效的分拣作业系统应做到：

① 所有环节之间能顺畅流转，减少闲置时间。

② 尽量减少货物的搬运次数及距离。

③ 尽量减少拣货人员的走动距离。

④ 减少拣货人员判断的时间和次数。

⑤ 不要寻找，自动显示需拣货的储位。

⑥ 不必书写，免除单据的流转，实现现场无纸化作业。

⑦ 不依赖人力核对，利用条形码由计算机代替人员检查。

传统的分拣系统一般由拣货架、集货点（集货货架）及分拣人员 3 个元素构成。而自动分拣系统一般由控制装置、分类装置、输送装置及分拣道口 4 个部分组成。这 4 个部分的装置通过计算机网络联结在一起，配合人工控制及相应的人工处理环节构成一个完整的自动分拣系统。

控制装置的作用主要是识别、接受和处理分拣信号，根据分拣信号的要求指示分类装置按商品品种、商品送达地点或货主的类别对商品进行自动分类。

分类装置的作用主要是根据控制装置发出的分拣指令，当具有相同分拣信号的商品经过该装置时，该装置动作，使其改变在输送装置上的运行方向进入其他输送机或进入分拣道口。

输送装置的主要组成部分是传送带或输送机，其作用主要是使待分拣商品通过控制装置、分类装置。

分拣道口是已分拣商品脱离主输送机（或主传送带）进入集货区域的通道，一般由钢带、皮带、滚筒等组成滑道。

8.3 物流配送

案例：戴尔公司成功的诀窍——高效物流配送

物流配送专家詹姆斯·阿尔里德在其专著《无声的革命》中写到，通过提高物流配送竞争的时代已经悄悄来临。看清这点的企业和管理人员才是未来竞争激流中的弄潮者，否则，一个企业将可能在新的物流配送环境下苦苦挣扎，甚至被淘汰出局。

戴尔公司即是物流配送成功的典型案例。其分管物流配送的副总裁迪克·亨特说到："我们只保存可供 5 天生产的存货，而我们的竞争对手则保存 30 天、45 天，甚至 90 天的存货。这就是区别。"正是戴尔公司高效的物流配送系统决定了戴尔公司的成功。

信息时代，特别是在高科技领域，材料成本随着日趋激烈的竞争而迅速下降。以计算机工业为例，材料配件成本的下降速度为每周 1%。从戴尔公司的经验来看，其材料库存量只有 5 天，当其竞争对手维持 4 周的库存时，就等于戴尔公司的材料配件开支与对手相比保持着 3%的优势。当产品最终投放市场时，物流配送优势就可转变成 2%～3%的产品优势，竞争力的强弱不言而喻。在提高物流配送效率方面，戴尔公司和 50 家材料配件供应商保持着密切、忠实的联系，庞大的跨国集团戴尔所需材料配件的 95%都由这 50 家供应商提供。

戴尔公司与这些供应商每天都要通过网络进行协调沟通：戴尔公司监控每个零部件的发展情况，并把自己新的要求随时发布在网络上，供所有的供应商参考，提高透明度和信息流通效率，并刺激供应商之间的相互竞争；供应商则随时向戴尔公司通报自己的产品发展、价格变化、存量等方面信息。

即使是面对如此高效的物流配送，戴尔公司的亨特副总裁仍不满意："有人问 5 天的库存量是否为戴尔公司的最佳物流配送极限，我的回答：当然不是，我们能把它缩短到两天。"

高效的物流配送系统在网络零售的发展中起着重要作用。物流配送是指按用户的订货要求，在物流节点进行分拣、配货等工作，并将配好的货物以最合理的方式送交收货人的过程。它具有商品组配和交付两项基本职能。配送作为连接下游客户的"最后一公里"直接面向客户提供物流服务，其服务的效率高低与质量优劣将直接影响到下游客户对上游物流服务提供方及企业的最终评价。

企业在选择物流配送模式前，首先要进行物流需求分析，在正确把握自身需求的基础上对各种配送模式进行比较，最终做出合理选择。

8.3.1　物流需求分析

对物流需求的预测是物流配送模式选择的前提，了解物流需求对企业物流配送模式的选择至关重要。对网络零售业而言，不同企业间存在一定的差异性，企业需要根据自身的市场覆盖范围、客户的典型特征及产品的特点等选择适合的物流配送模式。

（1）物流需求分析

物流需求指对物流服务的需求，具体说是指一定时期内社会经济活动对生产、流通、消费领域的原材料、成品和半成品、商品以及废旧物品、废旧材料等的配置作用而产生的对物资在空间、时间和效率方面的要求，涉及运输、库存、包装、装卸搬运、流通加工、配送以及与之相关的信息等物流活动的诸方面。它不仅指具有支付能力的实际的物流需求，也应包含潜在的物流市场需求。

物流需求既有量的界定又有结构的界定。物流需求量就是物流活动中运输、储存、包装、装卸搬运和流通加工等物流作业量，这些量的总和构成了物流规模。物流需求结构可以从不同角度划分。从物流服务内容上分，包括运输、仓储、包装、装卸搬运、流通加工、配送、信息服务等方面的需求。从物流服务的形态上分，包括有形的需求和无形的需求。

物流需求有不同的层次，从物流需求的内容来看，包括基本的物流服务、扩展的物流服务和系统的物流服务。从物流需求的范围来看，包括宏观物流需求和微观物流需求。

物流需求预测是物流需求分析的必要环节，能够改善物流管理流程，为物流配送模式的选择、发展规划和战略的制定提供依据。物流需求预测的内容要根据物流需求预测的目的来确定。在微观环境下，通常需要预测物流活动中被组织流动的物资种类、数量、物流作业模式与范围等，这是确定物流系统的网络布局、设备配置、作业方式的基本依据。在宏观环境下，需要对社会经济发展水平进行分析和预测，进而预测货物流动对运输基础设施、物流园区、配送中心、仓储设施等的需求，为国家和地区物流规划提供数量依据。

网络零售环境下，对物流需求进行预测，要综合考虑企业的市场覆盖范围、客户的典型特征以及产品的特点等内容。

物流需求预测的流程与一般的预测流程基本相同，即：确定预测的目标；资料和情报的搜集与分析；选择预测方法进行预测；分析评价；提交预测报告，如图 8-8 所示。

图 8-8　物流需求预测流程图

常用预测方法包括定性预测方法、定量预测方法等。

定性预测法主要是利用直观材料，依靠管理者个人的经验和综合分析能力，对未来的发展方向和趋势做出推断，其优点是直观简单、适应性强。常用的定性预测法有德尔菲法、头脑风暴法、主观概率法、市场调研、小组共识等。

德尔菲法，又称专家调查法。根据专业人员的直接经验，对研究的问题进行判断、预测的一种方法。此种方法的优点是不受地区人员的限制，应用广泛、费用较低。可以分别对不同的专业人士进行调查，能够得到各种不同的观点和意见，通常在历史资料不足或不可测因素较多时尤为适用，如我国第三方物流发展趋势预测。缺点是预测结果取决于专家的学识、经验、心理状态和对预测问题感兴趣的程度，受主观认识制约较强。其一般预测程序如下。

第 1 步：明确预测目标，成立预测小组，准备预测问题的背景材料。

第 2 步：选择专家、专业人员。

第 3 步：要求专家根据自己的知识和经验，对所预测事物的未来发展趋势提出自己的预测，说明其依据和理由，并书面答复主持预测的单位。

第 4 步：预测小组对专家的预测意见进行归纳整理。

第 5 步：专家等进行第二次预测，提出自己的修改意见及其依据和理由。

如此反复往返征询、归纳、修改，一般经过 4～5 次反馈，各位专家的意见就会基本趋向一致。

其他预测方法，如主观概率法是指对有关事件发生的可能性所做出的主观量度，它应具有客观概率的基本性质。在主观概率的基础之上做出的预测就称为主观概率法。市场调研是通过各种不同方法（发调查表、面谈等）对某一个关键的问题进行调查搜集数据，从而推断该问题未来的发展趋势（本书第 2 章有相关介绍）。小组共识是召集由与被预测问题相关的人员，如中高层管理人员、销售人员或顾客参加的会议，在会议上大家自由讨论对该问题的看法和意见，从而得出比较一致的结论。

定量预测方法需要有较为详实的数据作为基础，越是复杂的模型对数据的要求越高。常用定量预测方法有时间序列预测法、回归预测法。一般而言，回归就是指研究自变量与因变量之间关系的分析方法。物流需求预测中，物流需求的多少受到多种因素的影响，可以通过在各相关影响因素间建立回归预测模型来实现对物流量的预测。

（2）网络零售业物流需求分析

对于投身网络零售的企业，在物流配送方面除了采取传统的自建方式之外，还可以考虑外包给专业的第三方，或寻找理想的物流企业建立物流联盟。不同的企业到底选择何种物流模式，需要综合考虑以下几方面的因素：

1）企业规模与实力。资金充裕的大中型企业有能力建立自己的物流配送体系，“量体裁衣”制订合适的物流需求计划，保证物流服务的高质量。同时，过剩的物流网络资源还可以供给其他企业。小企业则受资金、人员及核心业务的限制，物流管理效率难以提高，更适宜把物流管理交给专业的第三方物流公司。此外，企业物流管理能力强，网络资源丰富，可自营物流。反之，物流管理水平低的企业，宜采用外包物流或组建物流联盟的形式。

2）核心与非核心业务。企业在选择物流模式时，应充分考虑自己的核心业务是什么。如果物流管理不是自己的核心业务，那么按照供应链的理论，将物流管理外包给从事该业

务的专业公司去做，这样所形成的供应链具有最大的竞争力，同时企业面临的风险也更小。

3）物流对企业成功的影响程度。如果物流对企业战略有着关键作用，企业适宜自营物流或寻找较为可靠的第三方物流代理商，建立长期稳定的物流联盟。自营物流保证了企业的关键业务不受外界因素的影响，而与可靠的第三方物流代理商合作，可以使企业在物流设施、运输能力、专业管理技能上获益颇丰，降低成本及风险。

4）目标客户的空间分布。一般营销活动的有形销售网点资源都是按销售区域来配置的，每一个销售点负责一个特定区域的市场，设立一个配送中心，负责向若干销售网点送货。销售点向配送中心订货或补货，配送中心则在规定的时限内将货物送达。但是，由于网络营销的目标客户可能在地理分布上非常分散，要求送货的地点也不集中，致使企业无法经营合理的组织送货。因此，目标客户的空间分布就决定了网络零售必须对不同区域采取不同的分销方式。

5）产品特性。不同的产品具有不同的消费特点和流通特点，需要有不同的物流方式。对于仅仅通过信息传递就可以完成销售的产品（如音乐、歌曲、电影、游戏、图片、图书、计算机软件等）和必须通过实物分销才能完成销售的产品，在物流模式的选择上是完全不同的。

6）服务技能。一般来说，ISP（Internet Service Provider，互联网服务提供商）/ICP（Internet Content Provider，互联网内容提供商）、传统零售商店、传统批发企业、制造企业等具有条件开展网络营销，但不同的企业对商流、物流、信息流、资金流的组织和服务技能是有差异的。从物流的角度来看，传统的零售商、批发商的物流能力要优于纯粹的 ISP 和 ICP，也优于一般的制造商，但从商流、信息流和资金流的角度来看可能正好相反。因此，制定正确的物流模式，就要根据企业服务技能和能力的不同，扬长避短，发挥各自的优势，形成各具特色的企业物流新模式。

7）物流成本的控制与管理。网络零售的物流更加具有多品种、小批量、多批次、短周期的特点，很难单独考虑物流的经济规模，因而会有较高的物流成本。因此，企业必须扩大在特定的销售区域内的销售模式，以降低物流成本。而能否有效降低物流成本，就成为了选择物流模式的重要指标的主要影响因素。

8.3.2　物流配送模式分析

物流配送是物流系统中直接面对用户提供配送服务的一个子系统。网络零售环境下，由于服务的对象不同，特别是企业对定制化服务需求，使得物流配送系统的网络结构、配送模式和服务方式呈现多样化，正确的选择物流配送模式对提高物流效率和经济有着重要影响。按照物流的经营主体不同，可将物流配送模式分为以下几种。

1. 企业自建物流配送模式

案例：海尔自建物流体系

作为已在国际市场上享有一定知名度的海尔集团，其做电子商务靠的是“一名二网”。“一名”指品牌，“二网”则是指配送网与支付网。目前，物流管理已成为海尔新的增长点，海尔人正力图使物流能力成为其取得竞争优势的核心能力。

1998 年，海尔在美国设厂遇到的第一个问题就是必须和美国市场联网，信息化和物流的瓶颈困惑使海尔意识到从海尔的国际化到国际化的海尔，首先要做的事情是建立全球供应链网络，而支撑这个网络体系的正是现代物流。于是，海尔下决心建立现代物流体系，这对当时的中国企业来说无疑是一项前所未有的壮举。

1999年海尔成立了物流推进本部，将原来分散在28个产品事业部的采购、原材料仓储配送、成品仓储配送的职能统一整合。海尔集团的7大生产基地，42个物流区域配送中心全部联网在海尔物流的网络流通平台上运作，300多万平方米仓储资源，300多家运输公司，整个网络通过世界最先进的SAP/R3 ERP系统和SAP LES物流执行系统进行联网，全过程实现透明的、系统化的追踪。以上强大的网络优势构成了海尔物流以客户为中心的全方位物流服务的核心能力，创造出了充分体现现代物流特征的“一流三网”和“同步模式”。“三网”同步运行，为订单信息流的增值提供支持。这是海尔具备足够大的企业规模才能做到的，别的家电企业是很难复制其模式的。

海尔对整个集团物流业务进行了重新组合，提出了三个JIT的管理，即JIT采购、JIT原材料配送、JIT成品分拨物流。海尔集团JIT的流程速度消灭了库存空间，使仓库成为一条流动的河流，传统意义上的仓库变成了配送中心，实现了“以时间消灭空间”通过对集团28个产品事业部的采购资源、原材料配送资源、成品配送资源的整合，获取了更优的外部资源。

在物流运作中海尔实施了供应链管理。现代物流区别于传统物流的两个最大的特点：第一是信息化，第二是网络化。富有海尔特色的“一流三网”充分体现了这两个特点，为海尔实现现代化的物流管理奠定了技术基础。“一流”是指以订单信息流为中心。它体现了信息化，企业内部所有的信息都必须围绕着订单流动。以订单信息流为中心提高企业的市场响应速度，快速获取订单与满足订单。“三网”分别是全球供应链资源网络、全球用户资源网络和计算机信息网络。这三个网是物流的基础和支持，体现了网络化。“三网”同步运行，将企业内部资源与外部资源有机联接为一体。海尔集团使用世界一流ERP软件供应商SAP提供的产品，完成了物流、信息流与资金流的统一，整个集团内部实施了ERP管理系统，以此系统为基础，搭建一个面对供应商的BBP采购平台，实现与供应商之间的网上采购业务管理，包括网上招标、网上采购、网上支付。降低采购成本，优化分供方，订单处理的时间由原来的5～7天缩短至目前不到1天。在企业内部，计算机管理信息系统搭建了海尔集团内部的信息高速公路，能将电子商务平台上获得的信息迅速转化为企业内部的信息，以信息代替库存，达到零营运资本的目的。

海尔通过对本企业原有物流功能的重组，整合了企业原有的资源、拓展了物流规模化经营、构筑了现代的物流体系，增强了物流的核心竞争，形成社会普遍承认的规模程度，拥有了优质的全球供应商资源，积累了丰富的实践经验，运用了世界上最先进的信息技术与物流技术，使海尔物流具备了联合采购、第三方物流与第四方物流的能力。

企业自建物流配送模式是指企业根据自己的经营规模、企业的商品配送量、企业的经营策略以及业务网点等多种因素，在合适的地点自己建造一个或多个配送中心，依靠自己构建的网络体系开展物流配送业务，实现对企业内部及其外部货物配送的模式。

自建物流的优势在于：

1）企业对供应链各个环节有较强的控制能力，易于与生产和其他业务环节密切配合，全力服务于本企业的经营管理，确保企业能够获得长期稳定的利润。对于竞争激烈的产业，

企业自营物流配送模式有利于企业对供应和分销渠道的控制。

2）可以合理地规划管理流程，提高物流作业效率，减少流通费用。对于规模较大、产品单一的企业而言，自营物流可以使物流与资金流、信息流、商流结合更加紧密，从而大大提高物流作业乃至全方位的工作效率。

3）可以使原材料和零配件采购、配送以及生产支持从战略上一体化，实现准时采购，增加批次，减少批量，调控库存，减少资金占用，成本降低，从而实现零库存、零距离和零营运资本。

4）反应快速、灵活，企业自营物流配送模式由于整个物流体系属于企业内部的一个组成部分，与企业经营部门关系密切，以服务于本企业的生产经营为主要目标，能够更好地满足企业在物流业务上的时间、空间要求，特别是要求物流配送较频繁的企业，自建物流能更快速、灵活地满足企业要求。

劣势在于：

1）一次性投资大，成本较高。虽然企业自营配送模式具有自身的优势，但由于物流体系涉及运输、仓储、包装等多个环节，建立物流系统的一次性投资较大，占用资金较多，对于资金有限的企业来说，物流系统建设投资是一个很大的负担。企业自营配送模式一般只服务于自身，依据企业自身物流量的大小而建立。而单个企业的物流量一般较小，企业物流系统的规模也较小，这就导致物流成本较高。

2）规模较小的企业所开展的自营配送模式规模有限，物流配送的专业化程度较低。对于规模不大的企业而言，其产品数量有限，采用自营配送模式，不能形成规模效应，一方面导致物流成本过高，产品在市场上的竞争能力下降；另一方面，由于规模有限，物流配送的专业化程度低，不能满足企业的需要。

3）企业配送效率低下，管理难于控制。对于绝大多数企业而言，物流部门只是企业的一个后勤部门，物流活动也并非为企业所擅长。在这种情况下，企业自营配送模式就等于迫使企业从事不擅长的业务活动，企业的管理人员往往需要花费过多的时间、精力和资源去从事辅助性的工作，结果是辅助性的工作没有抓起来，关键性业务也无法发挥出其核心作用。

企业自建物流模式主要适用于以下两类网络零售企业：

1）资金实力雄厚且业务规模较大的企业，如京东商城。据了解，京东商城 2011 年的销售额原本可达 300～350 亿，但因为物流能力不足，不得不将销售目标定在 260 亿元。当前，国内第三方物流的服务水平还不能完全满足网络零售企业的要求，再加上客户对物流效率的要求越来越高，大力构建属于企业自己的物流体系就成为不时之需。

2）传统的大型制造业的网络零售。由于其自身在长期的传统商务中已经建立起初具规模的营销网络和物流配送体系，在开展网络零售时只需将其加以改进、完善，就可以满足网络零售条件下对物流配送的要求。

2. 第三方物流配送模式

案例：淘宝网基于第三方的推荐物流

淘宝网的飞速发展固然与其免费的经营策略吸引巨大的人气与商流有关，但其对物流的重视也称为其发展的一个“法宝”。淘宝网的物流策略为推荐物流，即淘宝网与第三方物流公司签约，签约的物流公司进入淘宝的推荐物流企业行列，这些物流企业便可直接通过与淘宝对接的信息平台来接受用户的订单。

在没有推荐物流之前，淘宝的卖家都是自己去联系第三方物流公司，商谈合作条件及邮资的优惠折扣。这样的口头协议和松散合作方式，对货物的委托方没有起码的安全承诺与赔付保障。因此一些缺乏责任感的店主，在货物出现损毁和丢失情况时，往往会推卸责任，把货物配送的风险转嫁给顾客，无形中也给自己留下了交易纠纷的隐患。同时，物流服务的滞后还严重阻碍了企业的进一步发展。为了解决物流给交易双方带来的困扰，淘宝网创建了推荐物流，即由淘宝网出面挑选一些第三方物流公司，签订合作协议，集合淘宝店主每年数百亿交易额的发货量，争取到最优惠的运费价格和最周到的服务。

只有通过淘宝网在线发送的订单，才能成为推荐物流。与自己联系第三方物流公司相比，广大的淘宝店主愿意使用推荐物流有以下的好处和理由。

1）网 E——直通——物流公司：不用打电话也可以联系物流公司，真正地实现全程网上操作。

2）价格更优惠：可以使用协议最低价和物流公司进行结算。

3）赔付条件更优惠：淘宝与物流公司签订了非常优惠的赔付条款。

4）赔付处理更及时：淘宝会监控并督促物流公司对于投诉和索赔的处理。

5）订单跟踪更便捷：使用推荐物流网上下单，物品跟踪信息链接会放在交易双方商务物流订单详情页面，卖家和买家都可以方便查看。

6）可享受批量发货功能：可以一次性将多条物流订单发送给物流公司，让店主下单更便捷。

7）可享受批量确认的功能：使用推荐物流发货的交易，可以一次性确认多比交易为“卖家已发货”状态。

8）可享受旺旺在线客服的尊贵服务：物流公司在线客服，及时回复会员的咨询，解答会员的疑惑。

9）日发货量超百票：享受特别的定制服务。

10）不再代人受过：因推荐物流原因而导致的中差评，可以跟淘宝网联系，申请删除。

使用推荐物流加强了淘宝对物流的控制能力，因为使用推荐物流后，淘宝可以对相应物流公司的物流配送情况进行监督，推荐物流也可以为用户提供更好的服务和更优惠的价格。同时淘宝与推荐物流公司之间的信息平台对接已基本完成，用户在淘宝网达成交易后，如果使用推荐物流，便可以直接在线发送订单，经确认后，物流公司就会上门取货，而且买家和卖家还可以随时跟踪订单。

淘宝选择的推荐物流公司必须是网络成熟、排名前十的第三方物流企业，而且服务范围尽量涵盖全国，在确定完成淘宝的“推荐物流”时，他们必须与淘宝签订相关协议，约定服务价格、内容和方式，以及非常优惠的赔付条款，并规定由淘宝监控和督促物流公司对于投诉的索赔处理。

综上所述，淘宝的推荐物流不仅可以提供更优惠的运费价格，还能提供更完善的服务，而且除了限时物流以外，还有先行赔付、货到付款等多种物流服务。因此，尽管淘宝用户可以自由选择物流服务商，但淘宝网上使用推荐物流的用户已经达到了 70%。这一比例也初步证明了淘宝网整合分散的第三方物流企业建立推荐物流模式的成功。

外包式物流配送模式指企业不建立配送中心，而以签订合同的形式把企业的配送业务委托给专业化的第三方物流配送公司，并且与第三方物流配送公司形成长期合作的战略联盟，互赢互利，如图 8-9 所示。在外包配送模式中，对第三方物流配送公司的选择就显得十分重要，一旦选择能力差的物流配送公司不但不能节省物流费用，反而使商品不能准时送达，形成脱销，对公司的信誉造成不良影响。所以选择配送业务广、现代化程度高、科技水平高、按照现代物流理念经营的专业化物流配送公司合作就显得特别重要。

第三方物流是指由供方与需方以外的物流企业提供物流服务的业务模式，也称合同物流、契约物流。第三方物流实际上就是指由物流劳务的供方、需方之外的第三方去完成物流服务的物流运作方式。第三方是指提供物流交易双方部分或全部物流功能的外部服务提供者。在某种意义上讲，可以说它是物流专业化的一种形式。

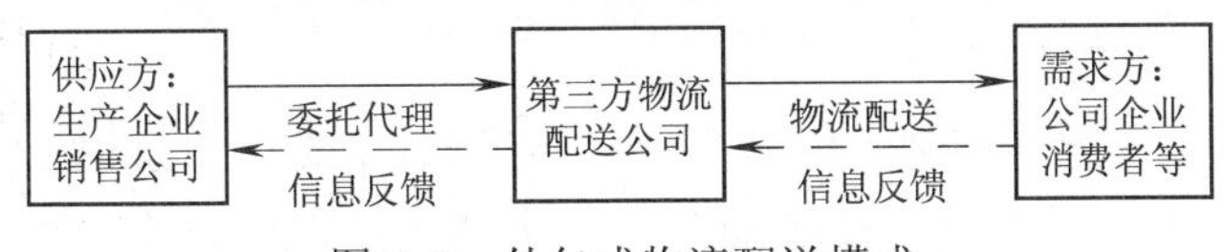

图 8-9　外包式物流配送模式

第三方物流具有以下特征：

1）合同导向的一系列服务。第三方物流中的合同是指长期合同，它不同于一般的运输或仓储合同，一般合同针对一次交易，只包含一项或分散的几项物流服务，第三方物流则根据合同条款规定的要求，提供多功能甚至全方位的物流服务。它不是满足临时需求，而是一段时期的需求。第三方物流企业提供的服务，也不严格限于物流方面，可以根据用户需求，包含一些商流、信息流方面的服务，只不过物流是其核心能力。

2）个性化物流服务。第三方物流服务的对象一般都较少，只有一家或数家。服务时间却较长，往往长达几年。这是因为需求方的业务流程各不相同，而物流、信息流是随商流或价值流流动的，因而要求第三方物流服务应按照用户的业务流程来设计，传统的运输、仓储企业由于服务对象众多而只能提供单一的、标准化的服务，无法满足用户的个性化需求。

3）建立在现代信息技术基础上。现代信息技术的发展是第三方物流产生的必要条件。计算机、网络和现代通信技术，实现了数据处理的实时化、数据传递的高速化，使库存管理、运输、采购、订单处理、配送等过程自动化、一体化水平不断提高，用户可以方便地通过信息平台与物流企业进行交流和协作，消除物流外包带来的管理上的不便，这就使用户企业有可能把原来在内部完成的物流作业交由物流公司运作。常用于支撑第三方物流的信息技术有：实现信息快递交换的 EDI 技术，实现货物跟踪的 GPS 系统，实现资金快速支付的 EFT 技术，实现数据快速采集的条形码技术和实现网上交易、查询的电子商务技术等。

4）与用户企业的联盟关系。第三方物流企业与用户企业不是一般的市场交易关系，而是介于市场交易与纵向一体化之间的联盟关系。这就要求物流企业与用户企业之间相互信任，充分共享信息，共担风险和共享收益，以取得比单独从事物流活动更好的效果，即双赢。表现在物流服务提供者的收费政策上，不看重单项业务的盈利，而着眼于整个时期的利润。无论从哪一方讲，合作伙伴对自己都有战略价值，故这种联盟关系的存续时间都较长。

3．共同配送模式

共同配送，又称协同配送，指把过去按不同货主、不同商品分别进行的配送，改为集中运货的"货物及配送的集约化"，也就是把拟配送的货物都装入在同一条路线上运行的运输车辆里，用同一辆车为更多的客户配送货物，这是企业间为实现整体的配送合理化，以互惠互利的原则，互相提供便利的配送服务的协作型配送模式。

4．混合配送模式

混合配送模式是指企业自身适当地建立小型配送系统，大范围的配送采用外包配送模式，小范围的配送采用自营配送模式。混合配送模式考虑自营配送和外包配送的优劣势，根据企业本身的特点，建立小范围的配送体系，如城市配送中心，而长距离的配送问题由专业的第三方配送公司承担，企业不用太大的投资就可以保证城市内恰当的商品供应，避免因脱销而影响企业的市场份额；同时，又控制对客户配送的主动权，一旦市场情况变化，需要调整企业经营战略，配送就可以积极地配合销售过程。

5．其他物流配送模式

其他物流配送模式包括物流联盟、第四方物流等。物流联盟是以物流为合作基础的企业战略联盟，它是指两个或多个企业之间，为了实现自己物流战略目标，通过各种协议、契约而结成的优势互补、风险共担、利益共享的松散型网络组织。在现代物流中，是否组建物流联盟，作为企业物流战略的决策之一，其重要性是不言而喻的。在我国，物流水平还处于初级阶段，组建联盟便显得尤为重要。其特点如下：

1）相互依赖。组成物流联盟的企业之间有很强的依赖性，这种依赖性来源于社会分工和核心业务的回归。

2）分工明晰。物流联盟的各个组成企业明确自身在整个物流联盟中的优势及担当的角色，内部的对抗和冲突的减少，分工明晰，使供应商把注意力集中在提供客户指定的服务上。

3）强调合作。既然是联盟，当然要强调合作。许多不同地区的物流企业正在通过联盟共同为网络零售业服务，实现跨地区的配送，满足电子商务企业全方位的物流服务需要。对于电子商务企业来说，通过物流联盟可以降低成本、减少投资、控制风险，提高企业的竞争力。

小知识：第四方物流

第四方物流的概念是1998年由美国埃森哲咨询公司率先提出的："所谓第四方物流是一个供应链的整合者以及协调者，调配与管理组织本身与其他互补性服务所有的资源、能力和技术来提供综合的供应链解决方案。"这个概念虽然得到物流行业人士的认可，但是距离实践仍然存在着相当的距离。尽管如此，应该看到，随着第三方物流的快速发展和现代物流技术的广泛应用，必将为第四方物流的发展提供商机，使得第四方物流具有巨大的发展潜力。

第四方物流主要是在第三方物流的基础上，通过对物流资源、物流设施、物流技术的整合和管理，提出物流全过程的方案设计、实施办法和解决途径，为客户提供全面意义上的供应链解决方案。第四方物流模式具有以下特征：

1）第四方物流是供应链的集成者、整合者和管理者。第四方物流能够降低实时操作和传统外包产生的成本，通过第三方物流和优秀的技术专家、管理顾问之间的联盟，集成管理咨询和第三方物流的能力，为客户提供最佳的供应链解决方案。

2）第四方物流通过影响整个供应链来进行增值。第四方物流充分利用一批服务提供商的能力，包括第三方物流信息技术供应商、呼叫中心、电信增值服务等，提供全方位供应

链解决方案来满足企业的复杂要求，它关注供应链的各个方面，既提供不断更新和优化的技术方案，又能满足客户的独特需求。

3）第四方物流的解决方案共有四个层次——执行、实施、变革、再造。第四方物流的发展思路是：首先大力发展第三方物流，为第四方物流发展作铺垫。加速电子商务与现代物流产业的融合，建立全国公共物流信息平台；转变政府职能；做好物流基础设施建设和产业服务，加快物流标准化建设。

8.3.3　第三方物流配送企业服务模式

第三方物流配送企业指除了第一方供应方、第二方需求方以外的专门负责物流配送的第三方企业。网络零售环境下，负责物流配送的第三方企业有邮局、快递公司和货运公司三大类。其中，快递公司最为常见。

（1）邮局发货

邮局，即中华人民共和国国家邮政局。邮局提供的寄递服务有很多，包括次晨达、国内特快专递、国内经济快递、国内快递包裹等。其中针对电子商务行业，有专门的国内电子商务速递。电子商务速递业务是依靠中国邮政速递物流完善的网络配送资源，根据电子商务运作特点，为从事电子商务交易的个人和企业量身定做的速递服务，包括“e-EMS”和“e 邮宝”两项子业务。电子商务速递在标准寄递服务的基础上，还可以为客户提供“仓储+理货+配送+货到付款”等系列增值服务。

与其他物流部门相比，中国邮政网点多、覆盖面广、安全可靠。这是许多网店卖家选择邮局发货的主要原因。中国邮政也借此得到了快速的发展，其网点已经覆盖了很多偏远的地区和农村。此外，使用邮局发货还有以下几点优势：邮局设有平信、挂号信、印刷品、平邮包裹、快递包裹和 EMS 等多种邮寄方式，不同的邮寄方式产生的邮费也不同，挂号信就比平邮包裹便宜，而平邮包裹又比 EMS 要便宜很多。网上出售打折邮票的卖家就多半采用挂号信的方式发货，而销售珠宝首饰或手机等商品的卖家则愿意选择 EMS，因为两者的邮寄费用和到货周期都相差甚远。

发货会产生费用的就是包装和运费两个环节，如果是在邮局发货，可以使用以下两种方式去控制和降低这两种物流成本。

1）网购纸箱。淘宝网有很多专营邮品的店铺，里面出售的邮政纸箱比邮局销售的便宜很多，可以大大节省包装费用。

2）打折邮票。邮票对于邮局来说就像代金券，淘宝网上有大量的打折邮票出售，如果使用打折邮票来支付邮费就比现金支付更实惠，而且不同面值的邮票还会有不同的折扣，如果挑选折扣最大的邮票来组合成所需的邮资总额，还可以达到更好的省钱效果。

（2）快递发货

利用快递公司发货是网络零售环境下物流配送的主要形式。通常所说的快递公司指除了邮政之外的其他快递公司，他们运用自己的网络进行快递服务。目前，市面上的国内快递公司主要有：顺丰快递、宅急送快递、申通快递、韵达快递、天天快递、圆通快递、中通快递等；国际快递公司主要有：DHL、UPS、FedEx、TNT、DPD、DPEX、GLEX 等。

快递公司发货速度相对较快，周边城市一般可以做到今发明至，国内大中城市的到货时间也只有两到三天。再加上快递公司门对门的收发货方式以及网上物流查询的功能，使其赢得了大部分卖家和顾客的青睐。

1）门对门收发货。在包装好货物以后，只要打电话通知快递公司，他们便会派人上门来取件。每天有稳定发货量的商家，通常都有长期合作的快递公司，他们一般不需打电话通知便会每天按时来收件，非常方便，省时省力。

2）在线查询物流进程。快递公司除了提供收发货的服务以外，客户还可以在快递公司的网站查询物流的配送进程。只要输入快递单号，即可看到查询信息，里面有详细的收件、运输和送件情况。

（3）货运发货

货运公司即实物分配公司，包括企业与销售商自身的运输、仓储、包装和搬运等活动的公司，如中远国际货运公司等。货运发货包括公路运输、铁路运输和航空运输等形式，主要适用于货物体积较大、重量较重、路途较远的情况。短途一般采用公路运输和铁路运输，长途采用铁路运输和航空运输。与邮政发货和快递发货不同的是，货运公司发货并不提供送货上门服务，买家需自己到货场提货。

相对于其他第三方物流配送企业而言，快递公司产品多样、服务范围广，更适合网络零售业的发展。网络零售企业在选择第三方快递公司时，要结合自身的物流需求综合考虑企业的服务能力、服务内容、价格以及合作方式等因素。

（4）合作的条件与方式

合作的条件与方式是网络零售企业首先要考虑的因素。是否需要交纳保证金、合作期间能否再与其他快递公司合作等都需要企业事先了解清楚。网络零售企业与第三方物流公司通常以签订合同的方式进行合作。物流公司按照经双方确认的收费标准及收费内容进行收费，运价按照该公司的《物流配送价格表》的规定执行。双方按规定定期进行财务的结算。

（5）服务范围

网络零售企业在选择快递公司时要考虑快递公司的服务内容与自身需求的吻合程度。通常，快递公司提供的服务主要包括：货物在全国门到门的运输；货物的分拣与包装；仓储；代收货款；代办保险。

企业可根据自身需求选择其中的一项或几项进行合作。

案例：天天快递所提供的服务内容

零担快运。零担快运是天天提供的快于普件运输的速运产品，服务于有快速运输需求的客户群。

红色快线。红色快线是天天推出的限时快件运输产品，核心优势就是定时班车运输、运营时间全程透明，主要服务于对运输时间要求较高的客户群。

特色运输。特色运输是天天根据药品、书籍运输的特殊性，推出的为药品、书籍提供特色化服务的一种产品，优势就是专业运输、优先配送、专员客服。

代收货款。代收货款是天天公司为买卖双方提供的一种货款结算服务，天天雄厚的资金信用保证，使用户真正安心。

货物保价。货物保价是用户根据自身货物的价值，按国家规定 3%～7%的费率标准进行投保的一种方法。

包装服务。为提高货物运输安全性、防止丢损，天天公司特别推出多种材质和规格的有偿服务。

短信通知。天天首创，第一时间通过手机短信将货物到达与提货的信息发送给用户。

签单返回。如果用户发货提供签收单，天天可有偿为用户提供签单签收与返回服务。

仓储配送。对月发货量稳定、集中的企业型用户，可根据货物种类、数量、距离为客户提供上门提货、仓储分拨、送货服务。

密码支付。为保证用户的货物安全，天天快运推出密码支付服务，使货物托运更加安全可靠。

（6）费用与结算

快递公司一般采用按件收费的形式。对于规模较大、需要长期与快递公司合作的网络卖家可与快递公司签订合作合同，定期结算。以下是国内各快递企业在计算快件交费时所采用的一般方法。

1）重量为基础，实施“取大”的方法。计费重量和选择实际重量和体积重量两者之中较高者。所谓体积重量，就是将快件的体积按照一定计算公式折合成为重量。计算体积重量，主要是针对那些体积非常大、实际重量很经的快件，即轻泡快件，目的是为了较为合理地核实快件资费。因轻泡快件在实际运输过程中占用较大体积，如果按照实际重量计算资费，不能弥补快递企业所需承担的运输成本。

2）时效为依据，体现“快速高价”方法。在一定的重量基础上，对于不同时效的产品可以采用不同的价格。

3）重加续重方法。通常快件资费分为首重资费和续重资费。快递企业规定的最低计费重量为首重，首重所对应的资费为首重资费；快件重量超出最低计费重量的部分称为续重，续重所对应的资费为续重资费。

（7）常见问题说明

下面以天天快递为例说明如何寄件与包装。寄件方法如图 8-10 所示。

1）拨打当地天天快递公司取件热线。

2）直接在线下单（限于淘宝和阿里巴巴用户）。

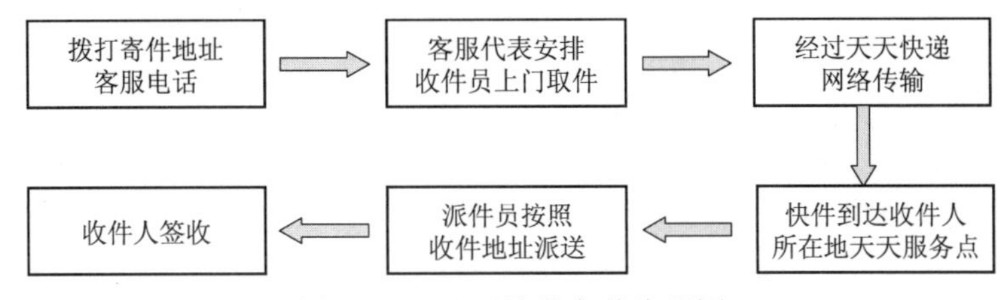

图 8-10　天天快递寄件流程图

包装方法包括如下。

1）牛皮纸软信封：只允许装纸制（或质地柔软）类物件，厚度限 1.5cm，重量限 500g 以内；被包装物品的四周边各边长须小于信封的相应边长且体积应小于信封体积，物件一旦装入，封口一定要粘牢。

2）白板纸硬包信封：只允许装纸制（或质地柔软）类物件，厚度限 2.5cm，重量限 500g 以内；被包装物品的四周边各边长须小于信封的相应边长且体积应小于信封体积，物件一旦装入，封口一定要粘牢。

3）塑料防水袋：只允许装衣物类物件和纸制（或质地柔软）物件，重量限 500g 以内。被包装物品的四周边各边长须小于塑料防水袋的相应边长且体积应小于塑料防水袋体积，物件一旦装入，封口一定要粘牢。

4）如小五金、小电器、带有棱角、质地坚硬、超重铁块物品等小物件建议采用纸箱包装且外面套一层编织袋。

5）如有特殊物品需防震，则用有足够厚度的泡沫塑料或其他衬垫材料固定内物。

6）建议在商品的原厂包装外加一层运输包装。

思 考 题

1. 简述物流配送与网络零售的关系。
2. 如何对要配送的产品贴单？
3. 商品分拣有哪些方式？
4. 简述第三方物流服务方式。

第9章 网络零售的电子支付

小王接到客户的订单，也与相关物流企业达成协议，下一步需要解决的就是网上支付问题。本章主要介绍网络零售支付的政策法律环境、网络零售支付模式、第三方支付与移动支付、电子支付如何与零售网站对接等知识。

9.1 电子支付政策环境

电子支付是指单位、个人（以下简称客户）直接或授权他人通过电子终端发出支付指令，实现货币支付与资金转移的行为。电子支付的类型按电子支付指令发起方式分为网上支付、电话支付、移动支付、销售点终端交易、自动柜员机交易和其他电子支付。为规范电子支付业务，防范支付风险，保证资金安全，维护银行及其客户在电子支付活动中的合法权益，促进电子支付业务健康发展，我国政府和相关机构陆续出台了一系列的法律、法规和政策文件，为电子支付的安全、有效和合理发展，提供了良好的政策法律环境。其中重要的法规和政策文件如下：

国务院办公厅发布的《关于加快电子商务发展的若干意见》（2005 年）提出：加强政策法规、信用服务、安全认证、标准规范、在线支付、现代物流等支撑体系建设，营造电子商务发展的良好环境，推广电子商务在国民经济各个领域的应用，以环境建设促进应用发展，以应用带动环境建设。推进在线支付体系建设，加紧制订在线支付业务规范和技术标准，研究风险防范措施，加强业务监督和风险控制；积极研究第三方支付服务的相关法规，引导商业银行、中国银联等机构建设安全、快捷、方便的在线支付平台，大力推广使用银行卡、网上银行等在线支付工具；进一步完善在线资金清算体系，推动在线支付业务规范化、标准化并与国际接轨。

商务部发布的《关于促进电子商务规范发展的意见》（2007 年）指出：应提倡合法规范、稳妥安全的电子支付，防范电子商务的资金结算和流转风险。主要包括规范交易方之间的电子支付行为，增强交易参与方的支付安全意识，规范网上支付、电话支付、移动支付等电子支付行为。规范第三方电子支付服务行为，加强行业自律，倡导合法运营，防范电子支付交易服务风险。引导电子支付行业规范运营管理，建立商家信用记录、交易数据保存、内部信息加密和业务流程监管制度，采取有效的争议和差错处理方式，形成支付安全的技术和体制保障。加强对沉淀资金的流动性管理，防范和制止以电子支付为手段的恶意占压资金、非法套现和转移资金以及非法融资行为。协同金融、公安、工商等有关部门研究电子支付中虚拟货币的合法性、安全性和统一市场问题，规范虚拟货币的流通秩序。

商务部发布的《第三方电子商务交易平台服务规范》（2011 年）规定：第三方电子商务交易平台采用的电子支付应当由银行或具备合法资质的非金融支付机构提供。

工信部发布的《电子商务“十二五”发展规划》（2012 年）指出：在“十二五”期间，应鼓励支付机构创新支付服务，丰富支付产品，推动移动支付、电话支付、预付卡支付等新兴电子支付业务健康有序发展，满足电子商务活动中多元化、个性化的支付需求。加强支付服务创新，促进电子商务与电子支付集成发展，为用户提供方便快捷的服务。提高电子口岸发展水平，促进相关机构间的信息交换、业务协同，优化税费电子支付系统，提高电子商务的通关效率。着力提高电子商务服务的规范性，促进电子商务服务企业切实履行法定义务和责任，完善交易主体身份认定机制，提高电子商务信息发布、信用服务、网上交易、电子支付、物流配送、售后服务、纠纷处理等服务的规范水平。

国家发展改革委发布的《战略性新兴产业重点产品和服务指导目录》（2013 年）确定包括网上银行、网上证券、网上支付、移动支付等在内的网络金融服务是今后的战略性重点服务项目。

中国人民银行制定颁布的《电子支付指引（第一号）》（2005 年 10 月），对电子支付业务申请、电子支付指令的发起和接收、安全控制和差错处理等内容进行了明确规定。随后央行研究制订《电子支付指引（第二号）》和《互联网支付业务管理办法》等配套制度，明确网上支付的责任划分，完善对网银用户的法律保护，加大对网上支付违法犯罪行为的惩办力度。同时，还制订了一系列风险管理政策，指导银行业金融机构不断增强网上银行风险防范能力。

中国人民银行发布的《关于改善农村地区支付服务环境的指导意见》（2009 年）指出，应大力推广非现金支付工具和支付清算系统，全面提升农村地区支付服务效率和质量，促进城乡支付服务一体化发展。在农村地区银行机构建成内部清算网络，能够以电子方式办理跨行支付业务。同时，国家通过各项补贴保证银行账户和银行卡在农村地区的发放，以使 ATM、POS 机在农村地区的布放数量达到适当规模，以推动农村电子商务的发展。

海关总署发布《海关税费电子支付业务操作规范》（2011 年），以规范海关税费电子支付业务，保证海关税费电子支付系统（由海关业务系统、中国电子口岸系统、商业银行业务系统和第三方支付系统等四部分组成的进出口环节税费缴纳的信息化系统）的顺利运行。

中国人民银行发布的《关于中国支付体系发展（2011-2015 年）的指导意见》（2012 年）提出：完善以票据和银行卡为主体，以电子支付方式为发展方向，适应多种经济活动需要的支付工具体系是目前的主要目标。主要任务包括推动新兴电子支付业务健康有序发展。完善电子支付业务规则和风险控制措施，加强电子支付标准建设，鼓励新兴电子支付业务发展。加强银行业金融机构电子支付管理，规范支付机构电子支付平台的发展。强化对支付机构的信息安全和风险管理要求，保障客户资金安全，促进电子支付业务健康发展。积极推动非现金支付工具的普及推广。加大支付结算知识宣传普及力度，推动银行业金融机构加大非现金支付工具配套设施布放力度，引导和鼓励社会公众使用非现金支付工具。紧密结合农村实际，充分利用农村地区网络通信设施，推动切合农村实际的电子支付工具在农村地区的应用和普及。鼓励和推动非现金支付工具在国家粮食、农副产品收购以及果蔬、农业生产资料等各类专业市场的广泛应用。

9.2　网络零售支付方式

网络支付是指依托公共网络或专用网络在收款人和付款人之间转移货币资金的行为。按照支付的流程不同，最常使用的有 3 种电子商务支付模式，即网络银行模式、第三方支付模式和移动支付模式。

9.2.1　网络银行

随着世界范围内电子商务的快速发展，网络银行促进了支付电子化、转账网络化。网络银行创造的电子货币以及独具优势的网上支付功能，为电子商务中电子支付的实现提供了强有力的支持。作为电子支付和结算的最终执行者，网络银行起着连结买卖双方的纽带作用，网络银行所提供的电子支付服务是电子商务中的最关键要素和最高层次。

（1）网络银行的概念

网络零售的主要支付方式为电子支付。目前，现金、支票已经不再是主流的交易手段，电子支付已经成为主要的支付手段，而电子支付中，通过网络银行支付又占很大的比例。网络银行（Internet Banking）是一种虚拟银行，是电子银行的高级形式，它无需设立分支机构，就能通过互联网将银行服务铺向全国以至世界各地，使客户在任何地点、任何时刻能以多种方式方便地获得银行的个性化的全方位服务。不仅使银行的传统业务得到延伸，而且增加了新的服务手段。银行通过互联网向客户提供开户、销户、查询、对账、行内转账、跨行转账、信贷、网上证券、投资理财等传统服务项目，使用户可以足不出户就能安全便捷地对资金进行管理。客户利用网络银行完成支付时需要商家在银行中开设结算账户，客户在银行中开设支付卡，并在支付卡中存有一定数量的钱款。

（2）网络银行的运行特点

网络银行与传统银行相比，具有如下特点：

1）业务智能化、虚拟化。传统“砖瓦型”银行，其分行是物理网络，主要借助于物质资本，通过众多银行员工辛苦劳动为客户提供服务。而网络银行没有建筑物、没有地址，只有网址，其分行是终端机和互联网带来的虚拟化的电子空间，主要借助智能资本，客户无须银行工作人员的帮助，可以自己在短时间内完成账户查询、资金转账、现金存取等银行业务，即可自助式地获得网上银行高质、快速、准确、方便的服务。

2）服务个性化。传统银行一般是单方面开发业务品种，向客户推销产品和服务，客户只能在规定的业务范围内选择自己需要的银行服务，而互联网向银行服务提供了交互式的沟通渠道，客户可以在访问网络银行站点时提出具体的服务要求，网络银行与客户之间采用一对一金融解决方案，使金融机构在与客户的互动中，实行有特色、有针对性的服务，通过主动服务赢得客户。

3）金融业务创新的平台。传统银行的业务创新主要围绕资产业务，针对商业银行的资产负债业务，进行资产证券化，对金融产品进行改造与组合，满足客户和银行新的需求。而网络银行侧重于利用其成本低廉的优势和互联网丰富的信息资源，对金融信息提供企业资信评估，公司个人理财顾问、专家投资分析等业务进行创新和完善，提高信息的附加价值，强化银行信息中介职能。

（3）利用网络银行进行支付的交易流程

网络银行支付交易流程如下：

1）客户连接互联网，检索商品，填写网络订单。

2）客户机对订单加密并提交。

3）商家接受订单，向网上银行发送订单金额。

4）网络银行在验证商家身份后，给客户提供支付界面。

5）客户在核对完网上银行界面的支付信息后，填入自己的支付卡号、密码进行支付。

6）银行通过后台处理系统检验用户的支付卡有效后，把货款从客户账户转到商家账户，并向商家网站返回支付成功消息。

7）商家网站向客户发送支付成功消息。

8）商家给客户发货。

随着网络整体水平的提高以及电子商务的迅猛发展，网络银行对国民经济增长的贡献会不断提高，它将成为一个行业，成为金融业发展的一种趋势，今后网络银行发展的潜力很大，市场前景广阔，将呈现高安全性、服务多样化、市场多端融合的趋势。

9.2.2 第三方支付

第三方支付是买卖双方在交易过程中的资金“中间平台”，是具备一定实力和信誉保障的独立机构，其在银行监管下保障交易双方利益，采用与各大银行签约的方式，提供与银行支付结算系统接口的交易支持平台的网络支付模式。在通过第三方支付平台的交易中，买方选购商品后，使用第三方平台提供的账户进行货款支付，由第三方通知卖家货款到达、进行发货；买方检验物品后，通知付款给卖家，第三方再将款项转至卖家账户。第三方支付平台在商家与消费者之间建立了一个公共的、可以信任的中介，一方面连接银行处理资金结算、客户服务、差错处理等一系列工作；另一方面又连接着非常多的商户和消费者，使客户的支付交易能顺利接入。它满足了电子商务中商家和消费者对信誉和安全的要求。在近几年的电子商务浪潮中，该模式已成为网上支付领域的最大特色，也是人们议论和关注的焦点。

全球最先发展第三方支付的是美国的 PayPal，目前它已成为美国乃至世界最大的第三方网上支付服务商。PayPal 通过银行系统，利用先进的网络技术、风险管理和网络安全防范措施，为全球 103 个国家和地区超过 1.14 亿用户提供安全、快捷、方便的网上支付服务，是跨国交易中最有效的付款方式。

目前国内主要的第三方支付服务商有十几家，例如 eBay 易趣的“安付通”、阿里巴巴的“支付宝”、拍拍网的“财付通”、中国在线支付网的“IPAY”、惠聪网的“买卖通”、上海环迅的智能网关“IPS”、云网的“支付@网”、上海 99bill 的“快钱”、易达信动的“Qpay”、PayPal 贝宝以及网银在线等。据 CNNIC 调查显示，目前第三方支付已经在网络支付方面占据主要地位，其中使用比例最大的是支付宝。

（1）第三方支付的工作流程

在第三方支付模式下，支付者必须在第三方机构平台上开立账户，向第三方支付机构平台提供信用卡信息或账户信息，在账户中充值，通过支付平台将该账户中的虚拟资金划转到收款人的账户，完成支付行为。第三方支付模式设立诚信中立的第三方机构，充分保障货款安全

及买卖双方利益。基于该模式的各支付平台支持我国各个银行的多种卡，交易双方可以查询在线交易单据的结算情况，且免收银行手续费，极大方便了喜欢网上购物的消费者。由于第三方支付平台是架构在虚拟支付层上，本身不涉及银行卡内资金的实际划拨，信息传递流程在自身的系统内运行，并且采用数字认证技术，买卖双方都要提供真实可靠的身份信息，因而使交易具备了较高的可靠性、安全性，电子支付服务商因此也有比较大的发展空间。

使用第三方支付工具具体的业务流程为：

1）客户访问主页，浏览商品，验证商户数字证书，申请空白订货单。

2）客户挑选商品，填写订单，同时输入信用卡信息和身份识别码，经浏览器扩展部分验证无误后，读取信用卡信息，并由用户形成支付指令，与订单同时发往商户。

3）商户后端服务器中的支付处理模块在收到订单信息和支付信息之后，初步确认客户的交易意图，在对客户身份认证完成之后，将两种信息发往信用卡信息中心进行确认并申请授权。

4）经支付平台检查过的合法支付指令被传送到信用卡信息中心进行联机实时处理，经过对卡片真实性、持卡人身份合法性以及信用额度的确认后，信用卡信息中心决定是否授权，并将结果传回商户服务器。

5）接到信用卡授权之后，商户便可继续交易，向客户发送货物，并向客户索取交易完成的标志。

6）信用卡信息中心在当日、次日或约定的一定时间间隔内将信用卡授权产生的转账结算数据传往收单行，进行账务处理。

7）收单行将转账数据及相关信息传往发卡行进行认证（在信用卡信息中心认证基础上的认证，充分保证支付系统的安全性）。

8）转账业务经发卡行认证传回收单行，同时发卡行将客户的消费金额记入其消费信贷账户中并开始计息；收单行则把商户的货款收入记入其存款账户中。

9）转账结果再分别由发卡行和收单行传往信用卡信息中心，以便其更新数据库，从而方便商户和客户查询。通过第三方中介进行支付，客户的货款不直接给商家，一旦货物有问题，客户能及时地撤回货款，从而避免损失，这种方式容易被大家接受，也是目前最为常用的一种支付模式。

（2）第三方支付安全保障核心技术

第三方支付之所以得以广泛应用，最大的原因就在于其核心的安全保障技术。

1）身份认证。由权威可靠的第三方信任机构 CA 认证中心，提供网络身份认证服务，负责签发和管理数字证书。

2）数据加密。利用数字证书、对称加密算法、数字签名、数字信封等加密技术，为网络支付搭建安全程度极高的加解密系统，确保电子交易有效、安全地进行，防止交易中一些重要数据在传输过程中被窃取篡改、网络欺诈、网络攻击等问题的威胁。

3）更为严密的安全协议。SET（Secure Electronic Transaction，安全电子交易协议）采用公钥机制、信息摘要和认证体系，提高应用程序之间数据的安全系数。能提供更为严密，更有针对性，更安全的网络支付保障。

众所周知，目前网络支付仍然存在一些不安全问题，比如网络钓鱼导致账户信息泄露、未提供安全的登录方式导致账户信息被盗等，因此消费者在使用第三方支付时也应具有相应的防范意识。

1）安装相关的保护软件，可以有效地防止木马以及病毒的侵袭，同时针对网上所出现的钓鱼网站进行甄别，以此来保护消费者在网络交易中的安全。

2）应谨慎选择交易对象。对于陌生商家，应注意其网址上是否提供详细的通信地址和联系电话。同时注意保存有关的“电子交易单据”，包括商家以电子邮件方式发出的确认书、用户名和密码等。在自身利益受到损害时应当及时与商家和第三方支付平台取得联系，暂停支付，并通过相关政策法律维护自己的权益。

3）增强自身法律维权意识。虽然目前网络交易中可能出现责任主体“蒸发”，有理无处说，举证困难，多为异地交易、维权成本高，操作困难等问题，然而在法治日益健全的今天，网络交易也日益受到社会以及政府的关注，法律健全完善只是时间问题，同时目前所颁布的相关法律对于网络交易安全问题已经做了一定的规范。作为消费者应当学会运用法律的武器维护自身的权利。

9.2.3 移动支付

随着智能手机、平板电脑和 3G 网络的普及，国内外第三方支付平台的移动支付业务日趋成熟，移动电子商务成为电子商务的大趋势。移动电子商务的兴起，自然使传统的支付手段发生了变化——移动支付。移动支付是指借助手机、掌上电脑等移动通信终端和设备，通过运营商的移动网络和移动支付系统所进行的银行转账、缴费和购物等商品交易活动。通常移动支付所使用的移动终端主要是手机、PDA、移动 PC 等。其中以手机作为移动支付终端的交易活动又被称为手机支付。我国主要的移动支付方式是通过手机支付，因此这里对手机支付进行详细介绍。

（1）手机支付的概念

手机支付是依托银行卡丰富的理财功能，充分发挥手机移动性等特点，为广大持卡人、手机用户提供超值个性化金融服务，利用 STK 技术 SIM 卡开发的一个使用手机进行消费的功能。移动支付系统主要基于银行卡号与手机卡号的唯一性，将银行卡和手机进行技术关联，用户在普通 SIM 卡的手机上即可使用移动支付功能。在进行手机支付时，商户可以使用无线或有线 POS 机打印消费单据。要使用手机支付，客户必须在银行开通手机银行服务，将银行账号与手机绑定，商家必须在银行开设结算账户。客户开通该业务后，在支持手机支付的商场、酒店、娱乐场所等地点，均不用携带现金或银行卡，只需在手机上进行操作，与商场 POS 或者移动 POS 进行交易就可以支付账单。

（2）使用手机支付业务的步骤

1）客户在网上购物，在生成订单后，选择手机银行支付。

2）支付信息由银行发送到客户手机上，客户选择账号确认支付，并把确认短信发给银行。

3）银行在收到确认短信后将货款从客户账户中转账到商家账户，完成支付。

4）商家发货给客户。

（3）手机支付客户端

手机客户端就是可以在手机终端运行的软件。目前用于支付的手机客户端主要有手机支付宝客户端、手机财付通客户端、中国移动手机支付客户端等。例如，手机财付通客户端支持 iPhone、Android、Symbian 三大手机平台，提供账户余额、快捷支付、信用卡多种支付方式，具有数字证书、安全键盘、动态密码等多重安全保障，满足用户付款还款、话

费充值、彩票购买等众多需求。

通过手机财付通客户端的支付流程：用户提供财付通账户名和绑定手机；商户通过短信支付接口提交支付请求；财付通系统验证通过后发送短信给用户手机；用户回复短信完成扣款；财付通通知商户发货。

9.3　电子支付与网站对接

所谓支付接口，就是电子支付与网站对接的点即支付接口。

从技术角度讲，支付接口就是一段代码，商户需要将该代码配置到自己的服务器上去，并设置一些相关的接口参数。当客户选择其使用的支付方式时，支付信息就会跳转到相应的支付平台的服务器上运行。电子商务网站有两种途径可以开通网上支付功能：一是通过第三方支付平台，例如支付宝、网银等；二是直接与银行协商获得一个支付接口。

第一种方式以支付宝为例，商户可以向支付宝提交申请，申请成功后支付宝会提供一个整合支付宝到商户网站的接口并提供该接口的调用方法及示例。这种网上支付方式手续简单，支付宝向商户收取的费用是按商户网站通过支付宝完成的交易额按一定比例来收取的。通过第三方支付平台的支付接口由于有第三方平台做支撑，因此比较简单，是大部分商家的首选。现以支付宝为例，要实现接口，需要有一个网站、支付宝账户、支付宝的合作身份 ID、安全校验码等。为了方便电子商务网站的集成，各支付网关在正式成为商家用户后，可下载 ASP、.NET、JAVA 等针对不同服务器类型的商务网站的集成接口程序。比如现在有一个页面要向第三方支付平台传递一个价格跟商品信息，则可以通过 POST 和 GET 两种方式传递进去。当第三方支付平台接收参数的同时，它还要判断身份，所以传递的时候身份信息也要一起传过去。当身份确认以后，第三方支付平台就开始处理商品信息和价格信息了。无论消费者是否支付成功，它都会返回一个信息给消费者，这个返回页面就是第三方支付平台之前设置好的，在这个返回页面里面写入相关的支付数据信息后就完成了一个简单支付接口。

这种方式进行支付的主要流程为：

1）客户（买方）选购好商品后，网上商城（卖方）为持卡客户生成订单。

2）客户和第三方服务器建立连接，将账号信息与订单信息发给第三方。

3）第三方服务器要求顾客进行订单确认，收到确认信息后与所支持的银行进行支付交易处理，得到银行的支付确认后授权给商家可以发货。

4）网上商城通知持卡客户发货信息。

第二种方式中的各个银行的接口处理方式的基本思路大体都是一样的，需要商户与开通网上支付功能的银行签署协议，办理相关手续，之后银行会提供给商户一个商户编号，商户在其网站把商户编号和支付信息等内容提交给银行提供的处理系统，就可以在电子商务网站提供在线支付功能了，银行会向商户提供数据提交的地址、处理结果获取的地址及相关参数，以及调用方法的说明文档等。

以工行为例，其主要业务程序为：

1）客户在商户网站浏览商品信息，签订订单。

2）商户按照工行 B2C 订单数据规范形成提交数据，并使用工行提供 API 和商户证书对订单数据签名，形成 form 表单返回客户浏览器，表单 action 地址指向工行接收商户 B2C 订单信息的 servlet。

3）客户确认使用工行支付后，提交此表单到工行。

4）工行网银系统接收此笔 B2C 订单，对订单信息和商户信息进行检查，通过检查则显示工行 B2C 支付页面。

5）客户在此页面可以查询客户在银行的预留信息；也可以输入支付卡号、支付密码、验证码进行 B2C 支付。

6）工行检查客户信息，通过检查后显示确认页面；客户确认提交后工行进行支付指令处理。

7）工行进行支付指令处理后，如果商户需要工行实时通知，则工行将处理结果使用 http 协议并以 post 方式将通知消息数据提交到商户网站（这个接收银行通知消息的商户端地址是随商户订单数据提交银行的 merURL 字段），商户返回取货地址或关闭这个银行与其建立的连接后，银行才显示交易结果页面给客户。（注意：①发送通知和显示结果页面是串行的，所以商户端接收银行通知处理时间太长可能导致客户等待超时，造成银行不能将交易结果页面显示给客户。②此连接是银行服务器自动和商户进行的连接，商户返回也是直接返回给银行，商户端不能对银行的这个请求进行重定向。）

8）工行进行支付指令处理后，如果商户不需要工行实时通知，则工行直接显示交易结果给客户。

9.4 案例：网上支付平台一支付宝

支付宝交易服务于 2003 年 10 月在淘宝网推出。目前支付宝网站（www.alipay.com）已成为国内先进的网上支付平台，用户覆盖整个 C2C、B2C 以及 B2B 领域。

支付宝庞大的用户群吸引越来越多的互联网商家主动选择集成支付宝产品和服务，涵盖了虚拟游戏、数码通信、商业服务、机票等行业。支付宝以其在电子商务支付领域先进的技术、风险管理与控制等能力赢得银行等合作伙伴的认同。目前已和国内工商银行、农业银行、建设银行、招商银行、上海浦东发展银行等各大商业银行以及中国邮政、VISA 国际组织等各大机构建立了战略合作，成为金融机构在网上支付领域极为信任的合作伙伴。

支付宝作为商家与消费者的一个中间信任平台，商家使用支付宝进行商品交易时，商家的产品必须得到消费者的确认后，支付宝才将消费者存入的资金直接转入商家账户中。如果消费者收到产品后发觉产品不合格或与期望值有重大出入，消费者可以拒收产品，当然消费者账户的资金也就不会转入商家的账户中。

9.4.1 支付宝的使用过程及注意事项

在淘宝购物，必须要绑定淘宝账户和支付宝账户。淘宝账户有 1 个密码，用来登录淘宝网。而支付宝账户有 2 个密码，分别是登录密码和支付密码，用来登录支付宝网站和确认付款。账户绑定之后，支付宝账户可以直接登录淘宝网，淘宝账户同样能登录支付宝。如果在注册淘宝的时候选择同时创建支付宝账户，账户名则是注册淘宝用的邮箱地址或手机号码。

此时，支付宝账户信息还不完整，需要登录支付宝，按照提示补全信息就可以激活账

户了，激活后的账户可以享受更贴心的服务，如：退款功能、登录账户管理所有交易等。

信息补充完整后要设置付款方式，否则无法支付订单。提前设置付款方式，可以在付款时更加方便快捷。支付宝目前支持多种付款方式，主要有以下 9 种：

1）货到付款。适合对商品心存疑虑的人群。这种方式可以让用户先验货，质量满意后再付款签收。需要注意的是，目前大多数物流公司对于货到付款的商品都要收取交易额 1%～3%的手续费用。

2）找人代付。适合身边有使用支付宝的好友的用户。用户挑选喜爱的宝贝，让好友帮忙买单。可以通过短信、旺旺、邮件等多种方式提醒好友付款。此种方式在交房租、送礼金等付款时也可以使用。

3）网络银行。这是比较传统的支付方式。适合习惯用银行卡进行网上支付的人群。只要拥有银行卡，并且开通网上银行即可完成网上付款。

4）快捷支付。这是目前最受欢迎的支付方式。适合经常进行网购的人群。此种方式无须开通网银，只需要绑定银行卡即可完成支付，拥有支付宝强大安全体系保护，72 小时赔付。支付订单时只需输入支付密码即可完成方便快捷的支付。可以通过线下柜台办理以及线上自助办理开通。线上自助办理是在支付宝账户中选择添加银行卡，或是购物时直接选择快捷支付，需要填写内容如图 9-1 所示，填写信息后进行手机动态密码绑定，即可完成开通服务。第一次支付完成后，快捷支付方式就会保存。

图 9-1　快捷支付填写内容

5）余额支付。适合支付宝经常有资金流入的人群（如淘宝卖家）。即用支付宝中的余额完成支付。此方式也很方便快捷，并且，使用支付余额付款没有支付限额。购买大额的宝贝，可以多次充值再付款。

6）国际信用卡。适合海外用户使用。

7）信用卡分期。目前只支持快捷支付用户使用。

8）网点支付。适合附近有支付宝合作网点的人群使用。可以去身边的便利店、邮局、药店等支付宝合作网点完成付款。

9）消费卡支付。适合方便购买到话费充值卡的用户。可以直接用“手机话费充值卡”完成支付。

选择好要购买的商品，订单提交后，就要选择付款方式，界面如图 9-2 所示。

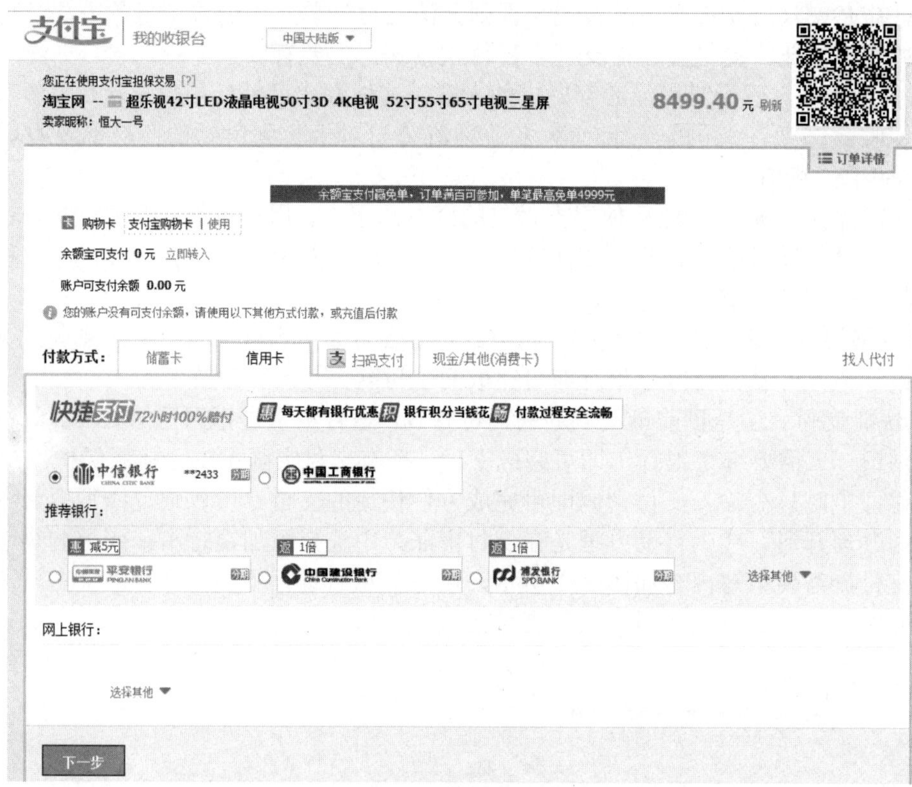

图 9-2　支付方式选择

付款成功后，等待卖家发货。收到货品后，登录支付宝确认收货或退货。

整个淘宝购物流程，如图 9-3 所示。

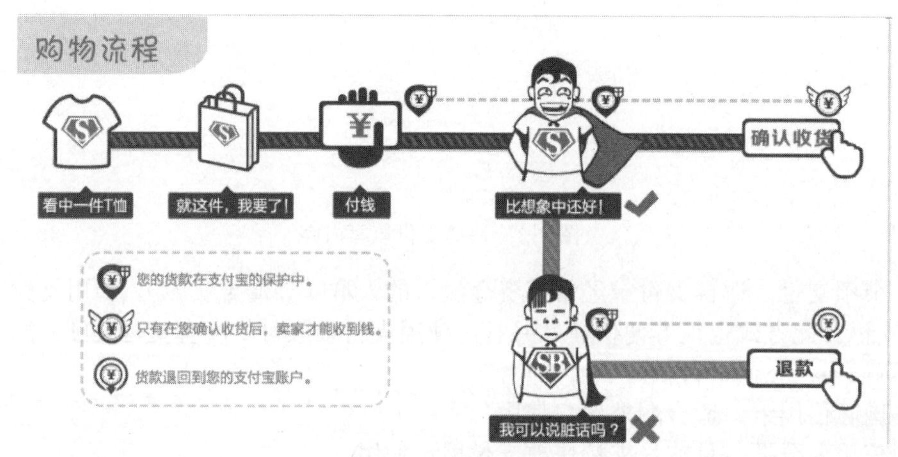

图 9-3　购物流程[㊀]

从上述实例可以知道，和大多数的第三方支付平台一样，支付宝的使用流程大致有以

㊀ 购物流程：摘自淘宝手册 http://abc.alipay.com/cool/taobao.htm#page=3

下 5 个步骤（见图 9-4）。

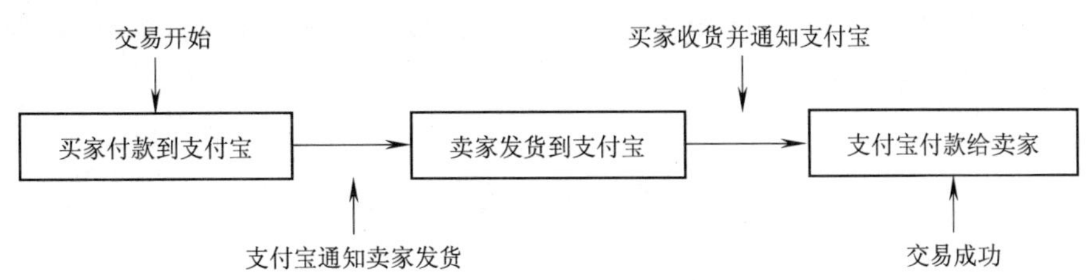

图 9-4　支付宝购物流程

1）买家在淘宝网选中称心的商品，单击“立即购买”按钮，进入商品购买信息确认页面确认相应信息后，进入淘宝收银台，为商品支付货款。如果买家支付宝账号中有足够余额，可以直接用余额付款。若买家支付宝账号余额不足，可以用支付宝提供的链接通过十家主要的商业银行的网上银行，为支付宝账号进行“充值”，并为商品付款。

2）利用支付宝确认付款后，货款被支付宝扣除表现为资金已经被扣除，但此时货款没有到达卖家账户，而是被支付宝代为保管。与此同时，支付宝向卖家发出信息，表示买家已经付款。

3）卖家接到系统通知，确认买家已经付款后，向买家发货，一般通过快递或者邮政 EMS 物流渠道。

4）买家在收到商品后，确认没有问题，即可向淘宝网确认收货。

5）买家确认收货后，支付宝向卖家付款，此时的付款意味着资金由支付宝转入卖家的支付宝账户，交易完成。

9.4.2　使用支付宝的常见问题和解决办法

（1）为什么要安装安全控件

为了提升支付宝账号的安全性，防止账号密码被木马程序或病毒窃取，支付宝公司采用安全控件，该安全控件实现了在 SSL 加密传输基础上对用户的关键信息进行再次的复杂加密，并可以有效防止木马程序截取键盘记录。

（2）忘记登录/支付密码怎么办，如何取回

如果支付宝账户的登录/支付密码忘记了，应先单击密码输入框旁边的“忘记密码”，然后到注册邮箱里面去接收系统发出的取回登录/支付密码邮件，通过回答密码保护问题或者输入证件号码来自行修改一个新的密码。

（3）提现是否必须开通网上银行

提现就是把支付宝上的余额转到注册时候填写的银行账户上，这样钱就可以自由使用了。提现使用的银行账户不一定要开通网上银行，只要是本人的银行卡或者存折，注意填写正确即可申请提现。

（4）如何申请退款

申请退款的流程是：支付宝网站→我的支付宝→进行中的交易→查看→操作提示→退款。

（5）账号被盗，或者发现我的账号上面的余额不对，该如何处理

如果会员的支付宝账户或者密码被盗，都要第一时间通知支付宝，收到核实后会做相应处理。同时为了避免不必要的损失，大家要保留好自己的支付密码，最好不要在公共场合如网吧中使用支付宝。

思 考 题

1. 电子支付的含义及其特点分别是什么？
2. 简述第三方支付的一般运行模式。
3. 使用第三方支付可能会存在哪些风险？

参 考 文 献

[1] 陈德人．网络零售[M]．北京：清华大学出版社，2011．

[2] 沈红兵．网络零售学[M]．重庆：重庆大学出版社，2010．

[3] 蔡继荣．市场营销调研学[M]．广州：中山大学出版社，2009．

[4] 邹昭晞．企业战略分析[M]．3 版．北京：首都经济贸易大学出版社，2008．

[5] 隋兵，武敏．市场营销基础与实务[M]．北京：中国经济出版社，2010．

[6] 景奉节，曾伏娥．市场营销调研[M]．2 版．北京：高等教育出版社，2010．

[7] 吴建．电子商务物流管理[M]．北京：清华大学出版社，2009．

[8] 祝凌曦，王晓霞．电子商务物流管理[M]．北京：人民邮电出版社，2008．

[9] 魏修建，等．电子商务物流理论与实务[M]．北京：北京大学出版社，2008．

[10] 燕春蓉，刘小卉，刘敏．电子商务与物流[M]．上海：上海财经大学出版社，2010．

[11] 兰宜生，王东，汤兵勇．网上创业[M]．北京：机械工业出版社，2007．

[12] 王宇川．电子商务网站规划与建设[M]．北京：机械工业出版社，2007．

[13] 赵江，董欣．网站管理与维护完全手册[M]．北京：人民邮电出版社，2007．